Beiträge zur Geldlehre

herausgegeben von Rudolf Schilcher

Wechselkurs und Leistungsbilanz

Eine modellanalytische Untersuchung über die Synthese von "Elasticities-Approach" und "Income-Absorption Approach"

von

Klaus-Dieter Jacob

Walter de Gruyter · Berlin · New York 1972

Satz und Druck: Hans Kock, Buch- und Offsetdruck, Bielefeld
Printed in Germany.

ISBN 3 11 003551 0

Geleitwort

Mit dieser sechsten Schrift erscheint in der Reihe „Beiträge zur Geldlehre" zum zweiten Mal eine außenwirtschaftlich orientierte Abhandlung. Während Neldners Arbeit über die Devisenterminpolitik außenwirtschaftspolitisch ausgerichtet war, liegt Jacobs Beitrag auf dem Gebiet der Außenwirtschaftstheorie. Die Rechtfertigung dafür, der Reihe bevorzugt auch außenwirtschaftliche Untersuchungen einzufügen, liegt in folgender Erwägung: Bezüglich der theoretischen Behandlung der außenwirtschaftlichen Aspekte hat es sich eingebürgert, zwischen „reiner" (oder „realer") und „monetärer" Theorie zu unterscheiden. Im Mittelpunkt der reinen Theorie steht die Analyse der realwirtschaftlichen Grundlagen des internationalen Handels (Produktionsfunktionen, Transformationskurven, Terms of Trade) sowie der daraus resultierenden Wohlstandseffekte, im Mittelpunkt der monetären Theorie stehen Probleme des Zahlungsbilanzgleichgewichts. Diese üblich gewordene Unterscheidung ist wohl systematisch möglich und didaktisch nützlich. Sie ist aber geeignet, wissenschaftlich in die Irre zu führen, indem sie die Vorstellung suggeriert, daß es unter Umständen sinnvoll sein könne, von den für die modernen arbeitsteiligen Gesellschaftswirtschaften charakteristischen monetären Phänomenen abzusehen – „den Geldschleier wegzuziehen" –, um die dahinter liegenden realen Vorgänge bloßzulegen und deren Gesetzmäßigkeiten „rein" zu studieren. Eine solche geldlose Wirtschaft liegt außerhalb unserer Erfahrung. Hieraus abgeleitete Ergebnisse sind nicht falsifizierbar, wenn schon von einigem heuristischen Wert.

Der Herausgeber schließt sich deshalb Klaus Rose (Theorie der Außenwirtschaft) an, wenn dieser feststellt „. . . die Integration von monetärer und realer wirtschaftlicher Betrachtungsweise . . . (würde) in der Außenhandelstheorie die einzig befriedigende Lösung sein. Leider liegen hier nur erste Versuche vor, die bestenfalls Ansatzpunkte für die weitere Arbeit bieten". Die Forderung nach Integration von monetärer und realer Außenwirtschaftstheorie lag nahe, sobald die Einsicht Platz gegriffen hatte, daß die Variation monetärer Faktoren notwendig auch die realen Größen des Systems beeinflußt und umgekehrt. Solange aber der große Wurf einer überzeugenden Integration beider Seiten nicht gelungen und damit die alte „Geldschleier"-Vorstellung nicht endgültig überwunden ist, wird man auf die kleinen Schritte Bedacht nehmen müssen. Bereits diese können von erheblichem Nutzen sein, wenn sie nur in die angedeutete, richtige Richtung weisen.

Mit diesen Überlegungen möchten wir an das weitgespannte Konzept von „Geldtheorie" erinnern, welches wir im ersten Band dieser Reihe skizziert hatten: „Unter Geldtheorie wird hier die Gesamtheit der wissenschaftlichen Aussagen verstanden, die sich auf Ursachen, Bedingungen und Wirkungen von

Veränderungen monetärer Größen innerhalb ökonomischer Systeme beziehen". Geldtheorie, verstanden als die theoretische Betrachtung des gesamten ökonomischen Prozesses unter monetärem Aspekt, liegt offenbar auf einer anderen logischen und systematischen Ebene als „Außenwirtschaftstheorie". Sie kann daher dieser ebensowenig alternativ gegenübergestellt werden, wie z. B. der Verteilungs- oder der Wachstumstheorie, wenngleich dies in der Literatur und im akademischen Unterricht aus praktischen Gründen häufig geschieht.

Auch Jacobs vorliegende Arbeit fällt in das Gebiet der monetären Außenwirtschaftstheorie, sie ist insofern also konventionell, doch deutet sich in den Modellen der realen Kassenhaltung ein Ansatz für die Integration der beiden Bereiche an. – Der Verfasser betreibt in seiner Untersuchung vorwiegend Modellanalyse, nur gelegentlich wird die Frage der empirischen Überprüfbarkeit der Aussagen berührt. Damit entfaltet er zwar keine „Theorie" im eigentlichen, erfahrungswissenschaftlichen Sinne, doch werden die markantesten modellanalytischen Ansätze zur Klärung der Wechselkurs- und Zahlungsbilanzentwicklung einer eingehenden Prüfung unterzogen. Die erzielten Ergebnisse müssen daher in den Grenzen gewertet werden, die das vom Verfasser gewählte Verfahren setzt.

Darüber hinaus informiert die Abhandlung von Jacob den Leser über die Entwicklung der Stabilitätsdiskussion in der Wechselkurs- und Zahlungsbilanztheorie erheblich weitergehend, als es durch die üblichen Lehrbücher geschieht. Von diesen für Spezialisten geschriebenen Absätzen heben sich die ersten Kapitel insofern ab, als sie in geschickter Zusammenfassung auf engstem Raum den allgemein anerkannten bisherigen Wissensstand referieren und zusätzlich insbesondere für jene Leser von Interesse sein dürften, die mit dem hier behandelten Teilgebiet der ökonomischen Theorie noch weniger vertraut sind.

An dieser Stelle sei dem Herausgeber noch eine Anmerkung erlaubt, die sich nicht auf das vorliegende Werk bezieht. Als fünfter Band ist in der Reihe der „Beiträge zur Geldlehre" das Buch „Lieferantenkredit und Geldpolitik" von Vincenz Timmermann erschienen. Unter makroökonomischem Aspekt analysiert der Verfasser darin das Kreditverhalten der Unternehmen in seiner Beziehung zur Geldpolitik und untersucht die konjunkturpolitische Bedeutung, die dem Lieferantenkredit zwischen 1950 und 1967 in der Bundesrepublik Deutschland zukam. Nach Auffassung des Herausgebers ist dies eine bedeutsame Studie, die einerseits die Beachtung der geldpolitischen Instanzen und auch der zuständigen Statistiker verdient, andererseits auch von Relevanz für die Geldtheorie sein dürfte. Der Verlag hat das Erscheinen dieses Werkes wegen der Aktualität des darin gebotenen empirischen Materials dankenswerterweise beschleunigt; dies allerdings mit dem bedauerlichen Ergebnis, daß das vom Herausgeber vorgesehene Geleitwort nicht mehr aufgenommen wurde. Davon sei dem aufmerksamen Leser an dieser Stelle Kenntnis gegeben.

Bochum, im Juli 1971 Rudolf Schilcher

Inhaltsverzeichnis

I. Einleitung

Die vorliegende Arbeit befaßt sich mit den von einer einmaligen Wechselkursänderung ausgehenden Wirkungen auf den Saldo der Leistungsbilanz, der wichtigsten Teilbilanz der Zahlungsbilanz. Es handelt sich hierbei um eine keineswegs neue, in der wirtschaftstheoretischen Diskussion aber nahezu permanent aktuelle Fragestellung. Wurde doch namentlich seit den 40er Jahren das Mittel der Ab- bzw. Aufwertung als geeignetes währungspolitisches Instrument zur Korrektur eines Zahlungsbilanzungleichgewichtes von mehreren Autoren infrage gestellt, von anderen aber gleichzeitig mit ebenso großer Entschiedenheit verteidigt. Das Für und Wider dieser Diskussion soll nur am Rande berührt werden. Die Besonderheiten konkreter wirtschaftlicher Situationen sind viel zu komplex, um eine generell gültige Aussage zu ermöglichen. Wie für viele andere wirtschaftliche Bereiche ist auch für die Wechselkurs- und Zahlungsbilanztheorie eine leistungsfähige Ökonometrie als Verbindungsglied zwischen rein theoretischer Forschung und ökonomischer Praxis unentbehrlich.

Das Schwergewicht der folgenden Ausführungen ist anders gelagert. Nicht die empirische Überprüfbarkeit der Aussagen steht im Vordergrund; vielmehr ist dem Verfasser an einer systematischen Darstellung und kritischen Würdigung der wichtigsten modellmäßigen Ansätze in der neueren Wechselkurstheorie gelegen. Die zu behandelnden Modelle sind verhältnismäßig einfach in dem Sinne, daß durch sie nicht eine photographisch getreue Abbildung der Realität beabsichtigt ist, sondern vielmehr einige fundamentale Beziehungen und Bedingungen herausgestellt werden sollen. „Wenn es darum geht, den Einfluß von zentralen Variablen auf den Außenhandel aufzudecken, sind solche Modelle in mancher Hinsicht den komplizierten Modellen sogar überlegen, denn die Einbeziehung zu vieler Größen macht es oft unmöglich, die wirklich entscheidenden Zusammenhänge, die Grundlagen, auf die es ankommt, zu überblicken."[1]

Aus diesem Grunde konzentriert sich die Untersuchung ausschließlich auf durch Wechselkursvariationen induzierte Veränderungen der Leistungsbilanz, indem unter Beachtung verschiedener systemendogener Variablen, z. B. der in der Literatur überwiegend vernachlässigten Größen Geldmenge und reale Kassenhaltung, die Stabilitätsbedingungen und Reaktionsrichtungen des Leistungsbilanzsaldos aufgezeigt werden. Nicht berücksichtigt werden dabei Einflüsse von Produktivitätssteigerungen infolge technischen Fortschritts. Ein Wachstum der Wirtschaft, d. h. also eine Zunahme der Einkommen, ist nur möglich, soweit noch ungenutzte Produktionsfaktoren zur Verfügung stehen.

[1] *Rose* [179] S. 216 f.. Vgl. auch *Harberger* [72] S. 857.

Durchweg wird in der Analyse mit Zwei-Länder-Modellen[2] (mit den Ländern Inland und Ausland) gearbeitet, denen wiederum überwiegend die Annahme vollkommener Konkurrenz zugrunde liegt.[3] Transportkosten finden keine explizite Berücksichtigung; auch werden Zölle an den Landesgrenzen nicht erhoben.[4]

Jedes Land verfügt über eine autonome, frei manipulierte Währung. Der Wechselkurs der Währungen, verstanden als Anzahl der Einheiten der Inlandswährung pro Einheit Auslandswährung, ist durch die Regierung oder andere für die Währungspolitik verantwortliche Institutionen festgelegt und nur im Rahmen einer Ab- bzw. Aufwertung veränderlich.[5,6]

[2] Die relevante Literatur bezieht sich fast ausschließlich auf diesen Modell-Typ. Es ist dieses aus Vereinfachungsgründen oft eine notwendige und nicht selten auch berechtigte Einschränkung, „denn zweifellos deckt der Zweiländerfall (bereits) eine große Zahl der wichtigen Zahlungsbilanzprobleme, soweit sie mit dem Wechselkurs in Verbindung stehen." *Woll* [225] S. 33. – Diese Feststellung gilt vor allem für die Theorie des Außenhandelsmultiplikators, einem wichtigen Teilbereich der Wechselkurs- und Zahlungsbilanztheorie. *Metzler* [140] S. 352 hat die Ergebnisse von Untersuchungen über Mehr-Länder- bzw. Mehr-Sektoren-Multiplikatoren, wie sie u. a. *Machlup* [121] S. 90 ff. und Appendix B, S. 224 ff.; *Goodwin* [61] S. 537 ff.; *Chipman* [39] S. 355 ff.; *Metzler* [140] S. 329 ff. und [141] S. 14 ff., durchführten, im Vergleich mit den Ergebnissen des Zwei-Länder-Falles wie folgt kommentiert: „On the whole, the comparison does not reveal any basic flaws in the two-country model. There are no processes of income adjustment in the n-country model which are not also revealed by the simple two-country model, and in the main the conclusions reached by employing the latter are the same as those reached by employing the former."
Aber auch rein praktische Erwägungen lassen den Rückgriff auf das vereinfachte Zwei-Länder–Modell zweckmäßig erscheinen. „In practical applications of the theory to concrete problems it is often possible (and quite legitimate in view of the crudeness of the data) to consider all foreign currencies as a single currency; in particular, such a simplification is possible if all exchange rates may be assumed to fluctuate in about the same way." *Vanek* [215] S. 60.

[3] Die Annahme vollständiger Konkurrenz findet sich zumindest implizit bei fast allen Arbeiten. Sie dürfte – wenn überhaupt – noch am ehesten für den Bereich der Außenwirtschaft näherungsweise vertretbar sein. Vgl. *Woll* [225] S. 34.

[4] Besondere Beachtung haben die Translokationskosten bei *Stackelberg* [200] S. 1 ff. gefunden.

[5] Für ein derartiges Wechselkurssystem, in dem die Kurse weder permanent fix noch völlig flexibel sind, sind auch die Bezeichnungen „Stufenflexibilität", „verschiebbare Festkurse", „managed flexibility", „adjustable peg" oder „crawling peg" gebräuchlich. *Halm*: Geld, Außenhandel und Beschäftigung, 3. Aufl., München 1957, S. 131, sprach ursprünglich von „elastischen Wechselkursen", verwendet aber in der neueren Auflage die üblichere Bezeichnung „verschiebbare Festkurse". Vgl. *Halm* [70] S. 243.
In der vorliegenden Arbeit wird durchgehend im Verkehr mit dem Ausland ein einheitlicher Wechselkurs für alle Transaktionen angenommen. Sogenannte multiple Kurse oder „formal rates", „. . . which are designated by the competent authorities as exchange rates which apply to certain foreign transactions" (*Michaely* [145] S. 290), finden keine Beachtung.

[6] Die Begriffe Abwertung und Devalvation bzw. Aufwertung und Revalvation werden im folgenden synonym verwandt, wobei unter einer Abwertung (Aufwertung) die rechtsverbindliche Erklärung der verantwortlichen währungspolitischen Instanz zu verstehen ist, daß an Stelle von bisher w Einheiten Inlandswährung in Zukunft $w + \Delta w$ $(w - \Delta w)$ Einheiten für eine Einheit Auslandswährung zu zahlen sind. Eine Gleichsetzung obiger Begriffe geschieht in der Literatur zwar überwiegend, aber keinesfalls ausnahmslos. So versteht z. B. *Förster* [55] S. 2 f. unter einer Devalvation die offizielle Festsetzung eines höheren Goldpreises, während bei einer Abwertung die „bisherige valutarische Norm aufgegeben, nicht aber eine neue festgesetzt wird". Vgl. auch *Elster* [50] S. 160 ff. sowie *Vigano* [217] S. 96 ff..

Auf diese Weise wird der Wechselkurs zur modellexogen determinierten Größe und damit für das System zu einem Datum. Variationen dieses Datums bewirken dann Veränderungen des Leistungsbilanzsaldos, deren Richtung und Ausmaß von der Erfüllung bestimmter Bedingungen, wie sie weiter unten ausführlich dargestellt werden, abhängig ist.

An dieser Stelle seien einige Bemerkungen zum Zahlungsbilanzgleichgewicht eingefügt. Die Übertragung des Ergebnisses auf die Leistungsbilanz geschieht dann analog. Als systematische Aufzeichnung aller ökonomischen Transaktionen zwischen den Wirtschaftssubjekten des Inlandes und den Wirtschaftssubjekten des Auslandes während einer bestimmten Periode, in der Regel eines Jahres, ist die Zahlungsbilanz gemäß den Regeln der doppelten Buchführung ex definitione stets ausgeglichen.[7] Dennoch sind in diesem Zusammenhang die Begriffe aktive oder passive bzw. gleichgewichtige oder ungleichgewichtige Zahlungsbilanz gebräuchlich. Ursprünglich der Physik entlehnt, kennzeichnet das Gleichgewicht dort einen Zustand der Ruhe zwischen verschiedenen, an einem und demselben Punkt angreifenden Kräften (Vektoren), deren Resultante gleich null ist.[8] Bei Übertragung dieser allgemeinen Formulierung auf den ökonomischen Bereich läßt sich ein Gleichgewicht dann definieren als „a constellation of selected interrelated variables so adjusted to one another that no inherent tendency to change prevails in the model which they constitute."[9] Anders ausgedrückt, unter expliziter Berücksichtigung wirtschaftlicher Verhaltensweisen: Im Gleichgewicht sind die in Modellen durch Verhaltensfunktionen ausgedrückten antagonistischen Verhaltensweisen der Wirtschaftssubjekte derart miteinander kompatibel, daß in dem betreffenden System keine endogenen Änderungstendenzen wirksam sind. Für die Wirtschaftssubjekte besteht bei gegebenem Datenkranz kein Anlaß, Planrevisionen vorzunehmen.[10,11]

In diesem Sinne könnte daher z. B. von einem Zahlungsbilanzgleichgewicht gesprochen werden, wenn „ein Saldo der Leistungsbilanz durch geplante Veränderungen der Kapitalverkehrsbilanz ausgeglichen wird, so daß sich die ‚Reser-

7 Vgl. *Schneider* [184] S. 82.
8 Vgl. *Ott* [160] S. 17.
9 *Machlup* [127] S. 119. Ähnlich umschreibt *Paulsen* [163] S. 10 das Gleichgewicht: „In der Wirtschaftsanalytik handelt es sich um die Lösung einer Gleichung bzw. eines Gleichungssystems, immer auf die Variablen dieses Systems beschränkt."
10 Vgl. *Ott* [160] S. 18; *Oppenländer* [158] S. 136; *Kraus* [102] S. 82; *Kuenne* [107] S. 18 sowie *Schneider* [185] S. 274.
11 Diese Feststellung beinhaltet in makroökonomischen Modellen nicht notwendig ein Gleichgewicht jedes individuellen Wirtschaftssubjektes. So ist es z. B. bei einer ex ante-Gleichheit von Investieren und Sparen ($I_{geplant} = S_{geplant}$), was in einer geschlossenen Wirtschaft ohne ökonomische Aktivität des Staates Kreislaufgleichgewicht bedeutet, durchaus denkbar, daß ungeplante positive Nettoinvestitionen (ungeplante Lagererhöhungen) bei einigen Wirtschaftssubjekten gerade durch ungeplante negative Nettoinvestitionen (ungeplanter Lagerabbau) anderer Wirtschaftssubjekte ausgeglichen werden. Solange derartige Kompensationen vorliegen, wird auch die makroökonomische Gleichheit zwischen $I_{geplant}$ und $S_{geplant}$ und damit das makroökonomische Gleichgewicht nicht gestört. Vgl. hierzu aber *Stützel* [207] S. 10, der Kompatibilität der Verhaltensabsichten „jeweils aller an einer Transaktion beteiligten Partner" fordert.

ven' an Gold- und Devisenbeständen nicht ungeplant verändern . . ."[12] Unter Verzicht auf eine Gegenüberstellung bzw. Ausgliederung bestimmter Teilbilanzen – wie in der obigen Definition – versucht *J. E. Meade* das Zahlungsbilanzgleichgewicht zu charakterisieren, indem er auf die Art der zugrunde liegenden Transaktionen Bezug nimmt und dabei zwischen ‚autonomen' und ‚akkommodierenden' Transaktionen einerseits und einem ‚aktuellen' und ‚potentiellen' Zahlungsbilanzdefizit andererseits unterscheidet.

‚Autonome' Transaktionen können aus den verschiedensten Gründen stattfinden, sind aber nicht an der jeweiligen Zahlungsbilanzsituation orientiert, während ‚akkommodierende' Transaktionen ausschließlich zu dem Zweck erfolgen, ein drohendes Defizit oder einen Überschuß der ‚autonomen' Transaktionen zu kompensieren.[13] Unter Benutzung dieser Terminologie definiert *Meade* daher ein „ ‚aktual' balance-of-payments deficit as the actual amount of accommodating finance used in any period of time . . ., and a ‚potential' balance-of-payments deficit as the amount of accommodating finance which it would have been necessary to provide in any period in order to avoid any depreciation in the exchange rate without the employment of exchange controls, import restrictions, or other governmental measures specially devised to restrict the demand for foreign currencies. It is, of course, this ‚potential' deficit (or the corresponding ‚potential' surplus) which is the proper measure of a balance-of-payments disequilibrium."[14] Da im weiteren Verlauf der Arbeit staatliche Restriktionen im Bereich der außenwirtschaftlichen Beziehungen ausgeschlossen bleiben sollen, erübrigt sich hier eine Unterscheidung zwischen ‚aktuellem' und ‚potentiellem' Zahlungsbilanzdefizit.[15]

12 *Paulsen* [163] S. 98. – *Forstmann* [57] S. 200, bezeichnet die um die Gold- und Devisenbilanz verminderte Zahlungsbilanz aus nicht näher erkennbaren Gründen als „natürliche" Zahlungsbilanz. Bisweilen werden neben der Gold- und Devisenbilanz auch die kurzfristigen Kapitalbewegungen dem restlichen Teil der Zahlungsbilanz gegenübergestellt. Vgl. z. B. *Küng* [108] S. 6 ff. und *Nurkse* [157] S. 7.

13 *Meade* [133] S. 11.

14 *Meade* [133] S. 15. Vgl. auch *Vanek* [215] S. 27.

15 Der Gedanke des ‚potentiellen' Ungleichgewichts ist nicht unkritisiert geblieben. Namentlich *Johnson* [85] S. 814 hat in einer ausführlichen Besprechung des Buches von *Meade* stärkere Bedenken geäußert: „. . . all such definitions of balance-of-payments disequilibrium in terms of ‚potential' deficits or surpluses are by nature ideological, in the sense that they measure disequilibrium by reference to some abstract situation which, explicitly or by implication, is presented as an ideal. In Professor Meade's case, the ‚ideal' is the absence of all the controls and the restrictions on trade . . . In the reviewer's opinion, balance-of-payments equilibrium should be defined in terms of the ‚actual' balance . . ." Siehe auch *Corden* [41] S. 12.
Zu verweisen ist auf die praktischen Schwierigkeiten bei der Differenzierung zwischen ‚autonomen' und ‚akkommodierenden' Transaktionen. Vgl. z. B. *Johnson* [85] S. 815; *Halm* [70] S. 247 sowie *Watrin* [221] S. 53 ff.. – Eine Diskussion verschiedener Konzepte zur Bestimmung von Zahlungsbilanzgleichgewichten auch unter dem Gesichtspunkt praktischer Anwendbarkeit findet sich bei *Bochud* [26]. Vgl. in diesem Zusammenhang auch den *Niehans*schen Hinweis auf bestimmte Anpassungs- und Ausgleichsvorgänge, die jedes Ungleichgewicht begleiten und als spezifische Symptome das Erkennen eines Ungleichgewichtes erleichtern. *Niehans* [155] S. 12 ff.. – „In the final analysis, it will depend on judgement of the economist, in each particular case, whether a payment is entered as autonomous or accommodating." *Vanek* [215] S. 27.

Im allgemeinen werden die in der Leistungsbilanz erfaßten privaten Transaktionen, und nur diese sollen weiterhin Beachtung finden, ‚autonomen' Charakter haben.[16] Unter diesen Umständen folgt bei entsprechender Anwendung obiger Gleichgewichtsdefinition auf die Leistungsbilanz die einfache Feststellung: Die Leistungsbilanz befindet sich im Gleichgewicht, wenn die ‚autonomen' Exporte und Importe von Gütern und Dienstleistungen einander wertmäßig gleich sind.

In engem Zusammenhang mit dem Problem des Gleichgewichts steht die Frage nach der relevanten zeitlichen Dauer der Bilanzierungsperiode. Die im internationalen statistischen Vergleich übliche Periode beträgt in der Regel ein Jahr, während z. B. *W. M. Scammell*[17] zwei bis drei Jahre und *R. Nurkse*[18] sogar eine Periodendauer von fünf bis zehn Jahren für angebracht halten. Für die vorliegende Untersuchung ist dieses Problem jedoch von sekundärer Bedeutung. Die relevante Periodendauer kann als bekannt vorausgesetzt werden. Darüber hinaus sei aus analytischen Gründen unterstellt, daß alle in einer Periode stattfindenden Gütertransaktionen auch in derselben Periode auf dem Devisenmarkt ihren monetären Niederschlag finden.[19]

Jedem Leistungsbilanzsaldo entspricht dann – bei Vernachlässigung aller die übrigen Teilbilanzen der Zahlungsbilanz betreffenden Transaktionen – ein gleich großer Saldo auf dem Devisenmarkt, der bei fixierten Kursen nur durch eine kompensierende Abgabe bzw. Aufnahme ausländischer Währung durch die verantwortlichen währungspolitischen Institutionen ausgeglichen werden kann. Unter diesen Umständen läßt sich ein eindeutiges Beziehungsverhältnis zwischen Wechselkursänderung und Änderung des Leistungsbilanzsaldos konstruieren, da Angebot und Nachfrage auf dem Markt für international gehandelte Güter und Dienstleistungen und auf dem Devisenmarkt einander äquivalent sind.[20]

Ebenfalls von untergeordneter Bedeutung ist die normative Frage, ob denn ein Gleichgewichtszustand einem Ungleichgewicht unter allen Umständen vorzuziehen sei,[21] oder ob es sich bei diesem Konzept nicht sogar um eine Art

[16] „Ordinary private trade in goods and services is almost all independently motivated ..." *Yeager* [227] S. 46. *Yeager* unterscheidet zwischen „independently motivated" und „compensatory transactions", die den Begriffen ‚autonome' und ‚akkommodierende' Transaktionen entsprechen. Vgl. derselbe: ebenda, Fußn. 7.

[17] *Scammell* [182] S. 54.

[18] *Nurkse* [157] S. 6: „But if we make it (die Periode; d. Verf.) long enough to eliminate seasonal fluctuations, why not make it long enough to eliminate ‚cyclical' fluctuations as well? This would give us a period of between five and ten years."

[19] Das setzt entsprechend gestaltete „terms of payment" voraus, die bei einer mehrere Perioden umfassenden Betrachtung auch unverändert bleiben müssen.

[20] Bisweilen wird auch im Unterschied zur rein statistischen Bilanz, deren Erfassungszeitpunkt nicht unbedingt mit dem Zeitpunkt der Inanspruchnahme des Devisenmarktes zusammenfällt, von der Bilanz im Marktsinn als Gegenüberstellung geplanter Devisenan- und -verkäufe gesprochen. Vgl. *Machlup* [123] S. 69 ff.; *Schneider* [187] S. 67; *Stuvel* [209] S. 10 f..

[21] Vgl. *Niehans* [155] S. 20.

„empty box" ohne Erklärungs- und Prognosewert handelt.[22] Verstanden als rein analytisches Instrument[23] ist das Gleichgewichtskonzept immerhin eine wertvolle Orientierungshilfe zur Beschreibung von Ungleichgewichtssituationen als Abweichung von einem hypothetischen Zustand systemimmanenter Ruhe und unentbehrliches Hilfsmittel jeder komparativ-statischen Analyse.

Verringert (vergrößert) sich ein vorhandener Bilanzsaldo infolge einer Abwertung, so reagiert die Leistungsbilanz normal (anomal).[24] Eine normale Reaktion der Leistungsbilanz aber ist wegen der oben erwähnten symmetrischen Beziehung zwischen Leistungsbilanz und Devisenmarkt gleichbedeutend mit einem stabilen Gleichgewicht auf diesem Markt. Das Gleichgewicht ist stabil, wenn bei vorübergehenden Störungen in dem System eine Rückkehrtendenz zum ursprünglichen Gleichgewichtszustand ausgelöst wird; andernfalls ist es labil.[25] In bezug auf den Devisenmarkt läßt sich ein stabiles Gleichgewicht dahingehend charakterisieren, daß bei einem höheren (niedrigeren) als dem Gleichgewichtswechselkurs ein Devisenangebotsüberschuß (Devisennachfrageüberschuß) tendenziell ein Sinken (Steigen) des Kurses in Richtung Gleichgewichtswert bewirkt. Kursflexibilität aber wurde annahmegemäß durch die Behandlung des Wechselkurses als systemexogen determinierte Größe ausgeschlossen, wodurch diese wichtige Variable als Orientierungshilfe zur Bestimmung des Gleichgewichttyps (stabil oder labil) auf dem Devisenmarkt entfällt. „But by an extension of language the exchange rate has come to be referred to as unstable (stable) if a ... devaluation worsens (improves) the trade balance."[26]

Führt nämlich bei vorliegendem Defizit eine Devalvation zu einer Verbesserung des Leistungsbilanzsaldos, so wird im Falle flexibler Wechselkurse wegen der im Verhältnis zum Angebot zu großen Nachfrage nach Auslandswährung dieser Abbau des Defizits gleichsam automatisch, d. h. ohne offiziellen Abwertungsbeschluß, durch eine Kursverschlechterung der Inlandswährung erreicht. Das Konzept der Devisenmarktstabilität erfährt also durch den Ausschluß flexibler Wechselkurse keinerlei Einschränkungen.[27] Wegen des engen Beziehungsverhältnisses zwischen normaler Leistungsbilanzreaktion und Devisenmarktstabilität ist in der Literatur deshalb häufig von der Stabilitätsbedingung für eine normale Reaktion der Leistungsbilanz oder auch nur von der Stabilität der Leistungs- bzw. Zahlungsbilanz die Rede,[28] wobei Leistungs- und Zahlungsbilanz in diesem Zusammenhang gelegentlich als Synonyme verwendet werden.[29]

22 Vgl. *Watrin* [221] S. 62; *Robinson* [177] S. 400.
23 Vgl. *Machlup* [127] S. 120 f..
24 Vgl. *Schneider* [186] S. 325.
25 Vgl. *Paulsen* [163] S. 11; *Schneider* [185] S. 274 f..
26 *Spraos* [198] S. 167.
27 Vgl. *Amano* [15] S. 105 f..
28 Vgl. z. B. *Haberler* [65] S. 214 ff. und *Kreinin* [104] S. 487.
29 Vgl. als Beispiel für andere *Schneider* [186] S. 323 ff.. In der vorliegenden Arbeit sollen diese Begriffe jedoch nicht einander gleichgesetzt werden.

Zur Erfassung der Wirkungen einer Wechselkursänderung auf den Saldo der Leistungsbilanz sind in der Literatur verschiedene Modellansätze entwickelt worden. Die folgenden Ausführungen befassen sich zunächst mit einer kritischen Darstellung der Grundgedanken des „Elasticities-Approach" und „Absorption-Approach". Im Anschluß daran werden mehrere Synthesemodelle diskutiert. Dem Verfasser ist dabei weniger daran gelegen, einen unter allen Umständen vollständigen Katalog der vorhandenen Modelle zu liefern, als vielmehr eine gewisse kontinuierliche Entwicklung anhand ausgewählter, besonders markanter Ansätze aufzuzeigen. Hierzu zählen z. B. das von der deutschen Literatur bisher kaum gewürdigte Modell *S. C. Tsiangs* sowie die Ansätze *M. C. Kemps*, dem bezüglich seines Vollbeschäftigungsmodells Inkonsistenz in der ökonomischen Beweisführung nachgewiesen wird. Den Abschluß bildet ein Ausblick auf die Vielzahl der noch zu lösenden Probleme.

II. Der „Elasticities-Approach"

1. Grundgedanke und historischer Ausgangspunkt

Zur Beantwortung der Frage, ob die Leistungsbilanz eines Landes normal oder anomal auf eine Wechselkursänderung reagiert, sind Kenntnisse über die zugrunde liegenden Stabilitätsbedingungen unbedingte Voraussetzung. Diese Stabilitätsbedingungen werden im Rahmen des „Elasticities-Approach" mit Hilfe verschiedener Außenhandelselastizitäten formuliert.

Soll z. B. festgestellt werden, welche Änderung der Leistungsbilanzsaldo infolge einer Wechselkurserhöhung erfährt, ob also ein Defizit (Überschuß) abnimmt, gleich bleibt oder zunimmt (zunimmt, gleich bleibt oder abnimmt), so kommt es offensichtlich darauf an, ob

$$\frac{\Delta X}{\Delta w} \gtreqless \frac{\Delta M}{\Delta w}$$

ist, wobei X und M die wertmäßigen inländischen Exporte und Importe, bewertet in Inlandswährung, und w den inländischen Wechselkurs kennzeichnen. Durch Multiplikation mit $\frac{w}{X}\,\frac{w}{M}$ und Anwendung der Infinitesimalschreibweise erhält man hieraus

$$\frac{dX}{dw}\,\frac{w}{X} \gtreqless \frac{M}{X}\,\frac{dM}{dw}\,\frac{w}{M}$$

bzw.

$$E_{X,w} \gtreqless u \cdot N_{M,w}.\ [1] \qquad (1)$$

Die verwendeten Symbole bedeuten:

$u = \frac{M}{X}$: Verhältnis der wertmäßigen inländischen Importe zu den wertmäßigen inländischen Exporten. Die Leistungsbilanz weist bei $u > 1$ ein Defizit, bei $u < 1$ einen Überschuß auf.

$E_{X,w} = \frac{dX}{dw}\,\frac{w}{X}$: Elastizität der wertmäßigen inländischen Exporte in Inlandswährung in bezug auf den Wechselkurs. Kurz: Exportwertelastizität des Inlandes.

[1] Vgl. *Schneider* [186] S. 324; *Rose* [179] S. 67.

$N_{M,w} = \frac{dM}{dw}\frac{w}{M}$: Elastizität der wertmäßigen inländischen Importe in Inlandswährung in bezug auf den Wechselkurs. Kurz: Importwertelastizität des Inlandes.[2]

Gemäß dieser verhältnismäßig allgemein formulierten Stabilitätsbedingung, die sich für u = 1 (ausgeglichene Leistungsbilanz) zu $E_{X,w} > N_{M,w}$ reduziert,[3] setzt eine erfolgreiche Abwertung demnach voraus, daß die Exportwertelastizität des Inlandes den Wert der mit dem Faktor u multiplizierten inländischen Importwertelastizität übersteigt. Andernfalls bleibt der Leistungsbilanzsaldo konstant oder verschlechtert sich sogar.

Beziehung (1) gilt sowohl für den Fall der Devalvation als auch für den der Revalvation. Soll z. B. der inländische Wechselkurs wegen eines zu großen Aktivsaldos gesenkt werden, so tritt der beabsichtigte Aufwertungseffekt nur dann ein, wenn der Exportwert um einen größeren Betrag fällt als der Importwert, der, wie noch zu zeigen sein wird, je nach Größe der Preiselastizitäten von Importnachfrage und Importangebot sowohl zunehmen als auch abnehmen kann. Die Diskussion der Exportwert- und Importwertelastizitäten wird somit zum zentralen Problem des „Elasticities-Approach".

Dieser Gedanke ist nicht neu. Bereits 1879 hatte *Alfred Marshall* in einem Privatdruck, der allerdings erst 1930 öffentlich aufgelegt wurde,[4] auf die fundamentale Bedeutung der Elastizitäten für den Außenhandel hingewiesen und die Ergebnisse in seinem 1923 erschienenen Werk „Money, Credit, and Commerce" einem breiteren Leserkreis zugänglich gemacht.[5]

Ausgangspunkt *Marshalls* ist *J. St. Mills* „Theorie der internationalen Werte",[6] die er zu verallgemeinern sucht.[7] Angenommen werden zwei Länder, E und G, für die das jeweils andere Land als einziger Handelspartner auftritt. Die Gewährung von Krediten zwischen beiden Ländern ist ausgeschlossen, auch

[2] Die Bezeichnungen Exportwert- und Importwertelastizität müßten korrekterweise noch durch einen Zusatz ergänzt werden, der die bei der Bewertung von Ex- und Importen zugrunde gelegte Währung zum Ausdruck bringt. Im Interesse sprachlicher Vereinfachung soll hierauf jedoch immer dann verzichtet werden, wenn aus dem Gesamtzusammenhang erkennbar wird, daß es sich nur um die eine oder andere Währung handeln kann.

[3] $E_{X,w}$ und $N_{M,w}$ sind unter den getroffenen Annahmen mit den Punktelastizitäten von Devisenangebot und -nachfrage in bezug auf den Wechselkurs identisch und u = 1 bringt die Gleichheit von wertmäßigen Importen und Exporten zum Ausdruck. In der Formulierung $E_{X,w} > N_{M,w}$ unterscheidet sich also das Stabilitätskriterium auf dem Devisenmarkt nicht von der auch für jeden anderen Markt geltenden Bedingung für ein stabiles Gleichgewicht: Preiselastizität des Angebots größer als Preiselastizität der Nachfrage. Allerdings gilt zu beachten, daß bei diesem Stabilitätskriterium die Preiselastizität der Nachfrage nicht von vornherein positiv, wie bei *Marshall*, definiert sein darf. „As in any other market, this equilibrium (gemeint ist das des Devisenmarktes; d. Verf.) is stable because the elasticity of supply exceeds in algebraic value the elasticity of demand." *Vanek* [215] S. 62.

[4] *Marshall* [130]

[5] *Marshall* [129]. Ein Hinweis auf das private Zirkular findet sich auf S. 330, Fußn. 1.

[6] *Mill* [146]

[7] Vgl. *Haberler* [64] S. 114.

finden Transportkosten keine explizite Berücksichtigung.[8] Der zwischenstaatliche Handel geht in der Weise vonstatten, daß gleichzeitig mit den angebotenen Gütern auch Produkte des Partnerlandes nachgefragt werden und vice versa.[9] „. . . each of them (gemeint sind die beiden Länder, d. Verf.) demands the goods of the other, and supplies her own, by one and the same act; and. . . , at all events when international credit is left out of account, neither side can be properly described as making a demand, or offering a supply, in any sense in which the other does not".[10] Unter diesen Voraussetzungen ist der Handel zwischen beiden Ländern „pure barter".[11] Es wäre jedoch voreilig, hieraus bereits den Schluß zu ziehen, die klassischen Vertreter der „Theorie der internationalen Werte" unterstellten eine geldlose Wirtschaft.[12] Im Gegenteil: „The theory of international values takes for granted the existence of money and its execution of its respective functions, but confines its analysis to the nonmonetary manifestations of the equilibrium process".[13] *Marshall* selbst erwähnt bei der Aufzählung seiner Modellannahmen ausdrücklich auch die Existenz des Geldes,[14] nur hält er dieses, selbst wenn es sich um eine Goldwährung handelt, für einen zur Analyse des internationalen Handels ungeeigneten Wertmaßstab.[15] Aus diesem Grunde hatte bereits *J. St. Mill* ein Yard Tuch bzw. ein Yard Leinen als repräsentative Gütereinheiten beider Länder betrachtet. *Marshall* wiederum erfaßt die Exporte jedes Landes in sogenannten „repräsentativen Ballen", die dadurch definiert sind, daß sie eine konstante Menge Arbeit verschiedener Qualität und eine konstante Menge Kapital enthalten.[16]

Unter den erwähnten Voraussetzungen soll das Gleichgewicht des internationalen Handels ermittelt werden. Zu diesem Zweck ordnet *Marshall* alternativen realen Austauschverhältnissen (terms of trade, rates of interchange) die durch jedes Land angebotenen und nachgefragten Mengen „repräsentativer Ballen" zu, deren graphischen Verlauf Abb. 1 zeigt.[17]

Diese Tauschkurven, auch als „offer curves" und „reciprocal demand and supply curves" bekannt,[18] sind Angebots- und Nachfragekurven zugleich. So ist z. B. Land E bereit, Exporte der Menge OA an E-Ballen gegen eine Importmenge von AP = OB an G-Ballen zu tauschen, während gleichzeitig Land G für

8 Vgl. *Marshall* [129] S. 158.
9 *Marshall* [129] S. 158 und S. 160; derselbe [130] S. 1.
10 *Marshall* [129] S. 167.
11 *Marshall* [129] S. 159.
12 Vgl. *Brunner* [32] S. 250.
13 *Viner* [218] S. 584.
14 *Marshall* [129] S. 158.
15 *„Though money affords a fairly good measure of the relative real costs of things made in the same country; it does not afford a means of comparison of the real costs of goods made in places, between which there is not a large and free circulation of labour and capital".* *Marshall* [129] S. 156.
16 *Marshall* [129] S. 157.
17 *Marshall* [129] S. 331.
18 Vgl. *Clement/Pfister/Rothwell* [40] S. 83.

tisch sind.

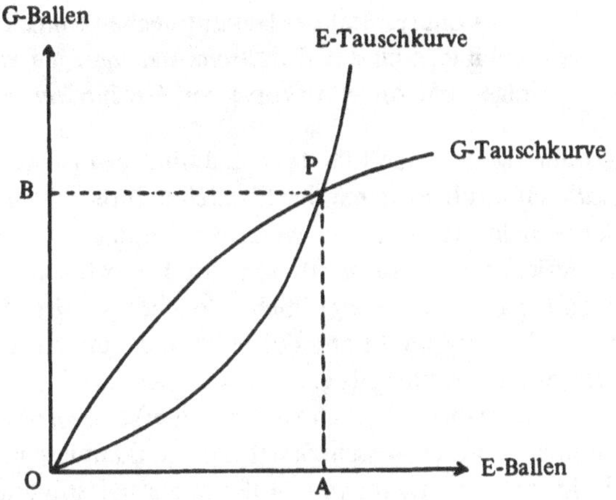

Abb. 1

OB G-Ballen BP = OA E-Ballen einzutauschen beabsichtigt. Im vorliegenden Fall besteht also internationales Handelsgleichgewicht, die Tauschkurven schneiden sich im Punkt P.

Hinsichtlich der analytischen Konstruktion der Kurven ist von *Marshall* wenig zu erfahren, da er von einem hypothetischen Zahlenbeispiel ausgeht, auf eine mathematische oder geometrische Ableitung aber verzichtet.[19] Ihre materielle Originalität besteht namentlich darin, daß sie das Ergebnis eines die *gesamte* Volkswirtschaft umfassenden Anpassungsmechanismus darstellen. Somit unterscheiden sich diese Kurven von den in der Preistheorie üblichen Angebots- und Nachfragekurven auf partiellen Märkten, die ceteris paribus Preis und Menge derart funktional verbinden, daß im Normalfall die Angebotskurve steigt und die Nachfragekurve fällt.[20]

Haberler hat diesen Unterschied wie folgt beschrieben: „Die *Marshall*schen Kurven unterscheiden sich von diesen . . . Kurven in doppelter Hinsicht: *formal* dadurch, daß bei ihnen nicht der *Preis*, sondern der (Gesamt-) *Erlös* (gemessen in repräsentativen Ballen; d. Verf.) der auf der horizontalen Achse abgenommenen Menge des betreffenden Gutes aufgetragen wird. Die sukzessiven Ordinaten der *Marshall*schen Kurve entsprechen also dem Flächeninhalt der in die gewöhnliche Nachfragekurve eingeschriebenen Rechtecke (Stückpreis mal abgesetzte Menge) . . . Der *materielle* Unterschied zwischen den beiden Kurventypen besteht darin, daß die *Marshall*sche Kurve eine *Gesamt*ansicht des Außen-

[19] Vgl. *Lademann* [111] S. 23 f.. Zur geometrischen Bestimmung derartiger Kurven mit Hilfe von Transformations- und Indifferenzkurven siehe z. B. *Leontief* [114] S. 493 ff.; *Marsh* [128] S. 264 ff. sowie *Meade* [136].

[20] *Yntema* [229] S. 47 ff. hat den Versuch unternommen, die *Marshall*schen Kurven aus diesen partiellen Angebots- und Nachfragekurven abzuleiten, bemerkt jedoch einschränkend in einer Fußnote auf Seite 48, daß seine Außenhandelskurven wegen der unterschiedlichen Voraussetzungen letztlich nicht mit den *Marshall*schen Kurven identisch sind.

handels gibt bzw. das Endresultat des Gesamtmechanismus, den Geldmechanismus inbegriffen, abbildet und auf *Durchschnittsballen* lautet, während die gewöhnliche Nachfrage- und Angebotskurve von *Geldpreisen* einer *einzelnen* Ware handelt“.[21]

Zur Bestimmung der Stabilität bzw. Labilität des Austauschgleichgewichts greift *Marshall* auf das Instrument der Elastizität zurück. Danach ist das Außenhandelsgleichgewicht stabil (labil), wenn die Summe der mit einem negativen Vorzeichen definierten Preiselastizitäten der Importnachfrage beider Länder den kritischen Wert eins übersteigt (nicht erreicht).[22] Diese fundamentale Aussage bildet den Ausgangspunkt zur Formulierung weiterer Stabilitätsbedingungen aus verfeinerten und komplizierteren Modellen durch spätere Autoren.

Marshalls Beitrag zählt sicherlich zu den bemerkenswertesten in der theoretischen Ökonomie,[23] dessen wissenschaftliche Anerkennung in einer der bekanntesten Relationen der monetären Außenwirtschaftstheorie, der „*Marshall-Lerner*-Bedingung“, zum Ausdruck kommt. Auf eine gewisse Inkongruenz zwischen den dieser Bedingung zugrunde liegenden Modellannahmen und den *Marshall*schen Voraussetzungen soll an späterer Stelle hingewiesen werden. Hier sei lediglich vermerkt, daß *Marshall* zwar mit verschiedenen Realaustauschverhältnissen argumentiert, Variationen der monetären Größe Wechselkurs bei ihm aber keine Beachtung finden.[24] Das Gleichgewicht des internationalen Handels ist ein reales Gleichgewicht.[25]

Eindeutig im monetären Bereich bewegt sich hingegen *C. F. Bickerdike* in seiner 1920 im „Economic Journal“ erschienenen kurzen Veröffentlichung.[26] Zu dieser Zeit hatte der Außenwert des englischen Pfundes starke Einbußen erlitten. Der Dollar-Preis des Pfund Sterling fiel von Februar bis Dezember 1919 von $ 4.76 auf $ 3.81, zum Teil ausgelöst durch den übermäßig starken britischen Importbedarf an amerikanischen Gütern nach dem Ende des I. Weltkrieges,[27] zum anderen aber auch bedingt durch eine verhältnismäßig hohe Rückzahlungsverpflichtung kurzfristig aufgenommener Kredite zu einem bestimmten Termin.[28] Die Folge war, daß „. . . the British began to doubt that currency depreciation would reduce the deficit in their balance of payments,

21 *Haberler* [64] S. 117. Sehr anschaulich beschreibt auch *Edgeworth* [46] S. 424 f. diesen Anpassungsmechanismus: „. . . a movement along a supply-and-demand curve should be considered as attended with rearrangements of international trade; as the movement of the hand of a clock corresponds to considerable unseen movements of the machinery.“

22 Vgl. *Marshall* [129] S. 337, 341, 353. *Marshall* selbst ermittelt die Stabilitätsbedingung nur auf geometrischem Wege. Zur formalen Ableitung siehe *Mundell* [150] S. 72 ff.. Vgl. in diesem Zusammenhang auch die modifizierte Formulierung der Stabilitätsbedingung bei *Jones* [91] S. 202, der, von einem Zwei-Güter-Modell ausgehend, auch die Elastizität des Güterangebots explizit in seiner Stabilitätsformel berücksichtigt.

23 *Kemp* [95] S. 66.

24 Vgl. *Marshall* [129] S. 161.

25 Vgl. *Haberler* [67] S. 36 f., Fußn. 12 und S. 39, Fußn. 15.

26 *Bickerdike* [23] S. 118 ff..

27 *Metzler* [138] S. 228 f..

28 *Bickerdike* [23] S. 118.

and suspected, on the contrary, that such depreciation might only make the situation worse".[29] In der mathematischen Formulierung der Beziehungen zwischen Devisennachfrage und Wechselkursänderungen durch *Bickerdike* fanden diese Zweifel ihr wissenschaftliches Pendant.

Kennzeichnen die Symbole x (x') die englische Export- bzw. die amerikanische Importmenge (amerikanische Export- bzw. englische Importmenge), p_m den Preis der englischen Importgüter in Pfund Sterling und $p'_{x'}$ ($p'_{m'}$) den Preis der amerikanischen Exportgüter (Importgüter) in Dollar, so lassen sich die folgenden funktionalen Beziehungen aufstellen:

englische Importnachfragefunktion: $p_m = f_1(m) = f_1(x')$
amerikanische Importnachfragefunktion: $p'_{m'} = f_2(m') = f_2(x)$
amerikanische Exportangebotsfunktion: $p'_{x'} = F_1(x')$

Für den Wechselkurs (w'), den *Bickerdike* als Anzahl der Dollar pro Pfund Sterling definiert, ergibt sich dann der Ausdruck

$$w' = \frac{F_1(x')}{f_1(x')} . \qquad (*)$$

Ferner gilt für das Devisenmarktgleichgewicht unter Vernachlässigung der Kapitalbewegungen die Beziehung

$$x \cdot f_2(x) = x' \cdot F_1(x').$$

Kommt es nun z. B. infolge zurückzuzahlender Kredite zu einer zusätzlichen Nachfrage auf dem Devisenmarkt in Höhe von Z Dollar, steht den englischen Wirtschaftssubjekten nur noch ein entsprechend verminderter Devisenbetrag für Importzwecke zur Verfügung:

$$x \cdot f_2(x) - Z = x' \cdot F_1(x')$$

Durch Einsetzen in (*) folgt dann

$$w' = \frac{x \cdot f_2(x) - Z}{x' \cdot f_1(x')} ,$$

woraus sich der Effekt einer Veränderung von Z auf w' berechnen läßt. Das Ergebnis wird mit Hilfe von vier sogenannten „Preisinelastizitäten", den inversen direkten Preiselastizitäten, ausgedrückt:

29 *Metzler* [138] S. 229.

$$\frac{dw'}{dZ} = \frac{-1}{\frac{1+\sigma}{d+\sigma} + \frac{1-\partial}{s^{+}+\partial}} \quad (**)$$ [30]

d = „Preisinelastizität" der englischen Importnachfrage
∂ = „Preisinelastizität" der amerikanischen Importnachfrage[31]
s^{+} = „Preisinelastizität" des englischen Exportangebots
σ = „Preisinelastizität" des amerikanischen Exportangebots

Im Normalfall rechnet *Bickerdike* mit einer Verschlechterung des englischen Wechselkurses infolge verstärkter Inanspruchnahme des Devisenmarktes, hält aber auch eine Verbesserung, je nach Konstellation der „Inelastizitäten", für möglich.[32] Seine spezifische Problemstellung unterscheidet sich von der der vorliegenden Arbeit insofern, als in dieser der Wechselkurs gerade die unabhängige Variable darstellt, also danach gefragt wird, wie sich ein Devisenmarktdefizit bzw. -überschuß ändert, wenn der Wechselkurs variiert. Erst die Umkehrung der *Bickerdike*schen Fragestellung, ausgedrückt durch den inversen Quotienten von (**), bringt die volle Übereinstimmung mit den weiter unten folgenden Ausführungen.[33]

Trotz der ausgedehnten Diskussion um das Ab- und Aufwertungsproblem in der an Wechselkursänderungen reichen Zeit der zwanziger und dreißiger Jahre fanden die Gedanken von *Marshall* und *Bickerdike* in der Zahlungsbilanz- und Wechselkurstheorie zunächst keine Beachtung.[34] Erst *J. Robinson* gab mit ihrem 1937 erschienenen Werk „The Foreign Exchanges" [35] den Anstoß zu einer Vielzahl weiterer Beiträge zu diesem Thema.[36]

2. Die Bedeutung der Preiselastizitäten von Angebot und Nachfrage für die Bestimmung von Export- und Importwertänderungen

Exporte und Importe eines Landes lassen sich sowohl in inländischer als auch in ausländischer Währung ausdrücken. Diese Unterscheidung ist für die Formulierung der Stabilitätsbedingungen von großer Bedeutung, da Richtung

30 Vgl. *Bickerdicke* [23] S. 120.
31 *Bickerdike* definiert die Preisinelastizitäten der Importnachfrage d und ∂ so, daß sie bei normal verlaufenden Nachfragekurven positive Werte annehmen.
32 *Bickerdike* [23] S. 121.
33 Vgl. S. 32.
34 Vgl. hierzu die zahlreichen Beiträge zum Thema Wechselkursänderungen im Weltwirtschaftlichen Archiv, Bd. 43 und 44, 1936 I und II. Eine Ausnahme bildet *Yntema* [229].
35 *Robinson* [175] S. 134 ff..
36 Siehe z. B. *Machlup* [122] S. 169 ff.; *Brown* [31] S. 75 ff.; *Hirschman* [81] S. 50 ff.; *Stackelberg* [200] S. 1 ff.; *Ellsworth* [48] S. 1 ff.; *Harberger* [71] S. 47 ff.; *Day* [42] S. 431 ff. u. a..

und Umfang der Leistungsbilanzreaktion von der zugrunde gelegten Währung abhängig sind. Zunächst sei von der Bewertung in Inlandswährung ausgegangen.

2.1 Bewertung in Inlandswährung

Exporte eines Landes setzen ein im Verhältnis zur Nachfrage zu großes eigenes Angebot der betreffenden Güter voraus, so daß ein positiver Differenzbetrag für den Verkauf im Ausland zur Verfügung steht. Umgekehrt kann ein negativer Differenzbetrag, d. h. ein Nachfrageüberschuß (= Angebotsunterschuß) durch einen Import dieser Güter aus dem Ausland ausgeglichen werden. Zuweilen werden daher die Exportgüter (Importgüter) auch als die „Überschußgüter" („Unterschußgüter) eines Landes bezeichnet.[1]

Sind die Angebots- und Nachfragekurven des In- und Auslandes bekannt, lassen sich daraus die Überschußangebots- und Überschußnachfragekurven der beiden Länder bestimmen. In der Wirklichkeit wird es sich hierbei immer um eine Vielzahl von Angebots- und Nachfragekurven handeln. Wenn daher im Verlauf der Arbeit weiterhin von Export- bzw. Importpreisen und -mengen die Rede ist, so sind damit immer gewichtete Preis- und Mengenindizes gemeint.[2]

Lage und Form dieser Überschußangebots- und Überschußnachfragekurven im Koordinatensystem, die bei einer Ab- bzw. Aufwertung[3] eine Verschiebung erfahren, bestimmen dann die Reaktion der wertmäßigen Exporte und Importe auf eine Wechselkursänderung und damit die Exportwert- und Importwertelastizitäten. Mathematisch läßt sich dieser Zusammenhang, auf dessen formalen Beweis hier verzichtet werden soll, mit Hilfe der Preiselastizität der inländischen Importnachfrage n_m und der Preiselastizität des ausländischen Exportangebots e_m für die Importwertelastizität sowie der Preiselastizität der auslän-

[1] Vgl. *Stackelberg* [200] S. 16.

[2] Vgl. *Schneider* [186] S. 329; *Albert* [5] S. 307; *Haberler* [65] S. 217. Die beiden letztgenannten Autoren legen ihren Exporten und Importen ein „repräsentatives Güterbündel" zugrunde, dessen Bestimmung aber ähnlich große Schwierigkeiten aufweist wie die Berechnung von Indexwerten.

[3] Eine Abwertung der inländischen Währung ist gleichbedeutend mit einer Aufwertung der Auslandswährung in bezug auf die Inlandswährung, jedoch sind die Raten der Wechselkursänderung in beiden Ländern unterschiedlich. Ist w der inländische Wechselkurs, dann bestimmt der Kehrwert $\frac{1}{w} = w'$ den Kurs der ausländischen Währung. Wird die Inlandswährung um den Devalvationssatz b $(0 \leqslant b \leqslant 1)$ abgewertet, sind offenbar für eine Einheit Inlandswährung nur noch $\frac{1}{w} - b\,\frac{1}{w} = \frac{1}{w}(1 - b)$ Einheiten Auslandswährung zu zahlen. Der reziproke Wert dieses Ausdrucks wiederum bestimmt den neuen inländischen Wechselkurs. Bezieht man die Differenz zwischen dem neuen und dem alten inländischen Wechselkurs auf den Kurs vor der Abwertung, erhält man den relativen Aufwertungssatz der Auslandswährung infolge einer Devalvation der Inlandswährung:

$$\left(\frac{w}{1-b} - w\right) : w = \frac{b}{1-b} \;.$$

dischen Importnachfrage n_x und der Preiselastizität des inländischen Exportangebots e_x für die Exportwertelastizität formulieren:[4,5]

inländische Importwertelastizität bei Bewertung der Importe in Inlandswährung : $$N_{M,w} = \frac{e_m(1+n_m)}{e_m - n_m} \quad (2)$$

inländische Exportwertelastizität bei Bewertung der Exporte in Inlandswährung : $$E_{X,w} = \frac{-n_x(1+e_x)}{e_x - n_x}\,^{6,7} \quad (3)$$

Die beiden Wertelastizitäten sind also ihrerseits jeweils durch zwei Preiselastizitäten bestimmt. Das Studium der Elastizitäten von Angebot und Nachfrage bildet somit das Kernstück der Wechselkurstheorie.[8]

Zunächst sei die Exportwertelastizität kurz analysiert. Da e_x im Regelfall positiv, n_x dagegen negativ ist, kann $E_{X,w}$ bei normalen Verläufen der Exportangebots und -nachfragekurven – die weiterhin unterstellt seien – auch nicht negativ werden. Im Normalfall nimmt also der Exportwert in Inlandswährung aufgrund einer Abwertung zu. Der Grad der Zunahme wird dabei um so geringer sein, je kleiner bei gegebener Preiselastizität des Exportangebots der absolute Betrag der ausländischen Preiselastizität der Importnachfrage ist. Im Grenzfall, bei völlig preisunelastischer ausländischer Nachfrage, sinkt der Auslandspreis bei konstanter Absatzmenge genau um den Prozentsatz der inländischen Wechselkurserhöhung, so daß der Exportwert in Inlandswährung unverändert bleibt. Hinsichtlich des Einflusses der Preiselastizität des inländischen

4 Eine geometrische Veranschaulichung dieser Zusammenhänge, wie sie in mehreren Lehrbüchern zu finden ist, hat wahrscheinlich *Jöhr* [84] S. 79 ff. als erster durchgeführt. Vgl. hierzu *Haberler* [65] S. 234, Fußn. 4 und *Rose* [179] S. 53, Fußn. 3.

5 Zur mathematischen Ableitung siehe z. B. *Schneider* [186] S. 332 ff. und *Rose* [179] S. 80 ff.. Die Darstellung des formalen Zusammenhangs erfolgte zuerst durch *Robinson* [175] S. 142, Fußn. 1, die jedoch den mathematischen Beweis schuldig bleibt.

6 Die in den Formeln (2) und (3) enthaltenen Preiselastizitäten der Importnachfrage des In- und Auslandes sind hier nicht im Sinne *Marshalls* definiert und daher im Normalfall negativ. In der Literatur sind beide Varianten zu finden. Der Verfasser zieht es jedoch wegen der zahlreichen in der Außenhandelstheorie gebräuchlichen Elastizitäten vor, Nachfrageelastizitäten nicht generell mit einem Minuszeichen zu definieren, sondern gegebenenfalls lieber von den absoluten Beträgen zu sprechen. Auf diese Weise ist das Vorzeichen einheitlich für alle verwendeten Elastizitäten durch das Vorzeichen des darin enthaltenen Differentialquotienten bestimmt. Eine Ausnahme bilden die bei der Darstellung des *Meade-Tsiang*-Modells in Abschnitt IV, 4 verwendeten Elastizitäten, um dem Leser einen Vergleich mit den Originalwerken zu erleichtern.

7 Die Preiselastizitäten von Exportangebot und Importnachfrage lassen sich ihrerseits weiter aufspalten und durch die Preiselastizitäten des gesamten Angebots und der gesamten Nachfrage der Überschuß- bzw. Unterschußgüter in beiden Ländern ausdrücken. Vgl. *Stackelberg* [200] S. 23 f.. Eine derart starke Differenzierung ist jedoch nicht üblich und im allgemeinen auch nicht notwendig.

8 *Machlup* [122] S. 174.

Exportangebots auf die Veränderung des Exportwertes und damit auf die Exportwertelastizität gilt, daß bei einer Preiselastizität der ausländischen Importnachfrage von absolut genommen größer (kleiner) als eins die Veränderung des Exportwertes mit steigender Angebotselastizität zunimmt (abnimmt).[9] Ein maximaler Devalvationserfolg tritt ein, wenn ein unendlich elastisches inländisches Exportangebot auch auf eine völlig elastische ausländische Importnachfrage trifft. Die Exportwertelastizität nimmt einen unendlich großen positiven Wert an, da jede noch so geringfügige Preissenkung eine unbeschränkte Umsatzausdehnung bewirkt.[10]

Den obigen Ausführungen analog sind die Überlegungen über die Importwertelastizität. Der inländische Importwert nimmt bei gegebenen Preiselastizitäten des Importangebots aufgrund einer Abwertung zu, bleibt konstant oder nimmt ab, je nachdem, ob die Preiselastizität absolut kleiner, gleich oder größer als eins ist. Kann das Ausland jede beliebige Warenmenge zu konstanten Preisen anbieten, so steigen die Inlandspreise dieser Güter um den gleichen Prozentsatz wie der Wechselkurs. Ist dagegen das ausländische Angebot nicht unendlich elastisch, sinken bei einem inländischen Absatzrückgang auch die ausländischen Angebotspreise. Mithin steigt der Inlandspreis dieser Güter um einen geringeren Prozentsatz als der Wechselkurs. Hieraus ergibt sich: Der Wert der Importe nimmt bei einem absoluten Betrag der Preiselastizität der inländischen Importnachfrage von kleiner (größer) als eins um so stärker infolge einer Wechselkurserhöhung zu (ab), je elastischer das ausländische Exportangebot ist. Die Importwertelastizität erreicht ihren höchsten Wert bei völlig unelastischer inländischer Importnachfrage; der Importwert steigt um den Prozentsatz der Wechselkurserhöhung. Sind sowohl die heimische Nachfrage als auch das Importangebot unendlich elastisch, werden die Importe auf null reduziert. Der Abwertungserfolg ist maximal.[11]

2.2 Bewertung in Auslandswährung

Die vorangegangenen Ausführungen bezogen sich auf die Bewertung der Importe und Exporte in Inlandswährung. Gewöhnlich wird nun aber gerade im Devisenmangel bzw. -überschuß der Anlaß zu einer Veränderung des Wechselkurses eines Landes gesehen.[12] Aus diesem Grunde sind einige Bemerkungen

[9] Der mathematische Beweis hierfür ist leicht erbracht. Differenziert man nämlich (3) partiell nach e_x, ergibt sich:

$$\frac{\partial E_{x,w}}{\partial e_x} = \frac{n_x(1+n_x)}{(e_x-n_x)^2}\ .$$

Dieser Ausdruck aber ist nur für alle Werte $n_x < -1$ größer als null.

[10] Zu diesem Abschnitt siehe vor allem *Robinson* [175] S. 139 ff. und *Field* [52] S. 48.

[11] Siehe hierzu wiederum *Robinson* [175] S. 141 und *Field* [52] S. 48 f..

[12] Vgl. *Hirschman* [81] S. 53.

zur inländischen Importwert- und Exportwertelastizität notwendig, wenn man von der Bewertung der zwischenstaatlichen Transaktionen in Auslandswährung ausgeht. Aufgrund der in der Einleitung der Arbeit getroffenen Annahmen sind in diesem Fall die Wechselkurselastizität des Devisenangebots und die Exportwertelastizität bzw. die Wechselkurselastizität der Devisennachfrage und die Importwertelastizität miteinander identisch.

Durch einfache mathematische Umformungen der Gleichungen (2) und (3) gelangt man zu entsprechenden Ausdrücken für die Importwert- bzw. Exportwertelastizität bei Zugrundelegung der Auslandswährung:[13]

inländische Importwertelastizität bei Bewertung der Importe in Auslandswährung

$$: \quad N_{M\,a,w} = \frac{n_m(e_m+1)}{e_m - n_m} \tag{4}$$

inländische Exportwertelastizität bei Bewertung der Exporte in Auslandswährung

$$: \quad E_{X\,a,w} = \frac{-e_x(n_x+1)}{e_x - n_x} \tag{5}$$

Im Unterschied zu dem Fall der Bewertung in Inlandswährung kann die Exportwertelastizität sowohl ein positives als auch ein negatives Vorzeichen annehmen, d. h. die Exporte in Auslandswährung können infolge einer Wechselkurserhöhung steigen ($n_x < -1$) oder fallen ($n_x > -1$). Im Grenzfall ($n_x = -1$) bleiben sie unverändert ($E_{X\,a,w} = 0$). *Machlup*, der in seiner „Theorie des Devisenmarktes“ die Bedeutung der Preiselastizitäten von Angebot und Nachfrage eingehend analysiert, trifft in bezug auf die Exportwertelastizität (bei *Machlup*: Elastizität des Devisenangebots) folgende Feststellungen:[14]

Die Exportwertelastizität wird um so größer sein,

1. je elastischer die Auslandsnachfrage nach inländischen Exportgütern ist: $E_{X\,a,w}$ ist gemäß Beziehung (5) bei unelastischer ausländischer Importnachfrage ($|n_x| < 1$) zunächst negativ, steigt aber mit zunehmenden absoluten Werten von n_x kontinuierlich an und wird im Bereich $|n_x| > 1$ positiv.
2. je elastischer das Angebot der ausländischen Güter, die mit den inländischen Exportprodukten konkurrieren, reagiert: Eine Preissenkung inländischer Exportgüter bewirkt einen um so größeren ausländischen Importbedarf, je stärker die Produktion ausländischer Konkurrenzprodukte daraufhin eingeschränkt wird.

[13] Vgl. *Schneider* [186] S. 339 f. sowie die ausführliche Ableitung bei *Rose* [179] S. 80 ff..

[14] *Machlup* [122] S. 175 ff.. Vgl. auch *Ellsworth* [48] S. 8 ff.

3. je elastischer das inländische Exportangebot ist: Diese Feststellung gilt lediglich unter der Voraussetzung elastischer ausländischer Importnachfrage, wie eine Vorzeichenuntersuchung des partiellen Differentialquotienten

$$\frac{\partial E_{Xa,w}}{\partial e_x} = \frac{n_x(n_x+1)}{(e_x-n_x)^2}$$

bestätigt. Bei unelastischer ausländischer Importnachfrage nimmt dieser Ausdruck nämlich einen negativen Wert an. Nicht steigende, sondern fallende Preiselastizitäten des Exportangebots bewirken unter diesen Umständen eine Erhöhung der Exportwertelastizität.[15]
4. je elastischer die heimische Nachfrage auf Preisänderungen der Güter reagiert, deren Überschuß exportiert wird: In diesem Fall stehen dem Inland aufgrund einer Abwertung, die bei nicht völlig elastischem inländischen Angebot zu einer Preissteigerung führt, entsprechend größere Gütermengen für Exportzwecke zur Verfügung; die Preiselastizität des Exportangebots nimmt zu. Einschränkend gilt jedoch auch hier das unter 3. Gesagte.

Eine Analyse der Importwertelastizität (bei *Machlup*: Elastizität der Devisennachfrage) führt zu folgenden Ergebnissen:[16]

Die Importwertelastizität wird um so kleiner sein,[17]

1. je elastischer die inländische Importnachfrage ist: $N_{Ma,w}$ sinkt gemäß Gleichung (4) mit zunehmenden absoluten Beträgen von n_m und ist stets negativ, im Grenzfall (n_m = O) gleich null. Eine Abwertung führt also, vom Grenzfall abgesehen, immer zu einem Rückgang der in Auslandswährung bewerteten Importe.
2. je elastischer das Angebot inländischer Güter, die mit den Importprodukten konkurrieren, reagiert: Führt eine Abwertung zu steigenden inländischen Importgüterpreisen und deshalb zu einer Ausdehnung inländischer Konkurrenzprodukte, so werden zur Deckung des heimischen Bedarfs weniger Importe benötigt. Die Preiselastizität der Importnachfrage und die Importwertelastizität steigen deshalb in ihren absoluten Beträgen mit zunehmender Elastizität des Angebots an Konkurrenzprodukten.

15 Vgl. *Ellsworth* [48] S. 13 f., inkl. Fußn. 1 auf S. 13.
16 Vgl. *Machlup* [122] S. 178 f..
17 Es sei noch einmal darauf aufmerksam gemacht, daß die hier verwendeten Nachfrageelastizitäten nicht im Sinne *Marshalls* definiert sind und daher bei typischen Verläufen der Nachfragekurven negative Werte annehmen. Elastischer werdende Nachfrage findet daher ihren Ausdruck in kleiner werdenden Zahlenwerten der Elastizitäten ($-\frac{1}{2} > -1 > -2$ etc.) bzw. zunehmenden absoluten Beträgen ($|-\frac{1}{2}| < |-1| < |-2|$ etc.). In bezug auf die Importwertelastizität, die stets negativ bzw. im Grenzfall null ist, bedeutet daher eine wertmäßige Abnahme (z. B. von −2 auf −3), daß der Importwert aufgrund einer Abwertung stärker reduziert wird.

3. je elastischer das ausländische Exportangebot ist: Diese Feststellung gilt jedoch, wie im Fall 3 bei der Diskussion der Exportwertelastizität, lediglich unter der Voraussetzung elastischer inländischer Importnachfrage. Ist diese unelastisch, wird durch eine zunehmende Elastizität des ausländischen Exportangebots der absolute Betrag der Importwertelastizität gesenkt und der Erfolg einer Abwertung somit tendenziell erschwert.[18]
4. je elastischer die ausländische Nachfrage auf Preisänderungen der Güter reagiert, deren Überschuß exportiert wird: Das ausländische Überschuß-(Export-)angebot wird sich um so stärker verändern, d. h. die Preiselastizität des Exportangebots ist um so größer, je reagibler sich die ausländischen Nachfrager gegenüber Preisänderungen dieser Güter verhalten. Hinsichtlich der Wirkungen auf die Importwertelastizität gelten einschränkend die unter 3. gemachten Bemerkungen.

Die Ausführungen dieses Abschnitts haben die unterschiedlichen Reaktionen der in inländischer und in ausländischer Währung bewerteten Exporte und Importe des Inlandes, wie sie in der Exportwert- und Importwertelastizität zum Ausdruck kommen, im Rahmen der eingangs erwähnten Modellbedingungen aufgezeigt. Es bleibt darzustellen, welche Besonderheiten sich hierdurch bei der Formulierung der Stabilitätsbedingungen ergeben.

3. Reaktionsgleichungen und Stabilitätsbedingungen für die Veränderung des Leistungsbilanzsaldos

Richtung und Umfang der Veränderung des Leistungsbilanzsaldos infolge einer Wechselkursvariation lassen sich in Form mathematischer Gleichungen ausdrücken, die hier als Reaktionsgleichungen bezeichnet werden. Als Bestandteil dieser Reaktionsgleichungen unterscheiden sich die Stabilitätsbedingungen, die die Voraussetzungen für eine normale Reaktion der Leistungsbilanz formulieren, teilweise nur geringfügig von diesen.

[18] Der partielle Differentialquotient

$$\frac{\partial N_{Ma,w}}{\partial e_m} = \frac{-n_m(n_m+1)}{(e_m-n_m)^2}$$

ist nämlich nur für alle Werte $|n_m| > 1$ positiv. Vgl. *Ellsworth* [48] S. 13 f., inkl. Fußn. 1 auf S. 13. Ein Zahlenbeispiel möge den Zusammenhang verdeutlichen: Setzt man unter der Voraussetzung $|n_m| = \frac{1}{2}$ in (4) nacheinander die Werte $e_m = \frac{1}{2}$ und $e_m = 1$ ein, ergeben sich die Lösungen $|N_{Ma,w}| = \frac{3}{4}$ und $|N_{Ma,w}| = \frac{3}{5}$, woraus ersichtlich wird, daß die absoluten Beträge der Importwertelastizität mit steigenden ausländischen Exportangebotselastizitäten abnehmen.

3.1 Ausgeglichene Leistungsbilanz

Ausgehend von der Definitionsgleichung $B = X - M$ für den inländischen Leistungsbilanzsaldo in Inlandswährung erhält man durch ähnliche mathematische Operationen wie bei der Herleitung von (1) die Reaktionsgleichung

$$dB = E_{X,w} \cdot X \frac{dw}{w} - N_{M,w} \cdot M \cdot \frac{dw}{w}, \quad (6)$$ [1]

die sich unter den Annahmen einer vor der Wechselkursvariation gleichgewichtigen Leistungsbilanz ($X = M$) und eines Wechselkurses von eins ($w = 1$) zu

$$dB = X (E_{X,w} - N_{M,w})\, dw \quad (7)$$

reduziert. Bei einer Bewertung der Exporte (Xa) und Importe (Ma) in Auslandswährung folgt entsprechend für den Leistungsbilanzsaldo (Ba)

$$dBa = Xa (E_{Xa,w} - N_{Ma,w})\, dw. \quad (8)$$

Offenbar ergeben diese Reaktionsgleichungen immer dann positive Werte, d. h. die Leistungsbilanz reagiert auf eine Abwertung normal, wenn die Stabilitätsbedingungen

$$E_{X,w} - N_{M,w} > 0 \quad (9)$$

bzw.

$$E_{Xa,w} - N_{Ma,w} > 0, \quad (10)$$

die sich durch Einsetzen von (2) und (3) in (7) bzw. (4) und (5) in (8) zu

$$\frac{-n_x(1+e_x)}{e_x - n_x} - \frac{e_m(1+n_m)}{e_m - n_m} > 0 \quad \text{Bewertung in Inlandswährung} \quad (9a)$$

[1] Differentiation der Ausgangsgleichung nach w ergibt $\frac{dB}{dw} = \frac{dX}{dw} - \frac{dM}{dw}$, woraus durch Umformungen

$$\frac{dB}{dw} = \frac{dX}{dw}\frac{w}{X}\frac{X}{w} - \frac{dM}{dw}\frac{w}{M}\frac{M}{w}$$

bzw.

$$dB = E_{X,w} \cdot X \frac{dw}{w} - N_{M,w} \cdot M \frac{dw}{w} \quad \text{folgt.}$$

bzw.

$$\frac{-e_x(n_x+1)}{e_x - n_x} - \frac{n_m(e_m+1)}{e_m - n_m} > 0 \quad \text{Bewertung in Auslandswährung} \tag{10a}$$

umformen lassen, erfüllt sind. Unter der weiteren einschränkenden Annahme unendlich elastischen Exportangebots ($e_x = e_m = \infty$) im In- und Ausland vereinfachen sich (9a) und (10a) zu dem Ausdruck

$$|n_x| + |n_m| > 1, \tag{11}$$

der in der Literatur als ‚*Marshall-Lerner*-Bedingung' bekannt ist[2] und besagt, daß eine Abwertung (Aufwertung) immer dann zu einer Verbesserung (Verschlechterung) der Leistungsbilanzsituation führt, wenn die Summe der absoluten Beträge der in- und ausländischen Preiselastizitäten der Importnachfrage größer als eins ist. Andernfalls reagiert die Leistungsbilanz anomal ($|n_x| + |n_m| < 1$) bzw. ihr Saldo bleibt unverändert ($|n_x| + |n_m| = 1$). Nicht eine Devalvation, sondern eine Revalvation würde unter diesen Umständen ($|n_x| + |n_m| < 1$) eine Vergrößerung des Leistungsbilanzsaldos bewirken.[3]

Die Verwendung der Bezeichnung ‚*Marshall-Lerner*-Bedingung' erscheint wenig glücklich. Wie in Abschnitt II, 1 erwähnt wurde, geht *Marshall* gedanklich von einer realen Tauschwirtschaft aus und verwendet zur Bestimmung des gleichgewichtigen internationalen Realaustauschverhältnisses ‚totale' Angebots- bzw. Nachfragekurven, die das Endergebnis eines die gesamte Volkswirtschaft umfassenden Anpassungsprozesses darstellen, während die der Stabilitätsbedingung (11) zugrunde liegenden Kurven partieller Art sind, also gegebene Einkommen voraussetzen. *Lerner* wiederum, der 20 Jahre später die *Marshall*schen Gedanken aufgriff, bewegt sich zwar eindeutig im monetären Bereich, argumentiert aber bei seiner verbalen Begründung der Stabilitätsbedingung an der regelmäßig zitierten Stelle auf S. 377/378 im 28. Kapitel seiner „Eco-

[2] Vgl. z. B. *Funck* [58] S. 98; *Kindleberger* [99] S. 259 ff.; *Rose* [179] S. 76 ff.; *Schneider* [186] S. 337; *Vanek* [215] S. 71 f. u. a.. – *Haberler* [65] S. 221 spricht lediglich von ‚*Lerner*-Bedingung', *Paulsen* [162] S. 315, Fußn. 10 von ‚*Lerner*-Effekt' und *Alexander* [8] S. 394 von ‚*Lerner-Robinson*-Formel'.

[3] Vgl. *Haberler* [65] S. 221.

nomics of Control" – wie *Marshall* – ebenfalls nicht mit Wechselkursänderungen, sondern mit Preisniveauverschiebungen unter den Voraussetzungen einer Goldwährung,[4] weshalb *M. C. Kemp* diesen Sachverhalt treffend mit den Worten kritisiert: „Never were adjectives so incongruously applied".[5] Jedoch lassen sich gewisse Gemeinsamkeiten zwischen den Untersuchungen von *Marshall* und *Lerner* sowie dem oben behandelten Fall aufzeigen. Jedes der Modellergebnisse besagt nämlich, daß die Summe zweier Nachfrageelastizitäten größer als eins sein muß; andernfalls kann ein stabiles Gleichgewicht nicht vorliegen. Auch läßt sich analytisch eine Substitution der Preisniveauverschiebungen durch Wechselkursänderungen durchführen,[6] da in beiden Fällen, nur auf unterschiedlichem Wege, das relative Preisverhältnis zwischen inländischen und ausländischen Gütern geändert wird. *Lerner* selbst geht an späterer Stelle seines Buches in dieser Weise vor.[7] Allerdings ist zur Erlangung vollständiger Kongruenz mit *Marshalls* Terms-of-Trade-Änderungen die Annahme völlig elastischen Angebots, eine Einschränkung, die *Marshall* selbst nicht trifft, unerläßlich, weil nur unter diesen Voraussetzungen Wechselkursänderungen und Veränderungen des Realaustauschverhältnisses – mit unterschiedlichen Vorzeichen – einander gleich sind.[8] Unüberbrückbar bleibt hingegen das unterschiedliche methodische Vorgehen. Obige Analyse ist partiell, abstrahiert also von Einkommensänderungen, während *Marshalls* totale Analyse gerade auch eine Anpassung dieser Einkommen berücksichtigt.[9] Es handelt sich also um zwei

4 *Lerner* [115] S. 377 f..

5 *Kemp* [95] S. 70, Fußn. 2.

6 Vgl. *Yeager* [227] S. 147 sowie *Robinson* [174] S. 102. Vgl. in diesem Zusammenhang aber auch *Brems* [29] S. 1, der auf unterschiedliche Wirkungen der Wechselkurs- und Preisniveauänderungen auf das Realeinkommen aufmerksam macht, so daß die im Text angedeutete Substitution nicht möglich scheint. Hiergegen läßt sich vorbringen, daß die der ‚*Marshall-Lerner*-Bedingung' zugrunde liegende Partialanalyse von Realeinkommensänderungen abstrahiert. *Brems*' Einwand – obwohl im Grunde zutreffend – trifft also nicht den vorliegenden Fall.

7 Vgl. *Lerner* [115] S. 385 f..

8 Vgl. *Kindleberger* [99] S. 263 und *Hirschman* [81] S. 50. Ist p_x der Preisindex inländischer Exportgüter und p'_m der Preisindex heimischer Importgüter in Auslandswährung, so lauten die Terms-of-Trade: $T = \frac{p_x}{w\, p'_m}$ · Differentiation dieses Ausdrucks nach w ergibt unter Beachtung von anfänglich $p_x = p'_m = w = 1$ die Ableitung $\frac{dT}{dw} = \frac{dp_x}{dw} - \frac{dp'_m}{dw} - 1$. Ist nun das Angebot in beiden Ländern unendlich elastisch, erhält man hieraus wegen $\frac{dp_x}{dw} = \frac{dp'_m}{dw} = 0$ die Beziehung $dT = -dw$, die besagt, daß sich die Terms-of-Trade und der Wechselkurs im gleichen Ausmaß aber in entgegengesetzter Richtung verändern.

9 In bezug auf die aus diesem Grunde unterschiedlich definierten Angebots- und Nachfragekurven bemerkt *Viner* [218] S. 585: „The two types of curves rest on radically different and irreconcilable sets of assumptions, so that it is impossible to derive one set from the other or to trace a definite relationship between them". Vgl. hierzu auch die Ausführungen von *Jones* [91] S. 199 ff, speziell S. 207 ff..

unterschiedlich konstruierte Modelle. Trotz dieser sachlichen Verschiedenheiten soll der Terminus ‚*Marshall-Lerner*-Bedingung' wegen des in der Literatur üblichen Gebrauchs auch hier weiterhin Verwendung finden, obwohl es eher angebracht wäre, von der ‚*Bickerdike*schen Stabilitätsbedingung' zu sprechen. Ersetzt man nämlich in Gleichung (**) aus Abschnitt II, 1 die dort verwendeten Preisinelastizitäten (∂, d, s^+, σ) durch die inversen Preiselastizitäten von Importnachfrage und Exportangebot $(\frac{1}{|n_x|}, \frac{1}{|n_m|}, \frac{1}{e_x}, \frac{1}{e_m})$ und beachtet, daß *Bickerdike* mit dem Kehrwert des hier benutzten Wechselkurses ($w' = \frac{1}{w}$) argumentiert, erhält man nach einigen Umformungen als reziproken Wert zunächst Ausdruck (10a), woraus dann durch die Annahme unendlich elastischen Angebots die völlige Übereinstimmung mit der ‚*Marshall-Lerner*-Bedingung' folgt.[10]

Sind inländisches und ausländisches Exportangebot nicht völlig elastisch, ist von den Stabilitätsbedingungen (9a) und (10a) auszugehen, die sich auch in der als ‚*Metzler*-Bedingung'[11] bezeichneten Form

$$\frac{n_m n_x(1+e_x+e_m)-e_m e_x(1+n_x+n_m)}{(e_x-n_x)(e_m-n_m)} > 0 \quad ^{12} \qquad (12)$$

bzw.

$$\frac{-e_x n_m(1+n_m)+n_m n_x(2+n_x+n_m)-e_m n_x(1+n_x)}{(e_x-n_x)(e_m-n_m)} - (1+n_x+n_m) > 0 \quad ^{13} \qquad (12a)$$

ausdrücken lassen. Die Feststellung, daß Umformulierungen von (9a) und (10a) jeweils zu denselben formalen Ausdrücken (11) bzw. (12) oder (12a) führen, beinhaltet, daß unter der Voraussetzung einer ausgeglichenen Leistungsbilanz die sowohl in Inlands- als auch in Auslandswährung bewerteten Salden entweder beide normal oder beide anomal auf eine Wechselkursänderung reagieren, nicht aber entgegengesetzt gerichtete Veränderungen möglich sind, auf die noch einzugehen sein wird.

(12) unterscheidet sich von (11) durch die Beachtung endlicher Angebotselastizitäten. Sind diese hinreichend klein, so reagiert die Leistungsbilanz auch dann auf eine Abwertung normal, wenn die Preiselastizitäten der Importnachfrage die ‚*Marshall-Lerner*-Bedingung' nicht erfüllen. Besonders deutlich wird

10 Vgl. *Metzler* [138] S. 229. Zur Ableitung siehe Teil a) im mathematischen Anhang.
11 Vgl. *Konrad* [101] S. 22.
12 *Metzler* [138] S. 226, von dem diese Formulierung stammt, spricht von der „Elastizität der Zahlungsbilanz". Siehe auch *Haberler* [65] S. 214.
13 *Konrad* [101] S. 22.

der Einfluß der Angebotselastizitäten bei gegebenen Nachfrageelastizitäten aus Beziehung (12a). Der hierhin neben der ‚*Marshall-Lerner*-Bedingung' enthaltene Quotient hat nämlich die Eigenschaft, daß er bei Nachfrageelastizitäten von absolut größer als eins (kleiner als eins) den Wert der linken Seite von (12a) kleiner (größer) macht als er allein durch die ‚*Marshall-Lerner*-Bedingung' gegeben wäre. Bei hohen absoluten Beträgen der Nachfrageelastizitäten bewirken große, bei niedrigen absoluten Beträgen kleine Angebotselastizitäten eine Vergrößerung des Ausdrucks.[14] Es war *Joan Robinson*, die als erste den stabilisierenden Einfluß unelastischen Angebots erkannte.[15] Zwar hatte bereits *Bickerdike* seine Stabilitätsbedingung mit Hilfe der „Inelastizitäten des Exportangebots" formuliert, diese Folgerung aber noch nicht gezogen.[16]

3.2 Unausgeglichene Leistungsbilanz

Wenn die Leistungsbilanz des Inlandes vor einer Ab- bzw. Aufwertung der Währung nicht ausgeglichen ist, müssen auch die Werte der bisher importierten und exportierten Güter bei der Formulierung der Stabilitätsbedingungen berücksichtigt werden, weil die durch Exportwert- und Importwertelastizität bestimmten prozentualen Änderungsraten je nach Höhe von Exportwert und Importwert unterschiedliche absolute Änderungsbeträge implizieren.

Die bei Bewertung in Inlandswährung geltende Stabilitätsbedingung, wie sie erstmalig bei *J. Robinson* zu finden ist,[17] ergibt sich unmittelbar aus (6) in Verbindung mit (2) und (3) und hat die Form

$$\frac{-n_x(1+e_x)}{e_x - n_x} X - \frac{e_m(1+n_m)}{e_m - n_m} M > 0. \tag{13}$$

Werden Exporte und Importe in Auslandswährung bewertet, gilt als Bedingung für eine normale Leistungsbilanzreaktion

$$\frac{-e_x(n_x+1)}{e_x - n_x} Xa - \frac{n_m(e_m+1)}{e_m - n_m} Ma > 0. \tag{13a}$$

(13) und (13a) sowie deren Unterfälle (9a) und (10a) werden gelegentlich auch als ‚*Robinson*-Bedingung' bezeichnet,[18] jedoch hat *J. Robinson* selbst nur

[14] Vgl. *Konrad* [101] S. 22 f.
[15] *Robinson* [175] S. 143.
[16] Vgl. *Metzler* [138] S. 229.
[17] *Robinson* [175] S. 142, Fußn. 1.
[18] Vgl. *Rose* [179] S. 80; *Woll* [225] S. 84.

die Reaktionen der Exporte und Importe in Inlandswährung untersucht. „. . . she ignored the fact that a different expression obtains for the usually more important balance in terms of foreign currency".[19]

Auf die Bedeutung der Preiselastizitäten des Angebots für die Reaktion der Leistungsbilanz wurde bereits hingewiesen. *A. O. Hirschman* hat auf weitere interessante Implikationen der obigen Ausdrücke aufmerksam gemacht, verzichtet aber auf ein Ersetzen der Exportwert- und Importwertelastizitäten durch die Preiselastizitäten von Angebot und Nachfrage.

Wird berücksichtigt, daß zwischen den Elastizitäten des Export- ($E_{X,w}$) und Importwertes ($N_{M,w}$) in inländischer und den Elastizitäten des Export- ($E_{Xa,w}$) und Importwertes ($N_{Ma,w}$) in ausländischer Währung in bezug auf den Wechselkurs die Beziehungen

$$N_{M,w} = N_{Ma,w} + 1 \quad \text{und} \quad E_{X,w} = E_{Xa,w} + 1$$

bestehen[20] und beachtet man ferner die Identitäten $M = Ma \cdot w$ und $X = Xa \cdot w$, so gelangt man von (13) und (13a) ausgehend zu den von *Hirschman* angeführten Stabilitätsbedingungen[21]

$$E_{X,w} \frac{X}{M} - N_{Ma,w} > 1 \tag{14}$$

bzw.

$$E_{X,w} - N_{Ma,w} \cdot \frac{M}{X} > \frac{M}{X} \tag{14*}$$

für eine normale Reaktion der Leistungsbilanz in Inlandswährung und

$$E_{X,w} - N_{Ma,w} \cdot \frac{M}{X} > 1 \tag{15}$$

[19] *Hirschman* [81] S. 50.

[20] Der Beweis sei hier für die Beziehung zwischen den Exportwertelastizitäten erbracht. Differenziert man den Ausdruck $X = Xa \cdot w$ nach w, ergibt sich nach einigen Umformungen:

$$\frac{dX}{dw} = \frac{dXa}{dw} \cdot w + Xa = Xa\left(\frac{dXa}{dw}\frac{w}{Xa} + 1\right)$$

$$\frac{dX}{dw}\frac{1}{Xa} = \frac{dX}{dw}\frac{w}{X} = \frac{dXa}{dw}\frac{w}{Xa} + 1 \quad \text{bzw.} \quad E_{X,w} = E_{Xa,w} + 1.$$

Entsprechend wird der Beweis für die Importseite geführt. Vgl. *Schneider* [186] S. 339.

[21] *Hirschman* [81] S. 52. *Hirschman* bezieht allerdings die inländischen Importwertveränderungen in Auslandswährung auf den Wechselkurs der Auslandswährung, wodurch sich das Vorzeichen der Importwertelastizität ändert.

für eine normale Reaktion der Leistungsbilanz in Auslandswährung, die sich ihrerseits unter der Annahme völlig elastischen Exportangebots zu

$$|n_x|\frac{X}{M} + |n_m| > 1 \tag{14a}$$

und

$$|n_x| + |n_m|\frac{M}{X} > 1 \tag{15a}$$

vereinfachen lassen und als ‚modifizierte *Marshall-Lerner*-Bedingungen' bezeichnet werden könnten. Aus (14) und (14a) ist ersichtlich, daß im Falles eines Import-(Export-)überschusses die Summe der jeweils in den Ungleichungen enthaltenen Elastizitäten – wobei hinsichtlich $N_{Ma,w}$ der mit –1 multiplizierte Ausdruck, also $-N_{Ma,w}$, zu verwenden ist – u. U. beträchtlich größer (kleiner) als eins sein muß (kann), damit die Leistungsbilanz in Inlandswährung auf eine Abwertung normal reagiert. Genau umgekehrt liegen die Verhältnisse bei Bewertung in Auslandswährung: Hier wirkt ein Exportüberschuß destabilisierend.[22]

3.3 Gegenläufige Reaktionen

Aus den eben getroffenen Feststellungen folgt, daß im Falle eines Importüberschusses eine Devalvation gleichzeitig günstig auf die Leistungsbilanz in Auslandswährung und ungünstig auf die Leistungsbilanz in Inlandswährung wirken kann. Die notwendige und hinreichende Bedingung für ein derartiges Auseinanderfallen der Reaktionen ergibt sich aus (14*) in Verbindung mit (15) und hat die Form

$$\frac{M}{X} > E_{X,w} - \frac{M}{X} \cdot N_{Ma,w} > 1. \tag{16}$$

Umgekehrt reagiert die Leistungsbilanz in Inlandswährung immer dann normal und die in Auslandswährung bewertete Leistungsbilanz anomal, wenn die Ungleichung

$$\frac{X}{M} > \frac{X}{M}\, E_{X,w} - N_{Ma,w} > 1 \tag{17}$$

erfüllt wird.[23] Dieser Sachverhalt läßt sich auch mit Hilfe der Wechselkurselastizität des Leistungsbilanzsaldos in Inlandswährung ($E_{B,w} = \frac{dB}{dw}\frac{w}{B}$) erläutern.[24]

[22] *Hirschman* [81] S. 52.
[23] *Hirschman* [81] S. 52 f.. Vgl. auch *Schneider* [183] S. 692 f..
[24] Vgl. *Schneider* [186] S. 343 ff., der hierfür den Terminus „Elastizität der Zahlungsbilanz in bezug auf den Wechselkurs" verwendet.

Ist deren absoluter Wert zwischen null und eins gelegen, nimmt ein Leistungsbilanzüberschuß bzw. -defizit um einen geringeren Prozentsatz zu als der Wechselkurs; der Quotient $|\frac{B}{w}| = Ba$ sinkt. Das aber bedeutet eine gleichzeitige Verminderung des in Auslandswährung ausgedrückten Überschusses bzw. Defizits. Die unterschiedlich bewerteten Leistungsbilanzen reagieren gegenläufig. Hieraus ergeben sich interessante Folgerungen im Hinblick auf potentielle Einkommens- und Beschäftigungswirkungen. Verbessert sich nämlich die inländische Bilanz in Auslandswährung, verschlechtert sich aber in Inlandswährung, werden in beiden Ländern kontraktive Einkommenseffekte ausgelöst. Trotz verbesserter Devisenposition sinkt also das inländische Volkseinkommen.[25] Auf die aus einer Wechselkursänderung resultierenden möglichen Einkommenseffekte wird an späterer Stelle ausführlich eingegangen. Hier finden sie jedoch noch keine Beachtung.

4. Theoretische Abschätzung der revelanten Elastizitäten und empirischer Befund

Die Preiselastizitäten von Angebot und Nachfrage der international gehandelten Güter bestimmen entsprechend dem „Elasticities-Approach“ die Reaktion der Leistungsbilanz auf eine Wechselkursänderung. Erst wenn diese hinreichend groß sind, verbessert sich die Bilanz infolge einer Abwertung. Dabei dient im einfachsten Fall die ‚*Marshall-Lerner*-Bedingung‘ als Orientierungsgröße. Informationen über die möglichen Beträge der relevanten Elastizitäten sind somit für die Beurteilung konkreter wirtschaftlicher Situationen unerläßlich.

Völlig eindeutig erschien der Sachverhalt *Marshall*. Bei ihm ist das internationale reale Austauschgleichgewicht stabil: „. . . it is not inconceivable, but it is absolutely impossible“, daß die Summe der „totalen“(!) Nachfrageelastizitäten kleiner als eins sein könnte.[1] Andere Autoren argumentieren im allgemeinen vorsichtiger. So wird z. B. auf den unterschiedlichen Spezialisierungsgrad einzelner Länder in der Erstellung bestimmter Produkte verwiesen. Sind Volkswirtschaften, wie z. B. einige Entwicklungsländer, auf die Fertigung weniger Güter festgelegt, die zudem noch überwiegend exportiert werden, so bleibt eine Substitution von Importgütern durch Inlandsprodukte in größerem Maße ausgeschlossen. Die Importpreiselastizität ist vermutlich gering und die Marktstellung der ausländischen Anbieter auf dem Inlandsmarkt verhältnismäßig

[25] Vgl. *Hirschman* [81] S. 53.
[1] *Marshall* [129] S. 354.

stark. Je differenzierter und dichter substitutiv jedoch die eigene Produktion im Hinblick auf die eingeführten Güter ist, um so elastischer kann auch die Importnachfrage angenommen werden.[2] Entsprechende Überlegungen lassen sich für die Exportseite anstellen, wo inländische Güter auf dem Weltmarkt mit den Erzeugnissen anderer Länder konkurrieren. Auch hier läßt ein hoher Konkurrenzgrad auf eine elastische Nachfrage schließen.[3] Dabei werden Länder mit kleinem Marktanteil einer relativ stärkeren Reaktion der Nachfrage ausgesetzt sein als jene mit großem Anteil, so wie sich ein einzelner Anbieter im allgemeinen einer elastischeren Nachfrage gegenübersieht als die Gesamtheit der Marktteilnehmer.[4] Auch werden gewöhnlich langfristig größere absolute Beträge der Elastizitäten angenommen als kurzfristig.[5] Das gilt namentlich für die Angebotsseite. Zölle, quantitative Handelsbeschränkungen etc. wiederum mindern die Nachfragereagibilität und deuten auf geringere Werte der Elastizitäten hin.[6] „. . . but these reasons are not in themselves convincing; only empirical evidence will convince."[7]

Erste statistische Schätzungen der Nachfrageelastizitäten im Außenhandel für einzelne Gütergruppen sowie für die Gesamtheit der Exporte und Importe finden sich bei *J. H. Adler* (1945, 1952),[8] *R. Hinshaw* (1945),[9] *T. Ch. Chang* (1945/46, 1948, 1951),[10] *B. A. de Vries* (1950/1951),[11] *H. Neisser/F. Modigliani* (1953),[12] *J. J. Polak* (1954)[13] und anderen Autoren.[14] Diese Arbeiten, denen vorwiegend Material der Zwischenkriegsperiode zugrunde liegt, brachten im allgemeinen geringe absolute Werte der Elastizitäten, die z. T. kleiner als 0,5 sind. So berechnet z. B. *Chang* folgende Preiselastizitäten der Import- und Exportnachfrage:[15]

2 Vgl. *Haberler* [65] S. 226 f..
3 Vgl. aber die einschränkenden Bemerkungen durch *Metzler* [138] S. 231.
4 Vgl. *Kindleberger* [99] S. 266 sowie *Yeager* [227] S. 139 f..
5 Vgl. *Haberler* [65] S. 266 und *Metzler* [138] S. 232 f.. Vgl. hierzu aber auch den entgegengesetzten – jedoch nicht allgemein akzeptierten – Standpunkt von *Streeten* [206] S. 105 ff.. „. . . the argument that long-run elasticities are necessarily or usually higher than short-run elasticities is analysed and rejected". *Streeten* [206] S. 86.
6 Siehe *Brown* [31] S. 79 und *Meade* [133] S. 323.
7 *Corden* [41] S. 13.
8 *Adler* [3] S. 418 ff. sowie derselbe in Zusammenarbeit mit *Schlesinger* und *van Westerborg* [4]
9 *Hinshaw* [80] S. 1 ff..
10 *Chang* [35] S. 53 ff., [36] S. 106 ff. und [37]. Das letzte Werk ist im wesentlichen eine revidierte Zusammenfassung früherer Veröffentlichungen des Verfassers.
11 *de Vries* [219] S. 397 ff..
12 *Neisser/Modigliani* [154]
13 *Polak* [168]
14 Eine systematische Zusammenstellung der wichtigsten Veröffentlichungen findet sich bei *Cheng* [38] S. 107 ff., der die einzelnen Beiträge auch kurz kommentiert, sowie bei *Harley* [75] S. 53 ff. und *Letiche* [117] S. 39 ff., der einen tabellarischen Überblick über verschiedene Messungsergebnisse bis Anfang der 50er Jahre liefert.
15 *Chang* [36] S. 115.

	n_m	n_x	Summe
Deutschland	–0,37	–0,58	–0,95
Frankreich	–0,32	–0,77	–1,09
Großbritannien	–0,28	–0,40	–0,68
USA	–0,97	–0,43	–1,40

Nach diesen Ergebnissen wäre für Deutschland und Großbritannien die ‚*Marshall-Lerner*-Bedingung‘ nicht und für Frankreich gerade erfüllt. Der pessimistische Standpunkt zahlreicher Autoren der frühen Nachkriegszeit hinsichtlich der Effizienz von Wechselkursänderungen wird aufgrund der wenig ermutigenden Messungen *Changs* nur zu verständlich. „Wie wir hervorgehoben haben, sind geringe Elastizitäten nicht nur theoretisch möglich, sondern sie existieren auch in der Wirklichkeit“, betont *J. Tinbergen.*[16]

Obige Untersuchungsergebnisse wurden namentlich durch *G. H. Orcutt*,[17] aber auch durch *F. Machlup*[18] und *A. C. Harberger*[19] scharf kritisiert. Sie weisen auf gewisse Mängel der statistischen Testmethoden hin, die zu einer systematischen Unterschätzung der ermittelten Elastizitäten führen. Im Laufe der vergangenen 15 Jahre sind diese Methoden jedoch verbessert und verfeinert worden. Neuere Untersuchungen ergaben teilweise wesentlich günstigere Ergebnisse, so daß sich im ganzen eine optimistischere Auffassung in bezug auf die Wirksamkeit von Wechselkursänderungen durchgesetzt hat.[20] So ermittelte *M. E. Kreinin* (Beobachtungszeitraum 1954–1964) Importpreiselastizitäten der Gütergruppen „chemicals“, „machinery and transport equipments“ und „other manufactures“ sowie die durchschnittlichen Preiselastizitäten dieser Gütergruppen für die Wirtschaftsgebiete USA, EWG, Vereinigtes Königreich, Kontinental-EFTA, Kanada und Japan, deren absolute Werte alle zwischen 1,3 und 5,6 gelegen sind.[21] Allerdings gelangt *D. M. Heien*,[22] der sich ebenfalls auf

16 *Tinbergen* [212] S. 173.
17 *Orcutt* [159] S. 117 ff..
18 *Machlup* [124] S. 51 ff..
19 *Harberger* [73] S. 148 ff..
20 Vgl. z. B. *Harberger* [74] S. 520 f.; *Sohmen* [195] S. 5 ff.; *Kindleberger* [99] S. 266.
21 *Kreinin* [103] S. 515. In ähnlichen Größenordnungen bewegen sich die Schätzungen von *Junz/Rhomberg* [92] S. 224 ff..
22 *Heien* [77] S. 695 ff.. Diese Arbeit gewinnt insofern an Interesse, als der Verfasser hervorhebt, die wesentlichsten durch *Orcutt* aufgezeigten Schwierigkeiten bei der Bearbeitung des statistischen Materials ganz oder zumindest teilweise behoben zu haben. Er stützt sich dabei auf die Abhandlung von *Prais* [170] S. 561 ff.. Zusätzlich zu den von *Orcutt* genannten Mängeln betont *Heien* strukturelle Instabilität als erhebliche Fehlerquelle bei der Schätzung von Elastizitäten und definiert strukturelle Stabilität als „. . . constancy of the parameters of the relations which are being estimated“. (Vgl. *Heien* [77] S. 696, Fußn. 6). Gerade aber die üblicherweise verwendeten Daten der Zwischenkriegsperiode sowie die einiger Nachkriegsjahre seien strukturell instabil. Unter diesem Gesichtspunkt werden daher die aus der Nachkriegszeit zur Verfügung stehenden Daten untersucht und nur die der strukturell stabilen Periode zur Elastizitätsschätzung herangezogen, mit dem Ergebnis, daß bei *Heien* in zwei Fällen nur Werte des Zeitraumes 1958–1964 verwendbar sind. Ein derart geringes Beobachtungsmaterial aber schränkt die Aussagefähigkeit der Ergebnisse sehr erheblich ein.

Nachkriegsmaterial stützt, bei der Ermittlung von Gesamtimportpreiselastizitäten für elf Industrieländer zu erheblich geringeren Werten. Die absoluten Beträge der Elastizitäten bewegen sich bei ihm zwischen 0,5 und 1,5. Allein schon wegen des unterschiedlichen Aggregierungsgrades der Importgüter sind die Ergebnisse von *Heien* und *Kreinin* jedoch kaum vergleichbar. In einer jüngsten, 15 Länder umfassenden Studie für den Zeitraum 1951–1966 errechneten *H. S. Houthakker* und *St. P. Magee* Elastizitäten, die teilweise sogar sehr nahe an null gelegen sind, aber auch – wie im Beispiel Südafrikas – absolute Werte bis zu 2,41 erreichen. Beide Autoren schränken jedoch ein, daß ihre Ergebnisse in vielen Fällen nicht signifikant sind.[23] Trotz verbesserter Schätzmethoden erscheint eine gewisse Vorsicht bei der Interpretation der statistischen Ergebnisse weiterhin geboten.

Sind die Schwierigkeiten bei der Messung von Nachfrageelastizitäten auch erheblich, so liegen doch immerhin bereits wertvolle Resultate vor. Dagegen stecken die Versuche zur Ermittlung von Angebotselastizitäten noch weitgehend in den Anfängen.[24] Von Schätzungen für einige spezielle Güter abgesehen, liegen brauchbare Ergebnisse über Elastizitäten aggregierten Import- und Exportangebots bisher nicht vor.[25]

Zusammenfassung: Der „Elasticities-Approach" bestimmt die Bedingungen für eine normale Reaktion der Leistungsbilanz auf eine Wechselkursänderung mit Hilfe der partiellen inländischen und ausländischen Preiselastizitäten der Importnachfrage und des Exportangebots. Die einfachste und zugleich bekannteste Stabilitätsformel bildet die unter den Voraussetzungen eines völlig elastischen Güterangebots und einer ausgeglichenen Leistungsbilanz abgeleitete ‚*Marshall-Lerner*-Bedingung', die wegen der unterschiedlichen Ausgangspunkte von *Marshall* und *Lerner* kritisiert wurde und zutreffender eher als ‚*Bickerdike*-Bedingung' bezeichnet werden könnte. Werden auch endliche Angebotselastizitäten und ein anfänglicher Bilanzsaldo berücksichtigt, findet die ‚*Metzler*-', ‚*Robinson*-' oder ‚*Hirschman*-Bedingung' – letztere unter Verwendung von Wertelastizitäten formuliert – Anwendung. Von Wichtigkeit ist eine Unterscheidung zwischen der in Inlands- und in Auslandswährung bewerteten Bilanz, die nicht immer gleichsinnig und im gleichen Umfang auf eine Wechselkursvariation reagieren. Ist nämlich der Absolutbetrag der Wechselkurselastizität der Leistungsbilanz zwischen null und eins gelegen, verändern sich die unterschiedlich bewerteten Bilanzsalden gegenläufig zueinander. Das führt zu interessanten Folgerungen hinsichtlich wechselkursinduzierter Einkommenseffekte,

23 *Houthakker/Magee* [83] S. 111 ff..
24 *Rose* [179] S. 86.
25 Vgl. *Floyd* [54] S. 95; *Kleinewefers* [100] S. 91. Zum Problem der Identifikation von Angebotskurven siehe z. B. *Angell* [16], der unter der Voraussetzung mehrerer spezifischer Annahmen auf ein mögliches Verfahren zur Bestimmung von Angebotskurven hinweist.

die jedoch – und hierin liegt die große Schwäche dieses Ansatzes – von der Partialanalyse des „Elasticities-Approach“ nicht erfaßt werden. Eine Modifizierung oder gar ein Ersetzen dieses Ansatzes durch einen methodisch überlegenen erweist sich als unbedingt notwendig.

III. Der „Income-Absorption-Approach"*)

1. Ausgangspunkt und Grundkonzeption

Die partiellen Preiselastizitäten von Angebot und Nachfrage der exportierten und importierten Güter sind die zentralen Größen des „Elasticities-Approach". Gerade hier aber setzt die Kritik an. Während nämlich partielle Elastizitäten für die Gleichgewichtsanalyse des Marktes eines einzelnen Gutes nützliche Instrumente darstellen, ist ihre Anwendung auf solche Globalgrößen wie Importe und Exporte fragwürdig. Veränderungen dieser Größen werden nämlich ihrerseits wegen der bestehenden Interdependenzen nicht ohne Einfluß auf andere Variablen des Systems, wie z. B. Volkseinkommen, Konsum, Investitionen etc., von denen bislang abstrahiert wurde, sein und somit auf indirektem Wege erneute Variationen des Leistungsbilanzsaldos induzieren. Wollte man alle diese primären, sekundären, tertiären usw. Wirkungen mit den oben verwendeten Formeln erfassen, müßten die Elastizitäten als totale und nicht als partielle Größen definiert werden.[1] „Partielle Elastizitäten messen die Wirkung einer Preisveränderung auf die angebotene oder nachgefragte Menge, wenn alle übrigen Faktoren konstant bleiben. Die im Zusammenhang mit einer Abwertung relevanten totalen Elastizitäten messen aber eine ähnliche Beziehung unter der Annahme, daß sich alle Faktoren, bei denen als Konsequenz der Abwertung eine Änderung erwartet werden muß, in der Tat geändert haben. Eine totale Elastizität mißt also gar nicht die unmittelbaren Wirkungen von Preisänderungen auf die Menge, sondern vielmehr simultane Veränderungen von Preisen und Mengen im Verlauf des Anpassungsprozesses des gesamten wirtschaftlichen Systems an ein neues Gleichgewicht".[2] Damit aber schmilzt die „Behauptung,

*) Behandelt wird hier nur der makroökonomische Ansatz. Eine spezielle Variante bildet die sog. mikroökonomische Absorptionstheorie, die jedoch kaum Eingang in die wissenschaftliche Diskussion gefunden hat und eng mit dem Namen *Stützel* verbunden ist. Vgl. hierzu den kurzen Überblick bei *Stützel* [208].

[1] Ist m die inländische Importmenge, w der Wechselkurs, p_{am} der Preis der inländischen Importe in Auslandswährung und sind p_i $(i = 1,...n)$ die Preise der im Inland produzierten Güter sowie Y_j $(j = 1,...m)$ die individuellen Einkommen, so lautet die totale Elastizität der mengenmäßigen Importnachfrage in bezug auf den Wechselkurs bei Zugrundelegung der Importfunktion $m = m(p_{am} \cdot w; p_1, ... p_n; Y_1, ... Y_m)$:

$$\frac{dm}{dw}\frac{w}{m} = \frac{w}{m}\left\{\frac{\partial m}{\partial w} + \frac{\partial m}{\partial p_{am}}\frac{dp_{am}}{dw} + \sum_{i=1}^{n}\frac{\partial m}{\partial p_i}\frac{dp_i}{dw} + \sum_{j=1}^{m}\frac{\partial m}{\partial Y_j}\frac{dY_j}{dw}\right\}$$

Vgl. *Sohmen* [194] S. 432 f., Fußn. 8. Die hier behandelte totale Elastizität unterscheidet sich von der *Marshall*schen totalen Elastizität dadurch, daß die Preise in Geldeinheiten ausgedrückt werden, während bei *Marshall* repräsentative Ballen als „numéraire" dienen.

[2] *Alexander* [9] S. 335. Die Handelsbilanz umfaßt bei *Alexander* sowohl Güter als auch Dienstleistungen und entspricht somit der üblichen Definition der Leistungsbilanz.

die Wirkungen einer Abwertung würden von den Elastizitäten bestimmt, zu der Aussage zusammen, daß sie von der Entwicklung der gesamten Wirtschaft nach der Abwertung abhängig sind".[3] Nun lassen sich zwar die Wirkungen einer Wechselkursänderung auf die Leistungsbilanz vollständig mit Hilfe totaler Elastizitäten formulieren,[4] jedoch werden auf diese Weise weder die statistischen Schwierigkeiten der Messung verringert,[5] noch die einzelnen Anpassungsmechanismen irgendwie ersichtlich.[6] Unter Verzicht auf die Verwendung von Elastizitäten hat *S. S. Alexander*[7] daher versucht, Wechselkursänderungen mit Hilfe eines neuen und als Alternative zum „Elasticities-Approach" gedachten Ansatzes zu analysieren.

Ausgangspunkt ist die bekannte Identitätsgleichung

$$Y = C + I + X - M,$$

in der neben den bereits eingeführten Symbolen X und M Y das Volkseinkommen, C den Konsum und I die Nettoinvestitionen bedeuten. Die Größen C und I werden zur Absorption (A)[8] zusammengefaßt, so daß aus obiger Gleichung der Ausdruck

$$B = X - M = Y - A$$

bzw. unter Berücksichtigung der Veränderungen dieser Größen

$$\Delta B = \Delta X - \Delta M = \Delta Y - \Delta A \qquad (*)$$

folgt. Die Absorption betrachtet *Alexander* einmal als von der Höhe des Volkseinkommens abhängig und zum anderen durch diverse andere Einflußgrößen determiniert, die in der Verhaltensfunktion

$$\Delta A = a\Delta Y + d \text{ [9]} \qquad (**)$$

mit der marginalen Absorptionsquote a in der Größe d zum Ausdruck kommen. Marginale Konsumquote und marginale Investitionsquote addieren sich hier zur marginalen Absorptionsquote. Durch Einsetzen von (**) in (*) erhält man dann die grundlegende Funktionalbeziehung

$$\Delta B = (1 - a)\Delta Y - d.\text{[10]} \qquad (***)$$

3 *Alexander* [9] S. 335.
4 Vgl. z. B. *Sohmen* [195] S. 5 f.; *Kahn* [93] S. 14 ff..
5 *Clement/Pfister/Rothwell* [40] S. 287 f..
6 Vgl. *Küng* [109] S. 446 f..
7 *Alexander* [9] S. 334 ff..
8 Dieser Begriff geht auf *K. E. Boulding* zurück. Vgl. *Boulding* [33] S. 402 ff..
9 *Alexander* verwendet die leicht modifizierte Absorptionsfunktion $\Delta A = a\Delta Y - d$, wodurch sich jedoch an den Ergebnissen nichts ändert.
10 Vgl. *Alexander* [9] S. 337.

Drei Fragenkomplexe sind zu klären: 1. Wie beeinflußt eine Abwertung das Volkseinkommen? 2. Wie verändert sich daraufhin die Absorption (aΔY)? und 3. Wie groß ist der unmittelbare Einfluß einer Abwertung auf die Absorption unabhängig von der Einkommensänderung, d. h. wie groß ist d? Zur Beantwortung dieser Fragen werden von *Alexander* jene Effekte diskutiert, die in diesem Zusammenhang von größerer Bedeutung sein können. Alle oben angeführten Beziehungen gelten sowohl für eine monetäre als auch für eine reale Betrachtung: *Alexander* argumentiert jedoch ausschließlich in realen Größen.[11,12]

Der Hinweis auf wechselkursinduzierte Einkommensänderungen und deren Bedeutung für den Leistungsbilanzausgleich ist keinesfalls neu.[13] Bereits *J. Robinson* hatte in ihrem berühmten Aufsatz[14] auf mögliche Einkommenseffekte – „though the income effects were something of an afterthought“[15] – und deren Bilanzwirkungen aufmerksam gemacht, diese jedoch in ihrer Stabilitätsformel noch nicht berücksichtigt. Starke Betonungen der Einkommenswirkungen finden sich namentlich auch bei *J. Tinbergen*,[16] *A. J. Brown*,[17] *W. Stolper*,[18] *G. Stuvel*,[19] *T. Balogh* und *P. Streeten*[20] sowie einigen anderen Autoren,[21] die entweder den „Elasticities-Approach“ durch die Beachtung von Einkommensänderungen zu ergänzen versuchen (z. B. *Brown* und *Stuvel*) oder aber diese Einkommenswirkungen u. a. gerade zum Anlaß nehmen, ihn zu kritisieren, und diesen zur Analyse von Abwertungswirkungen für völlig ungeeignet halten (z. B. *Balogh* und *Streeten*). Während aber *Balogh* und *Streeten* an die Stelle des herkömmlichen „Elasticities-Approach“ kein Substitut zu setzen vermögen, „it is regrettable but inevitable that no single new method of analysis can be put into the place of the old approach“,[22] ist *Alexander* bemüht, einen alternativen und seiner Meinung nach besseren Weg zu beschreiten. *Alexanders* spezifischer Beitrag besteht also einmal in dem Versuch der Entwicklung einer neuen Konzeption zur Analyse der Abwertungswirkungen und zum anderen in

11 *Alexander* [9] S. 337.
12 Eine leichte formale Variante des *Alexander*schen Ansatzes findet sich bei *Black* [24] S. 267 ff., der von der Beziehung X – M = S – I ausgeht und die Wirkungen einer Abwertung auf die Differenz zwischen Sparen und Investieren analysiert. Von dieser Akzentverschiebung abgesehen, bietet der Aufsatz jedoch inhaltlich nichts Neues.
13 Vgl. *Corden* [41] S. 15.
14 *Robinson* [175] S. 114.
15 *Corden* [41] S. 16. Vgl. jedoch die starke Betonung der wechselkursinduzierten Einkommens- und Beschäftigungseffekte bei *Robinson* [176] S. 156 ff..
16 *Tinbergen* [211] S. 36 ff., besonders S. 43 ff..
17 *Brown* [31] S. 81 ff..
18 *Stolper* [201] S. 765 ff. und [202] S. 559 ff.. „It would be unfair to overlook the important, largely neglected contribution of Stolper. In many ways, his works presages the absorption approach“. *Clement/Pfister/Rothwell* [40] S. 341, Fußn. 7.
19 *Stuvel* [209].
20 *Balogh/Streeten* [17] S. 101 ff. und [18] S. 65 ff..
21 Vgl. z. B. *Bloomfield* [25] S. 312.
22 *Balogh/Streeten* [18] S. 66.

der besonderen Betonung der Beziehungen zwischen Wechselkurs, Einkommen, Absorption und Leistungsbilanzsaldo.[23]

2. Überblick über die wichtigsten leistungsbilanzrelevanten Effekte

Eine Erhöhung des Außenbeitrags eines Landes ist unter der Voraussetzung ausreichender ausländischer Nachfrage nur möglich durch eine entsprechende Mehrproduktion exportfähiger Güter, d. h. also durch eine Realeinkommens- und Beschäftigungssteigerung, oder aber durch eine Verminderung der inländischen Absorption, die entweder einen Rückgang der heimischen Importe bewirkt oder durch Verzicht der Nachfrage auf im Inland hergestellte Güter bei reibungsloser Umschichtung der Produktionsfaktoren – was unterstellt sei[1] – ein verstärktes Exportangebot ermöglicht. Verfügt das Inland über genügend ungenutzte Produktionsfaktoren (idle resources), läßt sich eine Einkommens- und Beschäftigungssteigerung – bei konstanten Preisen – als Folge einer Zunahme des Konsums, der Investitionen oder der Exporte erzielen. Indem nun *Alexander* Konsum und Investitionen als Funktion der Einkommenshöhe betrachtet, werden zusätzliche Exporte zur primären strategischen Variablen der Einkommenssteigerung, „and additional exports are the very thing that one should expect to result from devaluation".[2] Das Ausmaß der induzierten Realeinkommenssteigerung wird dabei durch die Größe des Exportmultiplikators in bezug auf das Volkseinkommen bestimmt. Wegen des unterstellten funktionalen Zusammenhangs verändert sich aber gleichzeitig mit dem Realeinkommen auch die inländische Absorption, weshalb sich die Nettowirkung des Anstiegs von Einkommen und Produktion auf die Leistungsbilanz „nicht aus dem Gesamtbetrag der induzierten zusätzlichen Produktion, sondern lediglich aus der Differenz zwischen diesem Betrag und der induzierten Zunahme der Absorption"[3] errechnet. Die Differenz zwischen der realen Produktion bzw. dem Realeinkommen und den realen Ausgaben für Konsum- und Investitionsgüter bezeichnet *Alexander* als reales Horten.[4,5] Die einkommensinduzierte Verän-

[23] Diese Überlegungen sind nicht völlig neu. *Isaac Gervaise* [60] S. 12 hat den Zusammenhang zwischen Einkommen, Absorption und Leistungsbilanz bereits 1720 wie folgt angedeutet: „. . . a Nation cannot retain more than its natural Proportion of what is in the World (i. e. sein Anteil am Weltsozialprodukt, d. Verf.), and the Ballance of Trade must run against it". Vgl. auch *Nurkse* [156] S. 365 f.; *Letiche* [116] S. 34 ff.; *Devletoglou* [45] S. 36, Fußn. 1.

[1] Vgl. *Alexander* [9] S. 349.

[2] *Machlup* [125] S. 176; *Alexander* [9] S. 338.

[3] *Alexander* [9] S. 338.

[4] *Alexander* [9] S. 338.

[5] „This definition seems to conflict with the more conventional one, developed in monetary theory, of an increase in holdings of money balances. But Alexander simplifies . . . by assuming the absence of international capital movements. With this assumption, the conflict is eliminated. Absorption can only exceed income if dishoarding – the spending of previously inactive cash holdings – takes place. If income exceeds absorption, idle cash balances will increase . . ." *Clement/Pfister/Rothwell* [40] S. 342, Fußn. 11.

derung des realen Leistungsbilanzsaldos ΔBr entspricht somit der einkommensinduzierten Veränderung des realen Hortens, d. h. dem Produkt aus der Realeinkommensänderung ΔYr und der Grenzneigung zum Horten h (= 1 – a):[6]

$$\Delta Br = (1 - a)\Delta Yr = h\Delta Yr$$

Nur wenn die marginale Hortungsquote positiv, die marginale Absorptionsquote also kleiner als eins ist, bewirkt eine abwertungsinduzierte Einkommenszunahme auch eine Verbesserung der Leistungsbilanz. Ist die marginale Absorptionsquote hingegen größer als eins, übersteigt die zusätzliche einkommensinduzierte reale Absorption das erhöhte reale Angebot an Gütern und Dienstleistungen; die Wirtschaftssubjekte enthorten und die Leistungsbilanz verschlechtert sich trotz Abwertung.

Der soeben geschilderte *Beschäftigungseffekt (idle-resources effect)*[7] geht von einer unterbeschäftigten Volkswirtschaft aus und argumentiert mit wechselkursinduzierten Realeinkommensvariationen sowie daraus resultierenden Absorptionsänderungen. Diesem Effekt ähnlich ist die Wirkungsweise des *Terms-of-Trade-Effektes*,[8] der ebenfalls über Realeinkommens- und Absorptionsänderungen auf die Leistungsbilanz einwirkt. In der Regel, so unterstellt *Alexander*, darf davon ausgegangen werden, „daß das normale Ergebnis einer Abwertung in einer solchen Verschlechterung des Realaustauschverhältnisses[9] ... für das abwertende Land besteht, daß sich seine Zahlungsbilanz um einen Betrag t verschlechtert. Das bedeutet, daß t das Maß der Realeinkommensverringerung dieses Landes darstellt, die mit der Verschlechterung des Realaustauschverhältnisses verbunden ist“.[10] Diese primäre Verschlechterung der Leistungsbilanz und des realen Volkseinkommens bewirkt ihrerseits eine Reduzierung der inländischen Absorption in Höhe von $a \cdot t$ und führt zu einer Bilanzänderung von insgesamt $\Delta Br = t - at = (1-a)\,t$ Einheiten. Ist die marginale Absorptionsquote größer als eins, folgt trotz primärer Verschlechterung insgesamt eine Verbesserung der Leistungsbilanz, weil die inländische Absorption in stärkerem Maße abnimmt als das Realeinkommen.[11]

Abwertungsinduzierte Einkommenswirkungen auf die Leistungsbilanz sind somit das Ergebnis von Beschäftigungs- und Terms-of-Trade-Effekt, und zwar bewirkt der bei Unterbeschäftigung positive Beschäftigungseffekt unter der Voraussetzung einer positiven marginalen Hortungsquote tendenziell eine Bilanzverbesserung, während der nach *Alexander* wahrscheinlich negative Terms-of-Trade-Effekt diesem entgegengerichtet ist.[12]

6 *Alexander* [9] S. 338.
7 *Alexander* [9] S. 338 f..
8 *Alexander* [9] S. 339 f..
9 Gemeint sind die „commodity terms of trade“. Vgl. *Alexander* [9] S. 339, der jedoch diesen Terminus expressis verbis nicht verwendet.
10 *Alexander* [9] S. 339.
11 *Alexander* [9] S. 340.
12 Vgl. *Alexander* [9] S. 340.

Verfügt das Inland über keine unausgenutzten Kapazitäten mehr oder ist die marginale Hortungsquote null, entfällt die Möglichkeit einer mittelbaren Beeinflussung der realen Leistungsbilanz über Realeinkommens- und dadurch induzierten Absorptionsänderungen. Eine Veränderung des Bilanzsaldos ist nur realisierbar, wenn eine Ab- bzw. Aufwertung unmittelbar auf die Absorption einwirkt und somit auf direktem Wege Variationen dieser Größe, wie sie in dem Symbol d der Funktionalbeziehung (***) in Abschnitt III, 1 zum Ausdruck kommen, hervorruft.

Um die Kräfte einer direkten Wirkung auf die Absorption in voller Reinheit erfassen zu können, soll für die weiteren Ausführungen neben Vollbeschäftigung auch die Annahme vollständig elastischen Importgüterangebots durch das Ausland und völlig elastischer ausländischer Importnachfrage getroffen werden. Unter diesen Voraussetzungen bleiben die Preise der Import- und Exportgüter in ausländischer Währung und damit auch die Terms-of-Trade unverändert.[13] Die in Inlandswährung gemessenen Preise der Import- und Exportgüter steigen jedoch. Daraus folgt eine teilweise Verlagerung der Nachfrage inländischer Wirtschaftssubjekte auf heimische Güter, so daß auch hier Preissteigerungen eintreten, die ihrerseits noch durch Angebotsverknappungen dieser Güter infolge zusätzlichen Engagements der Produzenten auf den Exportmärkten verstärkt werden können.

Es ist im weiteren die Frage zu untersuchen, inwieweit derartige Preissteigerungen in Verbindung mit parallel verlaufenden Nominaleinkommenserhöhungen trotz gegebenen Realeinkommens zu einem Rückgang der realen Absorption und deshalb zu einer Verbesserung der realen Leistungsbilanz führen.[14] *Alexander* führt hierzu im wesentlichen drei Effekte an, durch die eine direkte Beeinflussung der realen Absorption denkbar erscheint: den Kassenhaltungs-, den Einkommensumverteilungs- und den Geldillusionseffekt.

Der *Kassenhaltungseffekt (cash-balance effect)*[15] stellt auf den Realwert der Kassenvorräte ab. Er bringt denselben Grundgedanken zum Ausdruck wie *Patinkins* „real-balance-effect“,[16] wird jedoch von *Alexander* nur andeutungsweise abgehandelt. Wünschen die Wirtschaftssubjekte ihre Geldbestände in Höhe eines bestimmten Realwertes zu erhalten, werden sie bei abwertungsinduzierten Preissteigerungen und gegebenem gesamtwirtschaftlichen Geldangebot bemüht sein, durch verminderte Käufe von Gütern und Dienstleistungen ihre nominale Kassenhaltung soweit aufzustocken, bis der gewünschte Realwert erreicht ist. Auf diese Weise werden wegen der damit verbundenen Senkung der Absorptionsausgaben – bei entsprechender ausländischer Nachfrage – zusätzliche Verkäufe an das Ausland realisierbar, die unter der Voraussetzung nichtkompensierenden Verhaltens inländischer Banken zu einer Erhöhung der inlän-

13 *Alexander* [9] S. 341.
14 Vgl. *Alexander* [9] S. 341 f..
15 *Alexander* [9] S. 342 ff..
16 *Patinkin* [161] S. 17 ff..

dischen nominalen und realen Geldmenge führen.[17] Nicht ausgeschlossen erscheint alternativ auch ein Sinken der Preise von Vermögenstiteln, deren effektive Verzinsung dann zunimmt und über die Zinselastizität der Investierungen die Relation von realer Absorption und Realeinkommen beeinflußt. „So vermag der Kassenhaltungseffekt das Verhältnis zwischen Einkommen und Ausgaben auf zweierlei Weise zu beeinflussen: einmal *unmittelbar*, indem die Wirtschaftssubjekte zum Zweck der Erhöhung ihrer Bargeldbestände auf Ausgabeakte verzichten, oder *mittelbar* durch Veränderungen des Zinssatzes... Man sieht also, daß der Kassenhaltungseffekt als eine der wichtigsten Komponenten der direkten Wirkung einer Abwertung auf die Absorption zu gelten hat".[18]

Ist die Wechselkursänderung mit einer Redistribution der Einkommen verbunden, was im Regelfall angenommen werden kann, gewinnt der *Einkommensumverteilungseffekt*[19] an Bedeutung. Ein relatives Zurückbleiben der Nominallöhne hinter wechselkursinduzierten Güterpreissteigerungen bewirkt nämlich eine Umverteilung von Realeinkommen zugunsten der Unternehmer.[20] Je mehr die marginale Absorptionsquote der Unternehmer von der der Nicht-Unternehmer abweicht, um so stärker werden auch die gesamtwirtschaftlichen Absorptionsausgaben variieren.[21] Diese aber umfassen definitionsgemäß sowohl Konsum- als auch Investitionsgüter. Deshalb braucht eine derartige Einkommensumverteilung zugunsten der Gewinnempfänger nicht unbedingt zu einer Absorptionsreduzierung zu führen. Verstärkte Gewinne können vielmehr ein Anreiz für zusätzliche Nettoinvestitionen sein und so unter Umständen sogar zu einer Steigerung der volkswirtschaftlichen Absorption beitragen.

Eine spezifische Variante des Einkommensumverteilungseffektes findet sich im sogenannten *„trade imbalance effect"*, auf den *R. Ablin*[22] aufmerksam macht. Jede Wechselkurserhöhung impliziert nämlich, daß inländische Importeure zur Erlangung einer bestimmten Summe Auslandswährung einen um den Prozentsatz der Wechselkurssteigerung höheren Betrag in Inlandswährung aufwenden müssen. Inländische Exporteure wiederum erhalten für einen gegebenen Betrag Auslandswährung entsprechend höhere Einnahmen in Inlandswährung. Übersteigt der Wert der Importe den der Exporte, müssen inländische Importeure für den Kauf derselben Importgütermenge bei unveränderten Auslandspreisen zusätzlich einen höheren absoluten Betrag Inlandswährung bereit-

[17] Sofern die Absorptionsverringerung gerade solche Güter und Dienstleistungen betrifft, deren Produktionsfaktoren nicht zur Erzeugung von Exportgütern und Importsubstituten eingesetzt werden können, entfällt diese Quelle der Geldmengenvermehrung. Die Folge wäre ein negativer Beschäftigungseffekt. Vgl. *Alexander* [9] S. 343.

[18] *Alexander* [9] S. 343.

[19] *Alexander* [9] S. 344. *Yeager* [228] S. 70 spricht in diesem Zusammenhang auch vom „subsidization-and-taxation effect".

[20] Vgl. *Johnson* [87] S. 21.

[21] Zu dem Problem einer abwertungsinduzierten Lohn-Preis-Spirale und den Aussichten für eine Verbesserung der Leistungsbilanz durch Verminderung der realen gesamtwirtschaftlichen Absorption vgl. *Michaely* [143] S. 34 ff..

[22] *Ablin* [1] S. 699 ff..

stellen, als inländische Exporteure durch den gestiegenen Wechselkurs zusätzlich für den Umtausch einer gegebenen Devisenmenge vereinnahmen. Der Differenzbetrag fließt dem Staat als dem Hüter und Verteiler der Währungsreserven zu. Hieraus resultiert ein Nominal- und Realeinkommensschwund im privaten Sektor, der, wenn er durch staatliche Ausgaben nicht kompensiert wird, gesamtwirtschaftliches Horten darstellt und auf eine Verminderung der nominalen und realen Absorption sowie auf eine Verbesserung der Leistungsbilanz hinwirkt. Der Effekt entfällt, wenn die Leistungsbilanz vor der Abwertung ausgeglichen ist bzw. verliert in dem Maße an Bedeutung, wie quantitative Export- und Importänderungen in Richtung auf ein Leistungsbilanzgleichgewicht eintreten. „. . . if predevaluation imports exceed exports, the rise in government domestic currency income from the sale of foreign currency to importers exceeds the rise in the outlay for such currency to exporters (before any change occurs in the real quantities or foreign currency values of imports or exports)“,[23] bevor m. a. W. der oben behandelte „idle resources effect“ wirksam wird.

Dem Einkommensumverteilungseffekt ebenfalls verwandt ist der durch *Alexander* nicht erwähnte *Vermögensumverteilungseffekt*: "When the production of exportables requires inputs that have a perfectly inelastic supply in the long run. . ., the change in relative prices brought about by devaluation will not only increase the real income of the producers of exportables but will also increase the real wealth of the owners of these inputs by increasing the real value of these assets. . .“.[24] Die Wirkung einer derartigen Vermögensredistribution auf die gesamtwirtschaftliche Absorption ist sowohl von den unterschiedlichen Grenzneigungen zur Absorption einzelner Bevölkerungsgruppen als auch von der relativen Bedeutung des Realvermögensstandes in der Absorptionsfunktion abhängig. Eine Variante dieses Effektes besteht darin, daß eine Abwertung die in ausländischer Währung fixierten Auslandsschulden eines Landes zwar unverändert läßt, wegen des gestiegenen Wechselkurses diese aber in Inlandswährung erhöht und so bei positiver Nettoverschuldung tendenziell eine Verminderung der Ausgaben bewirkt.[25]

Eine Abwertung kann ferner durch den *Geldillusionseffekt*[26] begünstigt werden, wenn die Wirtschaftssubjekte bei höheren Preisen und gleich stark gestiegenen Nominaleinkommen ihre Ausgaben nur unterproportional vermehren, so daß die reale Absorption sinkt. Möglich ist aber auch eine konträre Verhaltensweise. „So ist es z. B. möglich, daß die jährlichen Sparbeträge in Geldgrößen kalkuliert werden und nicht im gleichen Verhältnis wie Geldeinkommen und absolute Preise steigen“.[27] In diesem Fall erhöht sich die durch-

23 *Ablin* [1] S. 699.
24 *Alejandro* [7] S. 31.
25 *Alejandro* [7] S. 31.
26 *Alexander* [9] S. 344 f..
27 *Alexander* [9] S. 345.

schnittliche volkswirtschaftliche Absorptionsquote. Die Leistungsbilanz wird negativ beeinflußt.

Über die genannten Effekte hinaus sind weitere direkte Absorptionswirkungen denkbar. Investitionen können, sofern die Güter aus dem Ausland bezogen werden und das Inland keine entsprechenden Surrogate produziert, nach einer Abwertung wegen der gestiegenen Preise in Inlandswährung weniger lukrativ erscheinen, so daß von ihrer Realisierung abgesehen wird *(high-cost-investment effect).*[28] Allgemeiner formuliert: Wegen gestiegener Importpreise in Inlandswährung kann auf Importe zu Investitionszwecken verzichtet werden, deren monetäres Äquivalent aber nicht für den Kauf anderer Güter verausgabt wird, sondern in einem Aufstocken der Geldhorte seine Verwendung findet.[29] In diesem Fall käme es zu einer günstigen Wirkung auf die Leistungsbilanz, weil die Absorptionsausgaben im Verhältnis zum Einkommen sinken.

Nicht ohne Einfluß auf Absorption und Leistungsbilanz sind sicherlich auch unterschiedliche Erwartungen der Wirtschaftssubjekte hinsichtlich zukünftiger Preisentwicklungen. Diesen *Preiserwartungseffekt (price-expectations effect),* wie ihn *Machlup*[30] benannte, deutet *Alexander* in einem Satz wie folgt an: „So können die Wirtschaftssubjekte steigende Preise erwarten, was eine Zunahme der gegenwärtigen Absorption und damit wenigstens kurzfristig eine Verschlechterung der Außenhandelsbilanz bewirkt".[31] Die Aussage erfordert eine Präzisierung: Nur wenn die Elastizität der Preiserwartungen größer als eins ist, wird die von *Alexander* erwähnte Wirkung eintreten. Sind hingegen die Preiserwartungen der Wirtschaftssubjekte unelastisch (Elastizität der Preiserwartungen kleiner als eins), werden gegenwärtig geplante Güterkäufe in die Zukunft verschoben; die Absorption sinkt und ermöglicht eine Verbesserung der Leistungsbilanz.

Die zentralen Größen in *Alexanders* System zur Beurteilung der Wirkungen einer Abwertung auf die Leistungsbilanz sind die wechselkursinduzierten Veränderungen des realen Volkseinkommens und der realen Absorption. Durch Verbindung der Definitionsgleichung $\Delta Br = \Delta Yr - \Delta Ar$ mit der grundlegenden Funktionalbeziehung $\Delta Ar = a\Delta Yr\ (w) + d\ [Q\ (w)]$, in der Q als Sammelbezeichnung aller direkten Effekte auf die Absorption steht, folgt als Bedingung für eine normale Reaktion der Leistungsbilanz

$$\Delta Yr\ (w) - a\Delta Yr\ (w) - d\ [Q\ (w)] > 0.$$

In vielen Fällen der wirtschaftspolitischen Praxis werden nach *Alexander* die direkten Absorptionseffekte jedoch zu schwach sein, um einen günstigen Ein-

28 *Machlup* [125] S. 181.
29 *Alexander* [9] S. 345.
30 *Machlup* [125] S. 180.
31 *Alexander* [9] S. 345; vgl. auch *Rose* [179] S. 155 f..

fluß auf die Leistungsbilanz auszuüben. Der Abwertungserfolg hängt dann allein von den Wirkungen der indirekten Effekte ab. Sollten auch diese indirekten Effekte nicht ausreichen, weil z. B. wegen Vollbeschäftigung eine Produktionsausdehnung ausgeschlossen ist, erscheint es *Alexander* angebracht, die Absorption unmittelbar mit Hilfe anderer wirtschaftspolitischer Mittel (Beschränkung der Staatsausgaben, der privaten Investitionen etc.) zu beeinflussen.[32,33]

3. Kritische Einwände

Der „Absorption-Approach“ wurde namentlich durch *Machlup*[1] einer eingehenden Kritik unterzogen. Sie beginnt mit einer Erweiterung der von *Alexander* angeführten direkten und indirekten Abwertungseffekte um den sogenannten *„resource-reallocation effect“*,[2] der hier zunächst kurz skizziert sei.

Unter Außerachtlassung des technischen Fortschritts läßt sich eine Realeinkommenssteigerung auf drei Wegen erzielen: 1. durch vermehrten Einsatz vorhandener Produktionsfaktoren, 2. durch effizientere Nutzung infolge verbesserter Allokation der Ressourcen (resource-reallocation effect) und 3. durch eine günstige Veränderung der Terms-of-Trade. Die Möglichkeiten 1. und 3. finden bei *Alexander* in der Behandlung des Beschäftigungseffektes und des Terms-of-Trade-Effektes ihren Niederschlag. Obwohl in seiner Analyse auch Umschichtungen der Produktionsfaktoren eine wesentliche Rolle spielen (z. B. Ermöglichung verstärkter Exportgüterproduktion aufgrund verminderter Absorption inländischer Produkte durch Transferierung von Produktionsfaktoren in diesen Verwendungsbereich), werden jedoch evtl. dadurch realisierbare Realeinkommenssteigerungen nicht beachtet. Vornehmlich in einer vollbeschäftigten Wirtschaft aber kann dieser Effekt von Bedeutung sein. Trotz unveränderter Gesamtbeschäftigung ermöglicht ein effizienterer Einsatz der vorhandenen Ressourcen eine Produktions- und Realeinkommenssteigerung. Eine auf diesem Wege erzielbare Produktionszunahme scheint vor allem dann nicht ausgeschlossen, wenn infolge der Abwertung der überbewertete Außenwert einer Währung korrigiert oder aber der Abbau bisher bestehender direkter Handelskontrollen[3] möglich wird. In beiden Fällen kann eine Verzerrung der Produktionsstruktur,

32 Vgl. *Alexander* [9] S. 346.
33 Zu den Ausführungen dieses Abschnittes vgl. auch *Allen* [13] S. 69 ff..
1 *Machlup* [125].
2 *Machlup* [125] S. 181 f..
3 Annahmegemäß sind in der vorliegenden Arbeit Handelsbeschränkungen jeglicher Art ausgeschlossen.

d. h. eine nicht-optimale Ausnutzung der Produktionsfaktoren, vorliegen.[4,5] Denkbar ist aber auch, „daß der resource-reallocation effect zu einer Verschlechterung der Ausnutzung der Produktionsfaktoren führen kann, da die neuen Preisrelationen Produktionen veranlassen, bei denen das abwertende Land unter relativ ungünstigen technologischen Voraussetzungen arbeiten muß".[6] Eine eindeutige Aussage bezüglich der Wirkungsrichtung dieses Effektes läßt sich also nicht treffen.

Einen weiteren Einwand gegen den „Absorption-Approach" sieht *Machlup* in der Vernachlässigung von *Substitutionseffekten* als Folge relativer Preisänderungen. Bleiben z. B. die Terms-of-Trade aufgrund einer Devalvation unverändert, dann steigen Export- und Importgüterpreise um den gleichen Prozentsatz. Das führt wegen der relativen Verteuerung der Importgüter im Verhältnis zu inländischen Absorptionsprodukten zu Substitutionsvorgängen seitens der Nachfrage, die sich in verstärktem Maße inländischen Konkurrenzprodukten zuwendet. Gleichzeitig aber werden die Anbieter infolge der gestiegenen Exportgüterpreise bemüht sein, ihre Produktion zunehmend auf die Fertigung exportfähiger Güter umzustellen. „And the increased demand for import-substitutes together with the reduced supply of domestic goods from the production of which resources have been diverted cannot but cause relative price movements which are apt to reduce the real value of aggregate absorption even if total money expenditures should be somewhat higher than before".[7] Eine reale Absorptionsminderung tritt ferner ein, „if some of the induced substitutions take the form of shifts between consumption and asset holding (or indebtedness) or between investment and liquidity".[8] Veränderungen relativer Preise können demnach die Bereitschaft der Wirtschaftssubjekte, sich zunehmend zu verschulden bzw. ihre liquiden Reserven abzubauen, beeinflussen.[9] Effekte dieser Art sind „price-induced changes in absorption, not predicated on any given ‚propensity to absorb' or on any general price level increase".[10] Mit Ausnahme eines kurzen Hinweises in Verbindung mit dem „high-cost-of-investment effect" übersieht *Alexander* diese Zusammenhänge.[11]

Wegen der Vernachlässigung relativer Preiseffekte bestehen auch gegen den von *Alexander* herausgestellten Terms-of-Trade-Effekt einige Einwände. Dieser läßt sich nämlich, wie jeder Effekt einer relativen Preisänderung – *J. R. Hicks* folgend – in einen Einkommens- und in einen Substitutionseffekt aufspalten. Durch die Annahme, daß eine Terms-of-Trade-Variation primär zwar das reale

4 Vgl. *Machlup* [125] S. 181 und [126] S. 210 ff.; *Rose* [179] S. 158 f..
5 Dahingestellt sei die Problematik der Messung von Realeinkommensänderungen bei variierender Outputzusammensetzung. Vgl. *Machlup* [125] S. 182.
6 *Kleinewefers* [100] S. 23.
7 *Machlup* [125] S. 183.
8 *Machlup* [125] S. 183.
9 *Machlup* [125] S. 183.
10 *Machlup* [125] S. 183.
11 *Machlup* [125] S. 183, Fußn. 20.

Einkommen, nicht aber unmittelbar auch die Absorption beeinflußt, verkennt *Alexander* die Bedeutung der Substitutionskomponente. Aus diesem Grunde kann auch dessen Schlußfolgerung, der Terms-of-Trade-Effekt einer Abwertung auf die Leistungsbilanz ist gleich dem Einkommenseffekt multipliziert mit der marginalen Hortungsquote, nicht zutreffend sein.[12]

F. Gehrels[13] hat die Besonderheiten und Unterlassungen in *Alexanders* Analyse mit Hilfe eines einfachen Modells von *J. Polak*[14] herauszuarbeiten versucht. Außer Betracht bleiben dabei die *Alexander*schen direkten Effekte auf die Absorption. In dem Modell wird für das In- und Ausland ein unendlich elastisches Güterangebot unterstellt; die Preise in der jeweiligen Landeswährung bleiben in Höhe von eins konstant. Unter dieser Voraussetzung ändern sich die Terms-of-Trade umgekehrt proportional zur Wechselkursänderung.[15] Im einzelnen wird von folgendem Gleichungssystem ausgegangen:[16]

Definitionsgleichung des Realeinkommens:	$Yr = Ar + Xr \cdot T - Mr$ [17]	(18)
Absorptionsfunktion:	$Ar = aYr + Ao$	(19)
Importfunktion:	$Mr = aYr + e_s\bar{M}rT$	(20)

Der Index r bringt wiederum zum Ausdruck, daß in realen Größen argumentiert wird. Ao ist die einkommensunabhängige Absorption, T sind die Terms-of-Trade, deren Wert zunächst mit eins angenommen wird, q ist die marginale Importquote, e_s ist die positiv definierte Preiselastizität der Substitution zwischen Importen und im Inland produzierten Gütern und $\bar{M}r$ ist das Niveau der Importe in der Ausgangssituation. Die restlichen Symbole sind bereits bekannt.

Durch Substitution von (19) und (20) in (18) folgt

$$Yr = \frac{1}{1-a+q}(XrT - e_s\bar{M}rT) + Yo \quad \text{mit} \quad Yo = \frac{Ao}{1-a+q},$$

woraus sich durch erneutes Einsetzen in die Importfunktion (20)

$$Mr = g\,XrT + e_s\bar{M}rT\,(1-g) + Mo \tag{21}$$

$$g = \frac{q}{1-a+q}\ ; \ Mo = qYo$$

ergibt. g wird als „international reflection ratio" bezeichnet.[18]

[12] *Machlup* [125] S. 184 und [126] S. 205.
[13] *Gehrels* [59] S. 76 ff..
[14] *Polak* [168] S. 37 ff..
[15] Vgl. S. 31, Fußn. 8.
[16] *Gehrels* [59] S. 77.
[17] *Polak* definiert das Realeinkommen „as the purchasing power of money national income over consumption goods". Es läßt sich dann zeigen, daß – sofern X ~ M im monetären Ausdruck ist – obige Gleichung mit einem hohen Grad von Approximation gilt. Vgl. *Polak* [168] S. 22 und S. 170 f..
[18] Vgl. *Gehrels* [59] S. 77.

Partielle Differentiation von (21) nach T bzw. Xr ergibt ferner die Reaktion der Importe aufgrund einer Terms-of-Trade- bzw. Exportveränderung:

$$\frac{\partial Mr}{\partial T} = gXr + e_s\bar{M}r\,(1-g) \tag{22}$$

$$\frac{\partial Mr}{\partial Xr} = g = \frac{q}{1-a+q} \tag{23}$$

Für die gesamte Variation der Importe infolge einer Terms-of-Trade-Änderung erhält man deshalb

$$\frac{dMr}{dT} = \frac{\partial Mr}{\partial T} + \frac{\partial Mr}{\partial Xr}\frac{dXr}{dT} = gXr + e_s\bar{M}r\,(1-g) + g\frac{dXr}{dT} \tag{24}$$

und für die Reaktion der Leistungsbilanz in Auslandswährung ($Ba = XrT - Mr$):[19]

$$\frac{dBa}{dT} = Xr + \frac{dXr}{dT} - \left[gXr + e_s\bar{M}r\,(1-g) + g\frac{dXr}{dT}\right]^{20} \tag{25}$$

Gleichung (22) spaltet den Preiseffekt (verändertes Realaustauschverhältnis) einer Abwertung in zwei Komponenten auf: Die erste bezieht sich auf die Importwirkung des Realeinkommensverlustes (gXr), bedingt durch eine Terms-of-Trade-Verschlechterung,[21] und die zweite auf den Substitutionseffekt der relativen Preisänderung. Der Substitutionseffekt wiederum wirkt auf den Import auf folgende Weisen: einmal indirekt als Dämpfer gegen ein weiteres Absinken des Realeinkommens durch den Multiplikator (roundabout effect of substitution) und einmal direkt auf dem Wege einer Substitution von Importgütern durch Importsubstitute. Ist die „international reflection ratio" nahe bei eins gelegen, wird der „roundabout effect of substitution" die Importe via Multiplikator fast im gleichen Maße steigen lassen, wie diese durch den unmittelbaren Effekt der Substitution zurückgehen. In diesem Fall ist es hauptsächlich der anfängliche Realeinkommensverlust multipliziert mit dem Multiplika-

[19] Es besteht folgende Beziehung:

$B = X - M = Xr\,p_x - Mr\,p_{am}w.$

p_x = Exportpreis in Inlandswährung, p_{am} = Importpreis in Auslandswährung. Hieraus ergibt sich wegen der Annahme konstanter Güterpreise im In- und Ausland in Höhe von eins:

$\frac{B}{w} = Ba = Xr\,\frac{p_x}{p_{am}w} - Mr = XrT - Mr.$

[20] *Gehrels* [59] S. 77.

[21] Der Realeinkommensverlust ist gleich der ursprünglichen Exportmenge multipliziert mit dem Betrag der Terms-of-Trade-Senkung.

torkoeffizienten, der eine Importminderung bewirkt. – Die Reaktion der Importe auf einen Exportanstieg hingegen ist allein durch den Einkommensmultiplikator und der marginalen Importquote bestimmt (vgl. Gleichung (23)).[22]

Was den Effekt einer Abwertung auf den inländischen Exportwert in Auslandswährung anbelangt, so setzt sich dieser ebenfalls aus zwei Teilwirkungen zusammen: aus einem Rückgang des Exportwertes infolge gesunkener Auslandspreise bei gegebener ursprünglicher Exportmenge und aus der aus der Preissenkung resultierenden Zunahme des Exportwertes aufgrund steigender Exportmengen.

Es lassen sich nun einige Besonderheiten in *Alexanders* Vorgehen nachweisen. Schreibt man nämlich Gleichung (25) in der Form

$$\frac{dBa}{dT} = Yr - gXr + \frac{dXr}{dT} - g\frac{dXr}{dT} - e_s\bar{M}r\,(1-g), \qquad (25a)$$

werden folgende drei Effekte sichtbar:

$Xr - gXr$ = Terms-of-Trade-Effekt in bezug auf die Leistungsbilanz[23]

$\frac{dXr}{dT} - g\frac{dXr}{dT}$ = Effekt einer (durch Realaustauschänderung induzierten) Exportänderung auf die Leistungsbilanz

$-e_s\bar{M}r\,(1-g)$ = Leistungsbilanzwirkung des Substitutionseffektes zwischen Importgütern und Importsubstituten

Der Terms-of-Trade-Effekt einer Abwertung auf die Leistungsbilanz lautet bei *Gehrels* also $Xr - gXr$ und besteht aus dem anfänglichen Exportwertrückgang bei gegebener Exportmenge aber verschlechtertem Realaustauschverhältnis, der gleich dem anfänglichen Sinken des Realeinkommens ist, und der über den negativen Multiplikatoreffekt induzierten Importabnahme. Wegen

$$g = \frac{q}{1-a+q} \quad \text{ist nun} \quad Xr - gXr = Xr\,\frac{(1-a)}{1-a+q}\,.$$

Um den von *Alexander* angeführten Terms-of-Trade-Effekt

$$Xr\,(1-a)^{24} \qquad (*)$$

[22] *Gehrels* [59] S. 78.
[23] *Gehrels* [59] S. 78.
[24] Bei *Alexander* lautet die algebraische Formulierung des Terms-of-Trade-Effektes $t(1-a)$. t entspricht hier dem Ausdruck XrdT, wobei dT das Differential der Terms-of-Trade bedeutet. *Gehrels* bevorzugt es allerdings, mit den entsprechenden Differentialquotienten und nicht mit den Differentialen zu operieren, was an dem Ergebnis nichts ändert. Vgl. *Gehrels* [59] S. 78, Fußn. 11.

zu erhalten, ist der Multiplikator 1 : (1-a+q) zu eliminieren, was sich durch Addition des algebraischen Ausdrucks

$$Xr \frac{(1-a)(q-a)}{1-a+q}$$

erreichen läßt. Dann aber muß der *Gehrels*sche Effekt einer Exportänderung auf die Leistungsbilanz

$$\frac{dXr}{dT} - g \frac{dXr}{dT} = \frac{dXr}{dT} \frac{1-a}{1-a+q}$$

genau um diesen Betrag größer sein als der entsprechende Beschäftigungseffekt *Alexanders*, der offensichtlich auch die vom „gesamten" Terms-of-Trade-Effekt abgespaltene negative Multiplikatorwirkung umfaßt. Andernfalls bliebe *Alexander* der Vorwurf nicht erspart, den mit der Realaustauschverschlechterung verbundenen negativen Multiplikatoreffekt in bezug auf das Volkseinkommen übersehen zu haben. Dem *Alexander*schen Beschäftigungseffekt entspricht somit die mathematische Summe

$$\frac{dXr}{dT} \frac{1-a}{1-a+q} - Xr \frac{(1-a)(q-a)}{1-a+q} \qquad (**)$$

Die Addition von Terms-of-Trade-Effekt (*) und Beschäftigungseffekt (**) führt schließlich zu dem auch von *Alexander* angegebenen Ausdruck für die Gesamtheit der Einkommenswirkungen auf den Leistungsbilanzsaldo in Höhe von

$$(1-a) \frac{dYr}{dT} .$$ [25]

Wie ein Vergleich mit Gleichung (25a) zeigt, kann diese Schlußfolgerung aber nur dann zutreffend sein, wenn es gerechtfertigt erscheint, den Substitutionseffekt zwischen Importgütern und Importsubstituten zu vernachlässigen, wenn also die „international reflection ratio" sehr nahe an eins gelegen ist, was wiederum eine marginale Absorptionsquote von ungefähr eins voraussetzt. Die Besonderheiten in *Alexanders* Analyse bestehen also einmal in der Abspaltung der negativen Multiplikatorwirkung vom Terms-of-Trade-Effekt, die dem Beschäftigungseffekt zugeschlagen wird, und zum anderen in der Vernachlässigung des Substitutionseffektes aufgrund der relativen Preisänderung. Der Verzicht auf die Behandlung des Substitutionseffektes ist aber nur unter der oben erwähnten speziellen Voraussetzung gerechtfertigt. In diesem Fall stimmt das *Alexander*sche Ergebnis mit dem Resultat des mehr traditionell konzipierten Modells von *Polak* voll überein.[26]

[25] Vgl. *Gehrels* [59] S. 79; *Alexander* [9] S. 340.
[26] Vgl. *Gehrels* [59] S. 79.

Neben dem Hinweis auf den „resource-reallocation effect“ sowie möglichen abwertungsinduzierten Substitutionsvorgängen richtet sich *Machlups* Kritik auch gegen eine Argumentation in realen Größen: „. . . what is a „real“ trade balance? When a country has to pay increased prices for its imports and buys a slightly reduced physical quantity of imports, what is the meaning of an improved „real“ trade balance if at the same time the balance in money terms has deteriorated? . . . To treat exports and imports as „real quantities“ makes sense; but can the difference between the two be meaningfully treatet as a real (physical) quantity? “[27] „While horses and apples cannot be added, apples can be added *to* horses, but never subtraced *from* horses“.[28] *Machlup* geht hier offensichtlich über sein eigentliches Ziel etwas hinaus. Sollen „reale“ Exporte und Importe für die theoretische Analyse operationale Begriffe sein, so ist es unerläßlich, die unterschiedlichen physischen Güterquantitäten und -qualitäten miteinander vergleichbar zu machen. Das kann entweder durch Division der entsprechenden Nominalwerte mit einem gewichteten Preisindex erreicht werden, oder aber man wählt ein bestimmtes Gut als „numéraire“ und drückt die restlichen Güter unter Beachtung der Preisrelationen in Einheiten dieses Standards aus. Unter diesem Gesichtspunkt erscheint es durchaus sinnvoll, auch von einer realen Bilanz zu sprechen. Leider sind *Alexanders* Bemerkungen zu diesem Problem wenig aufschlußreich. Jedoch hat *Machlup* in einem späteren Aufsatz eine weniger extreme Position eingenommen.[29] Immerhin besteht dessen Betonung der monetären Leistungsbilanz insofern zu Recht, als Zahlungsbilanzprobleme primär Zahlungs-, d. h. monetäre Probleme sind. Die Möglichkeit unterschiedlicher Reaktionen der Leistungsbilanz in Inlands- und Auslandswährung auf eine Wechselkursänderung[30] unterstreicht die Notwendigkeit einer monetären Betrachtung. Das aber erfordert spezifische Angaben über das Geldangebot, die *Alexander* übergeht. Lediglich im Zusammenhang mit dem Kassenhaltungseffekt wird explizit ein gegebenes Geldangebot postuliert. Im übrigen muß implizit eine sich an variierende wirtschaftliche Verhältnisse automatisch anpassende Geldmenge unterstellt werden.[31]

Alexanders Ausgangspunkt bildet die ex-post-Relation $\Delta B = \Delta Y - \Delta A$, in der jeweils zwei der drei darin enthaltenen Größen die dritte determinieren. Die Beziehungen könnten also auch $\Delta Y = \Delta A + \Delta B$ bzw. $\Delta A = \Delta Y - \Delta B$ lauten. *Alexander* entscheidet sich für folgenden kausalen Zusammenhang: Eine Abwertung beeinflußt Y, Y beeinflußt A; möglich ist auch eine direkte Beeinflussung von A. Die Nettoveränderungen von Y und A bestimmen zusammen dann ΔB. Warum aber sollte nicht eine Umkehrung des Beziehungsverhältnisses

27 *Machlup* [125] S. 185.
28 *Machlup* [125] S. 185, Fußn. 25.
29 *Machlup* [126] S. 213 ff..
30 Vgl. Abschnitt II, 3.2.
31 Vgl. *Machlup* [125] S. 189 f.; *Johnson* [88] S. 156 ff..

möglich sein?[32] Wenn eine Wechselkursvariation direkt die Absorption zu ändern vermag, kann hieraus wieder eine Änderung des Volkseinkommens resultieren, die die Einkommenswirkung des Beschäftigungseffektes teilweise oder ganz kompensiert oder ihn sogar übertrifft. Durch „reversing the direction of causation" ist in diesem Fall also die Änderung des Volkseinkommens und nicht die Leistungsbilanz die durch die beiden anderen Variablen determinierte Größe [$\Delta Y = f(\Delta A, \Delta B)$].[33] Der von *Alexander* unterstellte Zusammenhang ist nicht zwingend.

Der „Income-Absorption-Approach" wurde in der Absicht konzipiert, als fruchtbarere Konzeption zur Beurteilung der Abwertungswirkungen auf die Leistungsbilanz den „Elasticities-Approach" zu ersetzen.[34] *Alexanders* Ausführungen vermögen in dieser Hinsicht nicht zu überzeugen. Nicht nur, daß seine Abhandlung zahlreiche Einwendungen zuläßt und lediglich ein einziges Land unter Vernachlässigung ausländischer Rückwirkungen betrachtet, sie kann auch auf das von ihr so attackierte Instrument der Elastizität nicht völlig verzichten. Denn: „At some points the elasticities work behind the scene."[35] So ist z. B. die Existenz des Beschäftigungseffektes sowohl von den Exportangebotsmöglichkeiten des Inlandes als auch von der Bereitschaft der ausländischen Wirtschaftssubjekte, diese Produkte nachzufragen, abhängig. Mit anderen Worten: Die Preiselastizitäten des inländischen Exportangebots und der ausländischen Importnachfrage bestimmen den Beschäftigungseffekt. Von ähnlich fundamentaler Bedeutung sind die Preiselastizitäten für die Beurteilung des Terms-of-Trade-Effektes.[36] Im Grunde setzt der „Absorption-Approach" also bereits die Kenntnis wichtiger Beziehungen des „Elasticities-Approach" voraus.[37]

Lassen sich hinsichtlich des inländischen Exportangebots u. U. gewisse allgemeine Schlußfolgerungen aus der gesamtwirtschaftlichen Beschäftigungslage ziehen, so bleibt die ausländische Nachfrage nach diesen Produkten bei *Alexander* völlig unbeachtet. Erst das Zusammenwirken von Angebot und Nachfrage aber bestimmt den realisierbaren Exportwert. Entsprechendes gilt für die Importseite. Auch hier wird die Reagibilität des ausländischen Exportangebots ebenso wenig analysiert wie die Reaktion der inländischen Importnachfrage auf wechselkursinduzierte Preisänderungen. Die ursprünglich aus tautologischen Umformungen gewonnene Bestimmungsgleichung für den Leistungsbilanzsaldo liefert hierzu schon deswegen keine brauchbaren Aussagen, weil der von *Alexander* hineininterpretierte Kausalnexus nicht eindeutig ist. Vielmehr indu-

32 Vgl. *Machlup* [125] S. 187.
33 *Machlup* [125] S. 187.
34 Vgl. *Alexander* [9] S. 334.
35 *Machlup* [125] S. 193.
36 *Machlup* [125] S. 193.
37 Zur Bedeutung der verschiedenen Preiselastizitäten für die Höhe der Absorptionsausgaben vgl. *Yeager* [228] S. 68 ff. insb. S. 74 f..

zieren Exportwert- und Importwertänderungen – ausgelöst durch eine Währungsabwertung – Variationen der übrigen Systemgrößen Volkseinkommen und Absorptionsausgaben, die ihrerseits wieder auf ihre Determinanten zurückwirken. Dieser interdependente Wirkungsmechanismus aber bleibt beim „Absorption-Approach“ verschleiert.

War bei der oben behandelten einfachen Form des „Elasticities-Approach“ das Augenmerk auf die Betrachtung der Exporte und Importe betreffenden Preiseffekte gerichtet, während Einkommenseffekte keine Beachtung fanden, so sind wechselkursinduzierte Einkommens- und Absorptionsänderungen gerade die zentralen Variablen des „Absorption-Approach“. Es ist hieraus nur eine konsequente Folgerung, wenn *F. Machlup* und *R. Nurkse* bei ihrer Beurteilung der beiden Ansätze zu dem Schluß gelangen: „both are needed“.[38]

4. Exkurs: „Absorption-Approach“ und Theorie des Außenhandelsmultiplikators

In seiner allgemeinen Formulierung (sogenannter logischer Multiplikator)[1] stellt das Multiplikatorprinzip eine mathematische Beziehung zwischen zwei Veränderungsgrößen dar, die derart miteinander funktional verbunden sind, daß sich die Veränderung der einen, als abhängige Variable betrachteten Größe, aus der Veränderung der als unabhängige Variable angesehenen Größe durch Multiplikation mit einem bestimmten Faktor errechnen läßt. Unabhängige Variablen, d. h. die den Multiplikatorprozeß auslösenden Größen, sind in der Theorie des Außenhandelsmultiplikators Exporte oder Importe. Deren Veränderungen determinieren in Verbindung mit dem als konstant angenommenen Multiplikatorkoeffizienten die hierdurch induzierte Volkseinkommensvariation (Export- bzw. Importmultiplikator in bezug auf das Volkseinkommen) bzw. die resultierende Veränderung des Leistungsbilanzsaldos (Export- bzw. Importmultiplikator in bezug auf die Leistungsbilanz).[2] In der Regel werden dabei konstante Güterpreise unterstellt. Entsprechende Multiplikatorformeln lassen sich jedoch auch bei Aufhebung dieser Annahme ableiten.[3] In allen Fällen aber ist es die Einkommensabhängigkeit der induzierten Variablen, durch die nach erfolgtem Anstoß überhaupt erst ein Multiplikatorprozeß möglich wird.

Sowohl in dieser Hinsicht, als auch in der Fragestellung, ist der „Absorption-Approach“ umfassender. Untersuchungsobjekte sind hier die möglichen wechselkursinduzierten Effekte im Hinblick auf Volkseinkommen und Absorption, wobei die Absorption aber eben nicht nur eine Funktion des Volkseinkommens

38 *Machlup* [125] S. 194; *Nurkse* [156] S. 366.

1 Vgl. *Paulsen* [163] S. 34.

2 Zur Theorie des Außenhandelsmultiplikators siehe vor allem *Machlup* [121]; *Rose* [179] S. 120 ff.; *Watter* [222] sowie auch *Rettig* [173] S. 35 ff. und S. 175 ff.. Hinsichtlich des Vergleichs von Export- und Importmultiplikator beachte namentlich *Holzman/Zellner* [82] S. 73 ff..

3 Vgl. z. B. *Shinohara* [190] S. 608 ff..

ist (indirekte Effekte auf die Absorption bei *Alexander*), sondern darüber hinaus auch von anderen Veränderlichen, wie z. B. Einkommensverteilung, reale Kassenhaltung etc. abhängt (direkte Effekte auf die Absorption bei *Alexander*). Der „Absorption-Approach“ befaßt sich also einmal mit der Frage nach den potentiellen wechselkursinduzierten Veränderunger anderer Systemgrößen, zum anderen aber auch mit dem Umfang dieser Veränderungen. Hierbei auftretende multiplikative Prozesse werden mit Hilfe des Multiplikatorprinzips bestimmt. So ist z. B. der herkömmliche Exportmultiplikator in bezug auf die Leistungsbilanz mit dem *Alexander*schen Beschäftigungseffekt identisch, sieht man einmal von der Besonderheit hinsichtlich des vom Terms-of-Trade-Effekt abgespaltenen negativen Einkommensmultiplikators ab. „Absorption-Approach“ und Außenhandelsmultiplikator stehen also nicht nur in enger Beziehung zueinander, letzterer ist vielmehr wichtiger Erklärungsbestandteil jeder Wechselkursanalyse auf der Grundlage des „Absorption-Approach“.

Zusammenfassung: Der auf *S. S. Alexander* zurückgehende „Absorption-Approach“ entstand aus der Kritik am einfachen „Elasticities-Approach“ und wurde als alternativer Ansatz zur Erklärung der Leistungsbilanzwirkungen einer Abwertung entwickelt. Er verzichtet bewußt auf eine explizite Verwendung der Preiselastizitäten des Angebots und der Nachfrage, den zentralen Größen des einfachen „Elasticities-Approach“, die, als partielle Elastizitäten interpretiert, wesentliche Effekte einer Wechselkursänderung auf den Bilanzsaldo – wie z. B. induzierte Einkommenseffekte – nicht erfassen, als totale Elastizitäten aber für die Erklärung einzelner Anpassungsvorgänge völlig ungeeignet sind. Sein eigentlicher Kern besteht in der Bestimmung des Leistungsbilanzsaldos als Differenz zwischen Volkseinkommen und Absorption sowie in der Untersuchung der potentiellen, auf diese beiden Variablen einwirkenden Effekte, deren Aufzählung durch *Alexander* unvollständig bleibt. Als wesentlicher Einwand gegen den „Absorption-Approach“ muß einmal angesehen werden, daß das unterstellte Beziehungsverhältnis, die Differenz zwischen Einkommen und Absorption bestimmt den Leistungsbilanzsaldo, nicht eindeutig ist. Auch eine Umkehrung des Zusammenhangs wäre vertretbar. In diesem Fall würde der Bilanzsaldo die Differenz zwischen Volkseinkommen und Absorptionsausgaben determinieren. Zum anderen vermag der „Absorption-Approach“ auf die Verwendung der von ihm so attackierten Preiselastizitäten, die gleichsam hinter der „Szene“ arbeiten, nicht völlig zu verzichten. Bedingt durch den besonderen Ansatz unterbleibt eine eingehende Analyse der Reaktion von Angebot und Nachfrage auf relative Güterpreisänderungen, was gerade im Bereich des Außenhandels als besonderer Mangel empfunden werden muß. Darüber hinaus beschränkt sich *Alexander* auf die Untersuchung der Einkommens- und Absorptionsverhältnisse des Inlandes, vernachlässigt also die in bezug auf das Ausland bestehenden Interdependenzen. Als entscheidender Vorteil ist die Überwindung der Partialanalyse des „Elasticities-Approach" zu werten, indem auch wechselkursinduzierte Einkommens- und Absorptionsausgabenänderungen Beachtung finden. Eine Verbindung der beiden Ansätze mit ihren unterschiedlich gelagerten Schwergewichten erweist sich als unbedingt notwendig.

IV. Ansätze einer Synthese von „Elasticities-" und „Income-Absorption-Approach"

1. Modifizierung der Primärergebnisse des „Elasticities-Approach" durch die Beachtung sekundärer Einkommenseffekte

Wie an früherer Stelle darauf hingewiesen wurde[1], finden sich erste Hinweise auf mögliche wechselkursinduzierte Einkommenseffekte bei *J. Robinson*, die den Primäreffekt einer Wechselkursänderung auf der Grundlage des „Elasticities-Approach" erfaßt. Führt dieser Primäreffekt zu Veränderungen der Leistungsbilanz, wird deren Saldo via induzierte Einkommensänderungen erneut beeinflußt. Indem nun dieser sekundäre Effekt die ursprüngliche Variation des Leistungsbilanzsaldos zwar in ihrem Umfang, nicht aber in der Richtung zu ändern vermag, erscheint *J. Robinson* eine Diskussion der Abwertungswirkungen allein auf der Basis des „Elasticities-Approach" gerechtfertigt. „It is therefore legitimate to discuss the initial effect upon the balance of trade in terms of the four elasticities, abstracting from the change in home incomes".[2] Die später nach ihr benannte *Robinson*-Bedingung entbehrt daher noch einer Berücksichtigung dieser sekundären Effekte. Eine formale Beachtung auch der Einkommenswirkungen erfolgt erst wenige Jahre später durch *J. Tinbergen*[3] und *A. J. Brown.*[4]

In der einfachsten Variante einer Synthese des „Elasticities-Approach" mit wechselkursinduzierten Einkommenseffekten wird – wie bei *J. Robinson* angedeutet – dieser mit dem traditionellen Außenhandelsmultiplikator in bezug auf die Leistungsbilanz in Verbindung gebracht[5]. Ist $(dX-dM)^{+}$ der Primäreffekt einer Abwertung, wie er sich bei bekannten Elastizitäten mit Hilfe des „Elasticities-Approach" berechnen läßt – er sei weiterhin als Preiseffekt einer Wechselkursvariation bezeichnet, da er das unmittelbare Ergebnis einer Änderung der Preisrelation zwischen Inland und Ausland zum Ausdruck bringt – und kennzeichnet der Quotient $\frac{1}{1+\frac{q}{s}+\frac{q'}{s'}}$, den Außenhandelsmultiplikator in bezug auf die Leistungsbilanz[6], wobei q (q') und s (s') die marginalen Import- und Sparquoten des Inlandes (Auslandes) bedeuten, erhält man für die Ver-

[1] Vgl. Abschnitt III, 1.
[2] *Robinson* [175] S. 139.
[3] *Tinbergen* [211]
[4] *Brown* [31]
[5] *Polak* [167] S. 180: „We have to use a multiplier analysis on top of the elasticity analysis".
[6] Vgl. *Schneider* [186] S. 318; *Rose* [179] S. 143.

änderung des Leistungsbilanzsaldos in Inlandswährung unter Beachtung von Preis- und Einkommenseffekten

$$dB = \frac{1}{1 + \frac{q}{s} + \frac{q'}{s'}} (dX - dM)^{+}.$$ [7,8]

Bei positiven marginalen Spar- und Importquoten, wie sie üblicherweise vorausgesetzt werden, ist der Multiplikatorquotient stets positiv und kleiner als eins. Der Preiseffekt einer Abwertung wird durch den Einkommenseffekt abgeschwächt. Somit ist der Betrag der Saldozu- bzw. -abnahme unter Berücksichtigung von Einkommenswirkungen geringer als bei alleiniger Beachtung der Preiswirkungen. In seiner sehr formal gehaltenen Verbindung der beiden Approaches kommentiert *H. Brems* diesen tendenziell destabilisierenden Einfluß der Einkommenswirkung mit den Worten: „Thus elasticity optimism does not imply devaluation optimism!"[9]

Sieben Jahre nach der erstmaligen Konzipierung des „Absorption-Approach" unterbreitete *S. S. Alexander* einen eigenen Vorschlag zur Synthese.[10] Ausgangspunkt ist auch hier zunächst der alleinige Preiseffekt einer Abwertung, der durch die Beachtung von Nominaleinkommensänderungen ergänzt wird. Das geschieht mit Hilfe sogenannter „reversal factors", die den Grad der Umkehrung der auf der Grundlage des „Elasticities-Approach" berechneten Leistungsbilanzvariation bestimmen. „We . . . define a pair of initial reversal factors, R for country 1 (Inland), and R' for country 2 (Ausland), such that (R–1) and (R'–1) measure the ratio of the reversal, through the income reactions in the corresponding country, of the initial change in the foreign balance . . ."[11]

Ausgegangen sei von einer ausgeglichenen Leistungsbilanz. Ist dB^{+} dann die anfängliche inländische Leistungsbilanzänderung aufgrund des Preiseffektes einer Abwertung – er sei als positiv unterstellt –, so erfährt diese durch die

[7] Vgl. *Allen* [12] S. 372 ff.. Der Verfasser unterscheidet in diesem Aufsatz zwischen anfänglicher (initial) und endgültiger (final) Leistungsbilanzänderung. Erstere bezieht sich nur auf den Preiseffekt einer Wechselkursänderung, während letztere auch den Einkommenseffekt berücksichtigt.

[8] Gedacht ist – wie in der Multiplikatortheorie üblich – an ein unendlich elastisches Güterangebot, so daß die Preise trotz Outputvariation unverändert bleiben. Jedoch wären bei entsprechender Definition der marginalen Quoten auch Preisänderungen mit dieser Formel vereinbar.

[9] *Brems* [29] S. 64. Das Zitat ist im Original kursiv gedruckt. – Die durch *Brems* in diesem Aufsatz unternommene Verbindung von „Elasticities-" und „Absorption Approach", auf deren eingehende Darstellung im Rahmen dieser Arbeit verzichtet wird, enthält im Grunde nichts Neues. Es läßt sich nämlich zeigen, daß die dort angegebene Stabilitätsbedingung in eine Form gebracht werden kann, die mit der noch weiter unten zu behandelnden, bereits zu einem früheren Zeitpunkt entwickelten Bedingung von *Laursen-Metzler* identisch ist. Darüber hinaus ist wegen einiger bei *Brems* getroffener Annahmen eine Reduzierung auf die einfache *Marshall-Lerner*-Formel möglich. Vgl. *Spraos* [198] S. 161, Fußn. 3.

[10] *Alexander* [10] S. 22 ff..

[11] *Alexander* [10] S. 26.

Wirksamkeit des inländischen Einkommenseffektes eine Reduzierung um den Betrag (R–1) dB^+ auf R dB^+. Wegen des auch im Ausland wirkenden Einkommenseffektes erfolgt eine weitere Variation des Saldos auf $RR'dB^+$. Ist nun $RdB^+ \neq RR'dB^+$, d. h. ist der ausländische Einkommenseffekt in bezug auf die Leistungsbilanz von null verschieden, entsteht ein erneuter inländischer Einkommenseffekt, mit dem Ergebnis, daß die abwertungsbedingte Saldoänderung nunmehr $RR'dB^+ - (R-1)\,(RdB^+ - RR'dB^+)$ ausmacht, die dann wiederum durch den ausländischen ‚reversal factor' beeinflußt wird usw.[12] (vgl. Abb. 2).

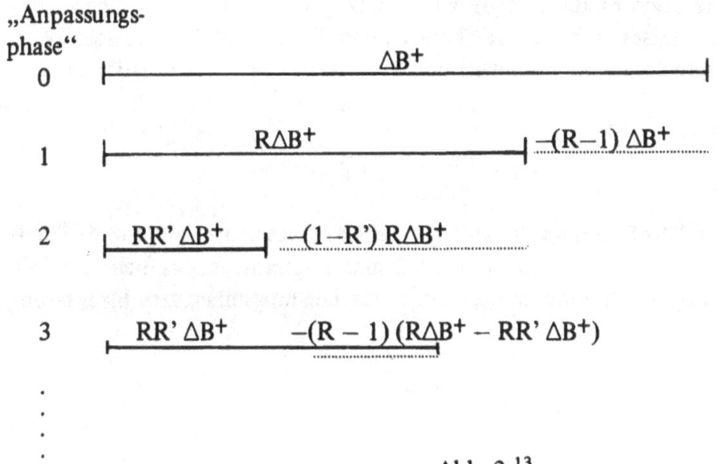

Abb. 2 [13]

Unter den Annahmen einer nicht unmittelbar durch die Wechselkursänderung beeinflußbaren durchschnittlichen Hortungsquote sowie einer am Anfang ausgeglichenen Leistungsbilanz und der weiteren Bedingung
$-1 < (R-1)\,(R'-1) < 1$[14] ergibt sich nach Ablauf des Anpassungsprozesses für die endgültige Veränderung des Leistungsbilanzsaldos in Inlandswährung

$$dB = \frac{RR'}{1-(R-1)\,(R'-1)}\, dB^+ \tag{26}$$

sowie bei Bewertung in Auslandswährung

$$dBa = \frac{RR'}{1-(R-1)\,(R'-1)}\, dBa^+. \tag{27}$$

[12] Vgl. *Alexander* [10] S. 26 f..
[13] Der schematischen Darstellung liegt die Annahme R, R' < 1 zugrunde, was den Normalfall charakterisiert, d. h. der Einkommenseffekt einer Wechselkursänderung reduziert den Preiseffekt zwar teilweise, aber nicht vollständig. Vgl. *Alexander* [10] S. 26.
[14] *Alexander* [10] S. 27.

Der Multiplikatorkoeffizient $\frac{RR'}{1-(R-1)\,(R'-1)}$ ist der „final reversal factor“.[15]

Bezeichnen h die marginale Hortungsquote (money-income induced hoarding), f die marginale Verschlechterungsquote der Leistungsbilanz aufgrund von Einkommensänderungen (money-income induced increased demand for imports or for export substitutes so as to deteriorate the foreign balance), H das aggregierte induzierte Horten (aggregate induced hoarding) und F die aggregierte einkommensinduzierte Leistungsbilanzverschlechterung (aggregate induced deterioration of the foreign balance), so gelten für die erste „Phase“ des Anpassungsprozesses, d. h. für den Übergang von dB^+ zu RdB^+ – also noch ohne Berücksichtigung des ausländischen Einkommenseffektes – die Relationen

$$H = \frac{h}{h+f} \text{ und } F = \frac{f}{h+f}$$

mit F + H = 1, sofern man die anfängliche Leistungsbilanzänderung dB^+ aufgrund des Preiseffektes der Abwertung mit eins annimmt. Ist das nicht der Fall, gilt für die aggregierte einkommensinduzierte Leistungsbilanzverschlechterung allgemein

$$\frac{f}{h+f}\, dB^+ = F\, dB^+.$$

Für den inländischen Leistungsbilanzsaldo nach Berücksichtigung der inländischen Einkommenswirkungen am Ende der ersten Anpassungsphase erhält man dann

$$dB^+ - FdB^+ = (1-F)\, dB^+ = HdB^+.$$

Definitionsgemäß aber ist dieser Betrag gleich RdB^+, woraus R = H und 1 – R = F folgen. Entsprechende Beziehungen bestehen für das Ausland. Sukzessive Substitution in (26) und (27) führt schließlich zu unten stehenden Reaktionsgleichungen für den Saldo der Leistungsbilanz unter Beachtung wechselkursinduzierter Preis- und Einkommenseffekte:[16]

$$dB = \frac{hh'}{hh'+fh'+f'h}\, dB^+ \qquad (26a)$$

$$dBa = \frac{hh'}{hh'+fh'+f'h}\, dBa^+ \qquad (27a)$$

[15] Vgl. *Alexander* [10] S. 27 u. S. 39 f..
[16] Vgl. *Alexander* [10] S. 28 ff..

Der „final reversal factor" ist somit allein durch die marginalen Quoten h, h', f, f', die sich auf Nominaleinkommensänderungen beziehen, determiniert. In Abhängigkeit vom Beschäftigungsgrad der Wirtschaft werden diese marginalen Quoten unterschiedliche Werte annehmen, je nachdem, inwieweit Nominaleinkommensänderungen auf Outputänderungen oder auf Preisänderungen zurückzuführen sind. Soweit infolge von Preisvariationen Kassenhaltungseffekte wirksam werden und damit das volkswirtschaftliche Horten tangieren, lassen sich diese Einflüsse in den Größen h und h' erfassen. Im Grenzfall einer unterbeschäftigten Wirtschaft mit konstanten Preisen, einkommensunabhängigen und konstanten Nettoinvestitionen sowie unter der üblichen Voraussetzung, daß zwar die Importe, nicht aber die Exporte von der Einkommenshöhe des eigenen Landes abhängig sind, gehen die marginale Hortungsquote und die marginale Verschlechterungsquote der Leistungsbilanz in die marginale Sparquote und die marginale Importquote über.[17] Der ‚final reversal factor' „entpuppt" sich in diesem Fall als der bekannte Exportmultiplikator in bezug auf die Leistungsbilanz im Zwei-Länder-Modell. Somit stellt der *Alexander*sche Koeffizient in (26a) bzw. (27a) eine allgemeinere Formulierung dieses Multiplikators dar, indem unter Bezugnahme auf Nominaleinkommensänderungen sowohl Output- und Preisvariationen als auch gegebenenfalls reale Kassenhaltungseffekte Beachtung finden.

In einem weiteren Schritt seiner Analyse berücksichtigt *Alexander* auch eine vor der Abwertung unausgeglichene Leistungsbilanz sowie die Möglichkeit einer direkten Beeinflussung der durchschnittlichen Absorptions- bzw. Hortungsquote durch die Wechselkursänderung.[18] In beiden Fällen erfahren die Reaktionsgleichungen (26a) und (27a) eine Modifizierung, wobei jedoch der Nenner jeweils unverändert bleibt. Als Ergebnis erhält man, daß unter diesen Voraussetzungen eine Leistungsbilanzreaktion auch dann eintritt, wenn der durch den „Elasticities-Approach" bestimmte Primäreffekt einer Abwertung (Preiseffekt) den Saldo unverändert läßt, was nach (26a) und (27a) ausgeschlossen ist. Auf diese Möglichkeit sowie auf eine direkte Einwirkung der Wechselkursvariation auf die durchschnittliche Absorptionsquote (Terms-of-Trade Effekt) wird weiter unten zurückzukommen sein. Hier verdient festgehalten zu werden: *Alexanders* Synthese der beiden Approaches zeichnet sich dadurch aus, daß dem Ergebnis des „Elasticities-Approach" gewissermaßen ein den „Absorption-Approach" verkörpernder Multiplikator „aufgesetzt" wird, woraus dann die endgültige Leistungsbilanzänderung einer Abwertung ermittelt werden kann.

Lediglich als Scheinproblem betrachtet *M. Michaely* vermeintliche Unterschiede in den Ergebnissen von „Elasticities-" und „Absorptions-Approach". Denn: „. . . if the same set of assumptions is used, the same conclusion must follow whether one prefers to adopt one analytical method or the other".[19]

[17] Vgl. *Alexander* [10] S. 31.
[18] *Alexander* [10] S. 34 ff..
[19] *Michaely* [144] S. 144.

Diese Feststellung dürfte kaum anzuzweifeln sein, nur beinhaltet eben die einfache Form des „Elasticities-Approach“ durch die Abstrahierung von Einkommens- und sonstigen Effekten andere Annahmen als der „Absorption-Approach“.

In den von ihm gewählten Beispielen unterstellt *Michaely* eine vollbeschäftigte Wirtschaft, schließt also Realeinkommensänderungen aus. Durch die Einbeziehung von Preisniveauvariationen und Änderungen der realen Kassenhaltung wird dann eine Identität der Ergebnisse beider Approaches erreicht. Damit aber arbeitet *Michaely* bereits mit einer modifizierten Form des „Elasticities-Approach“. In Wirklichkeit wird also ein modifizierter „Elasticities-Approach“, der bereits wesentliche Elemente des „Absorption-Approach“ enthält, mit dem „Absorption-Approach“ verglichen. Wie eine derartige Modifizierung des „Elasticities-Approach“ aussehen kann, ist Gegenstand der weiteren Ausführungen.

2. Explizite Berücksichtigung des Terms-of-Trade Effektes

2.1 Die Einführung des Terms-of-Trade-Effektes durch *Laursen/Metzler* und *Harberger*

2.11 Modellannahmen und Ergebnisse

Jede Wechselkursvariation ist mit großer Wahrscheinlichkeit auch mit einer Veränderung des realen Austauschverhältnisses verbunden. Hieraus können über Realeinkommensänderungen Variationen in den Absorptionsausgaben resultieren, die ihrerseits wiederum den Leistungsbilanzsaldo beeinflussen. Eine Analyse der Wechselkurswirkungen wird daher den Terms-of-Trade-Effekt einer Ab- bzw. Aufwertung als mögliche Einflußgröße bei der Formulierung der Stabilitätsbedingungen ebenfalls zu beachten haben. *Alexander* subsumiert ihn unter die indirekten Effekte einer Abwertung auf die Absorption, weil diese indirekt, d. h. über eine Änderung des Realeinkommens, beeinflußt wird.[1] Auf die Bedeutung wechselkursinduzierter Terms-of-Trade-Änderungen für die Stabilität des Wechselkurses bzw. der Leistungsbilanz wurde erstmals jedoch bereits vor *Alexanders* grundlegendem Aufsatz über den „Absorption-Approach“ durch *S. Laursen* und *L. A. Metzler*[2] sowie *A. C. Harberger*[3] verwiesen.

Das zentrale Anliegen des Artikels von *Laursen* und *Metzler* besteht in einer Analyse möglicher internationaler Übertragungen von Beschäftigungsschwankungen in einem durch flexible Wechselkurse gekennzeichneten System.[4] Ver-

[1] Vgl. Abschnitt III, 2.
[2] *Laursen/Metzler* [112] S. 281 ff.. Vgl. auch *Metzler* [139] S. 110.
[3] *Harberger* [71] S. 47 ff..
[4] Vgl. *Laursen/Metzler* [112] S. 282.

einfachend gehen beide Autoren von einem unendlich elastischen Güterangebot aus und abstrahieren von zwischenstaatlichen Kapitalbewegungen. Der Wert der Exporte und der Wert der Importe bestimmen allein Devisenangebot und -nachfrage.

Untersucht wird zunächst der Einfluß von Wechselkursänderungen auf die durchschnittliche Absorptionsneigung eines Landes. Eine invariable Absorptionsquote ist nämlich eine der wesentlichen impliziten Annahmen in den bisherigen Ansätzen zur Theorie flexibler Wechselkurse. „. . . it implicitly assumes that, when the domestic prices of imports rise or fall, any consequent change in a country's total domestic-currency expenditure on imports is exactly offset by a change in the opposite direction in expenditure on home goods; if less is spent ohn imports, more is spent on home goods, and conversely".[5]

Laursen und *Metzler* halten diese Annahme nicht für gerechtfertigt. Angenommen, die Importgüterpreise sinken infolge einer Aufwertung, dann ändert sich die Zusammensetzung der volkswirtschaftlichen Ausgabensumme. Im Inland produzierte Güter werden gegen relativ billigere Importgüter substituiert. Darüber hinaus kann aber auch das Niveau der Ausgaben variieren. Bei gegebenem Nominaleinkommen und gegebenen Preisen der übrigen Inlandsprodukte bewirkt nämlich eine Verminderung der Importgüterpreise eine Steigerung des Realeinkommens.[6] „Now the statistical evidence for the United States

[5] *Laursen/Metzler* [112] S. 285.

[6] Diese Feststellung impliziert offenbar einen ganz spezifischen Realeinkommensbegriff. „Normalerweise wird als ‚Realeinkommen' das physische Volumen des Sozialproduktes bezeichnet. Wenn sich demnach die terms of trade bei Konstanz der Beschäftigung und des physischen Sozialproduktes verändern, wird nach dieser Definition das Realeinkommen von der Änderung der terms of trade nicht beeinflußt. *Laursen* und *Metzler* . . . identifizieren jedoch eine Verschlechterung der terms of trade auch bei gegebener Beschäftigung mit einer Verminderung des Realeinkommens. Sie verwenden also eine andere als die übliche Definition . . .". *Rose* [179] S. 160 f., Fußn. 12. – *Vanek* [215] S. 125, Fußn. 1, spricht in diesem Zusammenhang von „enjoyment income", ein nicht gerade sehr glücklich gewählter Terminus: „To be precise, we understand here by real income the physical volume of national product. With unchanged domestic prices, this will also represent national money income. If the terms of trade change with unchanged employment, the volume of national product will remain unchanged, but the satisfaction of the community derived from consumption (or what may be called „enjoyment income") will be altered". – Gedacht ist bei *Laursen* und *Metzler* offensichtlich an die Kaufkraft des Nominaleinkommens. Indem sich Importgüterpreise ändern, verändert sich die Kaufkraft einer Nominaleinkommenseinheit; das Realeinkommen steigt oder fällt. Dieser Vorstellung entspricht auch die Realeinkommensdefinition von *Brems* [29] S. 50: „. . . it becomes possible. . . to distinguish between money income, which is factor input times the price of factors, and real income, which is money income divided by the price of goods demanded".
Zwei Realeinkommensdefinitionen stehen sich somit einander gegenüber. Die eine bezieht sich auf die reale (physische) Gütermenge, die man durch Division des Nominaleinkommens mit dem Preisindex der produzierten Güter erhält, während nach der anderen die Kaufkraft des Nominaleinkommens, gemessen an einem den Geldwert bestimmenden Preisindex, der in der Regel von dem Index der produzierten Güter differieren dürfte, ermittelt wird. Es ist dieser zweite Realeinkommensbegriff den *Laursen* und *Metzler* ihrer Abhandlung zugrunde legen. Der dabei relevante Preisindex umfaßt neben den Preisen der im Lande produzierten Güter auch die Importgüterpreise, so daß deren Änderungen definitionsgemäß gleichfalls Veränderungen der Kaufkraft eines gegebenen Geldeinkommens implizieren.

shows rather conclusively that the proportion of income saved tends to rise with a rise in real income and to fall with a fall in real income; and it seems likely that if the necessary statistics were available this relation would be verified for other countries also. We therefore believe there is a strong presumption that, as import prices fall and the real income corresponding to a given money income increases, the amount spent on goods and services out of a given money income will fall. The argument is applicable in reverse, of course, to a rise of import prices. In short, our basic premise is that, other things being the same, the expenditure schedule of any given country rises when import prices rise and falls when import prices fall".[7] Unter diesen Gegebenheiten aber ist eine internationale konjunkturelle Abhängigkeit bei flexiblen Wechselkursen nicht mehr auszuschließen.[8]

Zur Ableitung der Stabilitätsbedingung eines flexiblen Wechselkurses, die mit der Bedingung für eine normale Reaktion einer anfänglich ausgeglichenen Bilanz identisch ist, gehen *Laursen* und *Metzler* von folgendem Grundmodell aus:[9]

$$\begin{aligned} Y &= A(Y, w) + w\,M'(Y', w') - M(Y, w) \\ Y' &= A'(Y', w') + w' M(Y, w) - M'(Y', w') \\ B' &= -Ba = w' M(Y, w) - M'(Y', w') \end{aligned}$$

Die Symbole bedeuten: Y = inländisches Volkseinkommen, A = inländische Absorption, M = inländische Importe, w = inländischer Wechselkurs, Ba = inländischer Leistungsbilanzsaldo in Auslandswährung. Die entsprechenden Werte des Auslandes in Auslandswährung sind durch ein Apostroph gekennzeichnet. Alle Variablen werden als eine Funktion des Volkseinkommens und des Wechselkurses betrachtet.

Die Dynamisierung dieses Modells und die Substitution der Bilanzgleichung durch eine Bestimmungsgleichung für die Veränderung des Wechselkurses in der Zeit führen unter Beachtung einer anfänglich ausgeglichenen Leistungsbilanz zu der Stabilitätsbedingung

$$(1-a)(1-a')\,M\,(|n_x| + |n_m| - 1) - q\,(1-a')\frac{\partial A}{\partial w} - q'\,(1-a)\frac{\partial A'}{\partial w'} > 0 \quad ^{10} \qquad (28)$$

mit $a = \dfrac{\partial A}{\partial Y}$, $a' = \dfrac{\partial A'}{\partial Y'}$

7 *Laursen/Metzler* [122] S. 286.
8 *Laursen/Metzler* [112] S. 289: „We have thus reached the somewhat paradoxical result that under a regime of flexible exchange rates an expansion of economic activity in one country leads to a slight contraction in the other".
9 *Laursen/Metzler* [112] S. 293.
10 *Laursen/Metzler* [112] S. 296. Zur Herleitung des Ergebnisses siehe ebenda, S. 295 f..

und den marginalen Importquoten q und q'. Definiert man das Horten wie *Alexander* als Differenz zwischen Einkommen und Absorption, sind (1-a) und (1-a') identisch mit der marginalen inländischen (h) bzw. ausländischen (h') Hortungsquote.[11] Umformungen von (28) ergeben die Ungleichung

$$|n_x| + |n_m| > 1 + \frac{q}{hM} \frac{\partial A}{\partial w} + \frac{q'}{h'M} \frac{\partial A'}{\partial w'} . \qquad (28a)$$

In den Quotienten $\frac{\partial A}{\partial w}$ und $\frac{\partial A'}{\partial w'}$

kommt der bei *Laursen* und *Metzler* positive Einfluß einer wechselkursinduzierten Terms-of-Trade-Änderung auf die gesamtwirtschaftliche Ausgabenneigung zum Ausdruck. Ebenfalls größer als null werden im Normalfall h, h', q und q' unterstellt. Von diesen Annahmen ausgehend, gelangen die Autoren zu der Feststellung, daß das System „will not be stable, unless the sum of the two import demand elasticities exceeds unity, and perhaps exceeds unity by a considerable amount".[12] Im Grenzfall eines Terms-of-Trade-Effektes von null geht (28a) in die herkömmliche ‚*Marshall-Lerner*-Bedingung' über.

Im Unterschied zu den Ausführungen des vorangegangenen Abschnitts IV, 1, wo die Stabilitätsbedingungen des einfachen „Elasticities-Approach" durch die Berücksichtigung des Einkommenseffektes einer Ab- bzw. Aufwertung unverändert blieben und sich lediglich eine Modifizierung hinsichtlich der Reaktionsgleichung des Leistungsbilanzsaldos ergab, wird im *Laursen-Metzler*-Fall also infolge der unterstellten Wirksamkeit des Terms-of-Trade-Effektes der kritische Wert für die Summe der Elastizitäten erhöht.

Anders als *Laursen* und *Metzler* geht *A. C. Harberger*[13] in seiner Abhandlung von einem festen Wechselkurs aus, der nur auf dem Wege einer offiziellen Auf- bzw. Abwertung verändert werden kann. Das eigentlich Neue seiner Arbeit sieht *Harberger* in der Einbeziehung von Einkommensschwankungen bei der Analyse der Abwertungswirkungen auf die Leistungsbilanz,[14] eine im

[11] Vgl. Abschnitt III, 2, S. 44 f. sowie *Tsiang* [213] S. 929. Diese Definition soll auch im weiteren Verlauf der Arbeit beibehalten werden. Die marginale Hortungsquote ist gleich der marginalen Sparquote, sofern einkommensinduzierte Investitionen ausgeschlossen sind. (*Bronfenbrenner* [30] S. 181: „A single country in an international economy may save without investing, or invest without saving (in other words, it may hoard or dishoard). . . "). Diese Gleichheit von Sparen und Horten kann auch für das Modell von *Laursen* und *Metzler* angenommen werden. Beide Autoren argumentieren zwar mit Gesamtausgabenänderungen, begründen aber nur Variationen der Konsumausgaben. Nimmt man deshalb die Nettoinvestitionen als in bestimmter absoluter Höhe modellexogen vorgegeben an, muß das marginale Sparen (= Nichtverausgabung zusätzlichen Einkommens für Konsumgüterzwecke) wertmäßig gleich dem marginalen Horten (= Nichtverausgabung zusätzlichen Einkommens für Absorptionszwecke) sein. Bisweilen wird obige Stabilitätsbedingung (28a) daher auch unter Verwendung marginaler Sparquoten formuliert. Vgl. z. B. *Spraos* [196] S. 138.

[12] *Laursen/Metzler* [112] S. 286.

[13] *Harberger* [71] S. 47 ff..

[14] *Harberger* [71] S. 47.

Grunde jedoch lediglich „necessary condition, the fundamental explanation lying in the introduction of a non-zero effect of the terms of trade on saving“.[15]

Im einzelnen trifft *Harberger* folgende Annahmen:[16]

1. Inland und Ausland produzieren bei konstanten Grenzkosten nur ein einziges Gut, das sowohl im eigenen Land verkauft als auch exportiert wird.

2. Die Nachfrage nach den Produkten des eigenen Landes ist einmal abhängig vom Umfang der nationalen Produktion[17] und zum anderen von der Wechselkurshöhe, die ihrerseits wiederum die Relation zwischen Import- und Exportgüterpreisen (Terms-of-Trade) mitbestimmt.

3. Ebenfalls als abhängig von der Höhe des Wechselkurses sowie dem Niveau der nationalen Produktion im jeweils anderen Land werden die Exporte der beiden Länder betrachtet.

Dieses Grundmodell erfährt durch ergänzende Annahmen eine weitere Spezifizierung:[18]

4. Marginale Hortungs-, Import- und Konsumquote sind nicht per se abhängig von der nationalen Produktion, sondern primär vom „real consumer income“, d. h. der Kaufkraft des Einkommens, für die die nationale Produktion nur dann ein adäquates Maß darstellt, solange der Wechselkurs unverändert bleibt. Ist Y^* das „real consumer income“, Y die nationale Produktion und w der Wechselkurs, so gilt die Beziehung $Y^* = Y^*(Y, w)$.[19]

5. Die Nichtverausgabung von Einkommensteilen (Horten) ist allein eine Funktion des „real consumer income“.

6. Eine Verminderung des „real consumer income“ aufgrund einer Wechselkurserhöhung (Abwertung) bei unverändertem nationalen Produktionsniveau ist gleich der ursprünglichen Importmenge multipliziert mit dem absoluten Betrag der Wechselkurs- (= Importpreis-)steigerung.

7. Wechselkurs und Güterpreise sind so gewählt, daß sie vor der Abwertung den Wert eins annehmen.

15 *Johnson* [86] S. 187 f., Fußn. 29.

16 *Harberger* [71] S. 47 und S. 52. *Harberger* untersucht in seinem Aufsatz mehrere Modelle. Die hier skizzierte Variante ist jedoch die bekannteste und in diesem Zusammenhang allein wichtige. Zur ausführlichen Darstellung vgl. *Woll* [225] S. 94 ff. und *Kleinewefers* [100] S. 58 ff..

17 Die nationale Produktion („national production“) entspricht der üblichen Definition des Realeinkommens als der Menge der in einem Land produzierten Güter (physisches Einkommen). Vgl. *Harberger* [71] S. 52.

18 *Harberger* [71] S. 52 f..

19 Das „real consumer income“ entspricht der *Laursen-Metzler*schen Realeinkommensdefinition. Eine Erhöhung der Importgüterpreise senkt die Kaufkraft des Nominaleinkommens und damit bei konstanter nationaler Produktion das „real consumer income“.

Unter diesen Voraussetzungen ergibt sich als Reaktion des inländischen Leistungsbilanzsaldos auf eine Wechselkursvariation bei anfänglichem Ungleichgewicht die Beziehung

$$dBa = \frac{hh'}{hh'+qh'+q'h} \times \left\{ |n_x| + u|n_m| - 1 - q' - uq + \frac{q}{h}(u-1) \right. \quad dw,$$

die sich für den Fall einer ausgeglichenen Bilanz zu

$$dBa = \frac{hh'}{hh'+qh'+q'h} \times (|n_x| + |n_m| - 1 - q - q')\, dw \tag{29}$$ [20]

bzw.

$$dBa = \frac{1}{1+\frac{q}{h}+\frac{q'}{h'}} \times (|n_x| + |n_m| - 1)\, dw - \frac{1}{1+\frac{q}{h}+\frac{q'}{h'}} \times (q+q')\, dw \tag{29a}$$

reduziert. Das erste Glied auf der rechten Seite von Gleichung (29a) bringt die kombinierte Wirkung des Preis- und Einkommenseffektes einer Wechselkursänderung auf die Leistungsbilanz, wie sie zu Beginn von Abschnitt IV, 1 behandelt wurde,[21] zum Ausdruck, während das zweite Glied die alleinige Wirkung des Terms-of-Trade-Effektes, d. h. den Effekt einer wechselkursinduzierten „real consumer income"-Änderung auf den Saldo der Leistungsbilanz anzeigt. Sofern die marginalen Hortungs- (h, h') und Importquoten (q, q') größer als null sind, wirkt dieser Effekt bei einer Abwertung stets negativ auf den Bilanzsaldo.

Aus (29) folgt schließlich als Bedingung für eine normale Reaktion der Leistungsbilanz

$$|n_x| + |n_m| > 1 + q + q'. \tag{30}$$

Unter Berücksichtigung des Terms-of-Trade-Effektes erfährt also die herkömmliche ‚*Marshall-Lerner*-Bedingung' eine Modifizierung dahingehend, daß sich der kritische Wert für eine normale Bilanzreaktion erhöht. Soll eine Wechselkursänderung erfolgreich sein, so müssen die absoluten Beträge aus inländischer und ausländischer Importpreiselastizität den Wert eins plus der Summe der marginalen Importquoten übersteigen.[22] Diese zentrale Aussage des *Harberger*schen Modells entspricht dem *Laursen-Metzler*-Fall, ist jedoch mit diesem nicht völlig identisch.

[20] Vgl. *Harberger* [71] S. 53. Die Symbolik wurde der vorliegenden Arbeit angepaßt. Vgl. Symbolverzeichnis.

[21] Der einzige Unterschied besteht darin, daß der hier angeführte Außenhandelsmultiplikator in bezug auf die Leistungsbilanz mit Hilfe marginaler Hortungsquoten formuliert wurde.

[22] *Harberger* [71] S. 53. Diese Stabilitätsbedingung gilt sowohl bei Bewertung in Inlands- als auch in Auslandswährung.

2.12 *Anschließende Kritik, insbesondere der Vorwurf teilweiser Geldillusion gegenüber Harberger*

Die Ausführungen *Laursens* und *Metzlers* über den Terms-of-Trade-Effekt, namentlich aber die Stabilitätsbedingung *Harbergers*, sind mehrfach kritisiert worden.

Wesentlicher Bestandteil der Stabilitätsbedingung von *Laursen* und *Metzler* sind die als positiv angenommenen partiellen Differentialquotienten

$$\frac{\partial A}{\partial w} \text{ und } \frac{\partial A'}{\partial w'},$$

die die Veränderung der Absorption, d. h. die Veränderung der Ausgaben für Konsum- und Investitionszwecke, aufgrund einer Wechselkursvariation anzeigen. Die hierzu von den Autoren gebotene Begründung beschränkt sich jedoch ausschließlich auf Veränderungen der Konsumausgaben, während Erläuterungen hinsichtlich potentieller wechselkursinduzierter Investitionsänderungen unterbleiben, ja, es ist noch nicht einmal sicher, ob *Laursen* und *Metzler* überhaupt eine Variation auch der Investitionsausgaben beabsichtigen. Unter diesem Gesichtspunkt erscheint es nur konsequent, (28a) in der von *J. Spraos* angeführten Variante unter Verwendung marginaler Sparquoten anstelle marginaler Hortungsquoten sowie unter Beschränkung auf wechselkursinduzierte Konsumausgabenänderungen zu formulieren:

$$|n_x| + |n_m| > 1 + \frac{q}{sm}\frac{\partial C}{\partial w} + \frac{q'}{s'm}\frac{\partial C'}{\partial w'} \quad (31)$$ [23]

Es handelt sich hierbei um eine verhältnismäßig allgemeine Stabilitätsbedingung mit den nicht näher – wie z. B. bei *Harberger* – spezifizierten partiellen Quotienten

$$\frac{\partial C}{\partial q} \text{ und } \frac{\partial C'}{\partial w'} .$$

Laursen und *Metzler* begnügen sich mit dem Hinweis, daß diese Größen wahrscheinlich positive Werte annehmen.

Indem im folgenden die zwischen der *Laursen-Metzler*schen und der *Harberger*schen Stabilitätsbedingung bestehenden Beziehungen aufgezeigt werden, lassen sich einige implizite Annahmen und Schwächen in *Harbergers* Modell herausarbeiten.

Zunächst einmal ist es möglich, den Wert der Konsumausgaben (C) in den Wert der Ausgaben für im Lande produzierte Güter ($^{+}p\ ^{+}Cr$; ^{+}p = Güterpreis, ^{+}Cr = Konsumgütermenge) und den Wert der Ausgaben für Importe ($p_m \cdot m$; p_m = Preis der Importgüter, m = Importgütermenge) aufzuspalten:

[23] Vgl. *Spraos* [196] S. 138. Das Symbol m gibt in der Formel die mengenmäßigen Importe an. Es ist mit dem Wert der Importe M, wie in (28a) verwendet, identisch, da Importgüterpreise in Höhe von eins unterstellt werden.

$$C = {}^+p \cdot {}^+Cr + p_m \cdot m \qquad (*)$$

Sowohl bei *Laursen* und *Metzler* als auch bei *Harberger* werden die Güterpreise und der Wechselkurs anfänglich so gewählt, daß sie den Wert eins annehmen. Somit kann für (*) auch $C = {}^+p \cdot {}^+Cr + w \cdot m = {}^+Cr + w \cdot m$[24] geschrieben werden, woraus sich durch Differentiation nach dem Wechselkurs

$$\frac{\partial C}{\partial w} = \frac{\partial {}^+Cr}{\partial w} + \frac{\partial m}{\partial w} + m \qquad (**)$$

ergibt. Die partiellen Ableitungen

$$\frac{\partial {}^+Cr}{\partial w} \text{ und } \frac{\partial m}{\partial w}$$

lassen sich gedanklich weiterhin in einen Einkommens- und in einen Substitutionseffekt zerlegen.[25] Eine Wechselkurserhöhung z. B. verteuert nämlich nicht nur die Importgüter eines Landes und senkt somit das Realeinkommen im Sinne des „real consumer income",[26] vielmehr können infolge hiermit verbundener relativer Preisverschiebungen auch Substitutionsvorgänge zwischen Importen und anderen Verwendungsmöglichkeiten des Volkseinkommens verbunden sein. Es ist üblich, diesen Realeinkommensverlust „by the extra money cost of purchasing the initial bundle of goods"[27] zu messen, wie es in *Harbergers* Modell geschehen ist. Der Verlust beträgt dann im vorliegenden Fall bei einer Änderung des Wechselkurses um eine Einheit $-m$. Via marginale Importquote ($\bar{q}$) und marginale Konsumquote ($\bar{c}$) werden daraufhin weniger Importgüter- und Konsumgüterkäufe in Höhe von $-\bar{q}m$ bzw. $-\bar{c}m$ getätigt. Die marginalen Quoten $\bar{q}$ und $\bar{c}$ beziehen sich im Gegensatz zu q und c auf durch Preisvariationen induzierte Realeinkommensänderungen, während letztere Einkommensvariationen bei konstanten Preisen zur Voraussetzung haben. Darüber hinaus umfaßt $\bar{c}$ nur die im Inland hergestellten Güter, nicht aber importierte Konsumprodukte. Werden ferner die zwischen ^+Cr und m möglichen Substitutionseffekte mit $\bar{S}_1$ und $\bar{S}_2$ bezeichnet, erhält man aus Gleichung (**)

$$\frac{\partial C}{\partial w} = -\bar{c}m + \bar{S}_1 - \bar{q}m + m + \bar{S}_2 \qquad \text{bzw.}$$

[24] Wegen der Annahme unendlich elastischen Güterangebots gilt stets $^+p = 1$. Änderungen des Importgüterpreises p_m sind aus diesem Grunde ausschließlich eine Folge von Wechselkursschwankungen, weshalb p_m in (*) durch w ersetzt werden kann.

[25] Vgl. hierzu S. 102, Fußn. 29.

[26] Vgl. S. 70.

[27] *Spraos* [196] S. 141.

$$\frac{\partial C}{\partial w} = (1-\bar{c}-\bar{q})m + \bar{S}_1 + \bar{S}_2 = \bar{s}m + \bar{S}_1 + \bar{S}_2. \qquad (***)$$

Hieraus wird ersichtlich, daß eine Substitution von (***) sowie des entsprechend lautenden ausländischen Ausdrucks in die *Laursen-Metzler*-Formel (31) nur dann zu der *Haberger*schen Stabilitätsbedingung (30) führt, wenn jeweils im In- und Ausland die beiden unterschiedlich definierten marginalen Sparquoten gleich groß sind und sich ferner die Substitutionseffekte $\bar{S}_1$ und $\bar{S}_2$ gerade zu null ergänzen.[28] Diese beiden Voraussetzungen sind Gegenstand der Kritik.

Importpreissteigerungen beeinflussen das Realeinkommen aller Wirtschaftssubjekte und wirken sich deshalb auf den einzelnen in weniger starkem Maße aus als z. B. Realeinkommensänderungen aufgrund von Beschäftigungsrückgängen, die das Einkommen der Betroffenen sehr drastisch ändern. Ist es im ersten Fall verhältnismäßig einfach, das einmal erreichte reale Konsumniveau durch Erhöhung der durchschnittlichen nominalen Konsumquote annähernd aufrecht zu erhalten, bleibt für beschäftigungslos gewordene Wirtschaftssubjekte – trotz etwaiger Unterstützungszahlungen – im allgemeinen nur die Möglichkeit einer stärkeren Einschränkung ihrer Gesamtausgaben. „In the reverse case people who, having been unemployed, had cut their consumption to the bone, will increase it quickly on re-employment, but those who have maintained their customary standard will be much less responsive to a fall of prices".[29] Aus diesem Grunde ist nach *Spraos* $\bar{s}$ wahrscheinlich numerisch größer als s, woraus sich eine Unterschätzung für den kritischen Wert der Preiselastizitäten durch *Harberger* ergibt.[30]

Auf die Möglichkeit sich nicht gerade kompensierender Substitutionseffekte macht *A. C. L. Day* aufmerksam.[31] Der Wert dauerhafter importierter Konsumgüter erhöht nämlich die Aktiva eines Wirtschaftssubjektes ebenso wie der Kauf zinstragender Wertpapiere.[32] Dauerhafte Konsumgüter und zinstragende Wertpapiere stehen also in einer Substitutionsbeziehung zueinander. Eine Wechselkursänderung wird daher über relative Preisverschiebungen einen Substitutionseffekt zwischen Konsumgüterausgaben und Ausgaben für Forderungsrechte induzieren, der im Fall einer Abwertung (Aufwertung) zugunsten vermehrten Sparens (Konsums) wirkt. Dieser Substitutionseffekt aber ist dem Einkommenseffekt einer Preisänderung entgegengerichtet, weshalb eine eindeutige Bestimmung des Terms-of-Trade-Effektes einer Abwertung nicht mehr möglich erscheint. Je nach Größe von Substitutions- und Einkommenseffekt

28 Vgl. *Spraos* [196] S. 141 und *Johnson* [86] S. 188.
29 *Spraos* [196] S. 142. Siehe auch *Spraos* [199] S. 276.
30 *Spraos* [196] S. 142.
31 *Day* [43] S. 64 ff.. Siehe auch *Machlup* [125] S. 182 f..
32 Vgl. *Day* [43] S. 66.

resultiert aus Gleichung (***) sowohl ein positives als auch ein negatives Vorzeichen für $\frac{\partial C}{\partial w}$. Unter der Voraussetzung eines positiven Substitutionseffektes bezüglich des Sparens aber wird der kritische Wert für eine normale Reaktion des Leistungsbilanzsaldos durch *Harberger* überschätzt.[33]

Gegen die Argumentation *Days* bezog *I. F. Pearce*[34] Stellung. Eine Importpreissteigerung vermindere nicht nur die Kaufkraft einer gegebenen Konsumsumme, sondern pari passu auch den Realwert des laufenden Sparens sowie den daraus fließenden realen Zinsertrag. Nach *Pearce* sprechen daher gewichtige Gründe vielmehr für einen Substitutionseffekt von null.[35]

Die in *Harbergers* Modell teilweise enthaltene Geldillusion bildet einen weiteren Ansatz zur Kritik. Bekanntlich ist das Verhalten der Wirtschaftssubjekte dann frei von Geldillusion, wenn eine proportionale Entwicklung der Güterpreise und des Nominaleinkommens die reale Nachfrage unverändert läßt. Anders jedoch bei *Harberger*: „Instead of this, however, it is implied . . . that the doubling of all prices and of income-minus-savings is what leaves demand unchanged".[36]

Eine einfache Möglichkeit, die in dem Modell vorhandene Geldillusion zu beseitigen, besteht darin, den Realeinkommensverlust einer Importpreiserhöhung nicht in Höhe der zusätzlichen Kosten des ursprünglich gekauften Güterbündels anzusetzen, sondern durch die „extra cost of buying the bundle which one could have bought at the initial prices had one spent *all* one's income in the same proportions as the bundle which one had actually bought at those prices"[37] auszudrücken. Der Realeinkommensverlust beträgt dann

$$(-m - \frac{m}{C} S)\, dw = -m\, (1 + \frac{S}{C})\, dw,$$

so daß man als modifizierte *Harberger*sche Stabilitätsbedingung erhält, sofern, wie bei *Pearce*, der Substitutionseffekt bezüglich des Sparens mit null angesetzt wird:

$$|n_x| + |n_m| > 1 + q \left[1 - (\frac{\bar{c} + \bar{q}}{\bar{s}}) \frac{S}{C}\right] + q' \left[1 - (\frac{\bar{c}' + \bar{q}'}{\bar{s}'}) \frac{S'}{C'}\right] \quad \text{[38]} \qquad (32)$$

[33] Vgl. *Spraos* [196] S. 143. Die Stabilitätsbedingung lautet dann

$$|n_x| + |n_m| > 1 + q \left[1 - \frac{\bar{S}_3}{\bar{s}m}\right] + q' \left[1 - \frac{\bar{S}_3'}{\bar{s}'m}\right],$$

wobei $\bar{S}_3$ und $\bar{S}_3'$ den Substitutionseffekt bezüglich des Sparens im In- und Ausland symbolisieren.

[34] *Pearce* [164] S. 147 ff.

[35] *Pearce* [164] S. 148.

[36] *Spraos* [196] S. 145.

[37] *Spraos* [196] S. 145.

[38] *Spraos* [196] S. 145.

Offensichtlich impliziert die *Harberger*sche Stabilitätsformel (30) ohne Eliminierung der Geldillusion eine Überschätzung des kritischen Wertes für die Summe der Importpreiselastizitäten. Darüber hinaus sind aus obiger Formel zwei weitere Implikationen ersichtlich:[39] 1. Die ursprüngliche Form des *Harberger*schen Modells ist dann frei von Geldillusion, wenn die marginalen Sparquoten $\bar{s}$ und $\bar{s}'$ den Wert eins annehmen. In diesem Fall gilt $\bar{c} + \bar{q} = \bar{c}' + \bar{q}' = 0$ und (32) reduziert sich zu (30). 2. In dem von Geldillusion bereinigten Modell ist der Terms-of-Trade-Effekt einer Abwertung nicht wirksam, wenn in jedem Land das Durchschnittsverhältnis von Sparen zu Konsumausgaben (incl. importierte Konsumgüter) gleich dem korrespondierenden marginalen Verhältnis ist. (32) geht unter dieser Voraussetzung wegen

$$\left(\frac{\bar{c} + \bar{q}}{\bar{s}}\right)\frac{S}{C} = \left(\frac{\bar{c}' + \bar{q}'}{\bar{s}'}\right)\frac{S'}{C'} = 1$$

in die bekannte ‚*Marshall-Lerner*-Bedingung' über.

Der zuerst durch *Spraos* erwähnte und hier dargestellte Fall der Geldillusion berücksichtigt zwar Realeinkommensverluste aus laufendendem Sparen, läßt aber Realwertminderungen akkumulierter Sparbeträge weiterhin unbeachtet.[40] Ihre Berücksichtigung würde zu einer erneuten Modifizierung der Stabilitätsbedingungen führen. Unabhängig davon ist der *Spraos*sche Vorwurf der Geldillusion nicht ganz unproblematisch, setzt er doch positives laufendes Sparen voraus. *Harberger* argumentiert – zumindest explizit – an keiner Stelle seiner Abhandlung mit Investitionsgütern. Es liegt deshalb die Vermutung nahe, daß sich sein Modell ausschließlich auf die Existenz von Konsumgütern beschränkt.[41] Wird nun gleichzeitig auch noch – wie bei *Harberger* – eine anfänglich ausgeglichene Leistungsbilanz unterstellt, so muß offensichtlich das gesamte Einkommen auch tatsächlich verausgabt werden. Das laufende Sparen ist null und der Vorwurf teilweiser Geldillusion daher nicht gerechtfertigt, weil in diesem Fall der gesamte Realeinkommensverlust und die Kaufkraftminderung der Konsumausgaben gleich groß sind. Andererseits ist auch die *Spraos*sche Interpretation des Modells nicht völlig auszuschließen. *Harbergers* Ausgabenfunktionen enthalten jeweils ein absolutes Glied, das sowohl für autonome, d. h. modellexogen determinierte Konsum- als auch für autonome Investitionsausgaben stehen könnte.[42] Sind aber derartige Investitionen zugelassen, kann das laufende Sparen nicht mehr null sein. Es besteht Geldillusion bezüglich des nicht für Konsumgüterzwecke verausgabten Einkommensteiles, der bei der Berechnung des Realeinkommensverlustes in *Harbergers* Modell vernachlässigt wird und tendenziell

39 Vgl. *Spraos* [196] S. 145, Fußn. 2 und S. 146 sowie *Pearce* [164] S. 148 f..
40 Vgl. *Pearce* [164] S. 150.
41 Vgl. z. B. *Harberger* [71] S. 50, Fußn. 8 und *Woll* [225] S. 99 sowie *Johnson* [86] S. 188 f., Fußn. 33.
42 Vgl. *Harberger* [71] S. 52.

eine Überbewertung des Terms-of-Trade-Effektes in der Stabilitätsbedingung für den Leistungsbilanzsaldo bewirkt.

In einem „Comment" zu den Ausführungen *Laursens* und *Metzlers* kritisiert *W. H. White*[43] die Annahme einer mit steigendem Realeinkommen fallenden durchschnittlichen Konsumquote. Diese sei langfristig vielmehr konstant anzunehmen. Dann aber sind marginale und durchschnittliche Konsumquoten einander gleich, so daß eine Beeinflussung der Relation zwischen Konsumausgaben und Sparen durch die Terms-of-Trade unterbleibt.[44] Darüber hinaus ist *White* hinsichtlich einer größeren Bedeutung des Terms-of-Trade-Effektes skeptisch.[45] So würde z. B. eine Verschlechterung des Realaustauschverhältnisses um 5 % bei einer durchschnittlichen Importquote von 30 % eine Abnahme des Realeinkommens um nur 1,5 % bewirken.[46] In ihrer Antwort auf diese Einwände haben *Laursen* und *Metzler* den von ihnen gewählten Verlauf der Konsumfunktion zumindest für kürzere Zeiträume verteidigt, hinsichtlich der Größenordnung des Terms-of-Trade-Effektes aber *White* zugestimmt.[47]

Den Modellen von *Harberger* und *Laursen* und *Metzler* ist die Nicht-Beachtung möglicher Beziehungen zwischen Investitionsausgaben und Terms-of-Trade-Änderungen gemeinsam. In beiden Abhandlungen findet sich lediglich eine Begründung für die Variation der Konsumausgaben. Somit sind Investitionsausgaben – soweit in den Modellen enthalten – als in bestimmter Höhe exogen vorgegeben und unabhängig vom jeweiligen Stand des Realaustauschverhältnisses anzunehmen. Das hiermit verbundene Problem, inwieweit Veränderungen in den Terms-of-Trade das Investitionsniveau beeinflussen, muß jedoch solange von untergeordneter Bedeutung bleiben, bis das Verhältnis von Abwertung und Terms-of-Trade-Änderung eindeutig geklärt ist. In der Literatur gehen hierzu die Auffassungen auseinander, wenngleich auch eine Vielzahl von Autoren eine Verschlechterung der Terms-of-Trade für die wahrscheinlichere Folge hält.[48] Immerhin aber ist die Möglichkeit unverändert bleibender oder sich sogar verbessernder Terms-of-Trade nicht auszuschließen.

Harberger sowie *Laursen* und *Metzler* unterstellen in ihren Modellen ein unendlich elastisches Güterangebot und damit konstante Angebotspreise. In diesem Fall bleiben die Exportpreise des abwertenden Landes in eigener Währung gemessen unverändert, während die Importpreise um den Prozentsatz der Wechselkurserhöhung steigen. Mithin verschlechtert sich das Realaustauschverhältnis mit Sicherheit. Das ist anders, wenn auch die Angebotspreise variieren. Die Terms-of-Trade verschlechtern sich nämlich, bleiben konstant oder ver-

43 *White* [224] S. 225 ff..
44 Vgl. die Erläuterungen zu Formel (32).
45 Vgl. *White* [224] S. 228.
46 Vgl. *Rose* [179] S. 164.
47 *Laursen/Metzler* [113] S. 228 f..
48 Vgl. z. B. die Zusammenstellung verschiedener Auffassungen bei *Machlup* [126] S. 195 ff.

bessern sich für das abwertende Land, je nachdem, ob $e_x \, e_m \gtreqless n_x \, n_m$ gilt.[49] Zur Bestimmung der Terms-of-Trade-Reaktion einer Wechselkursänderung kommt es also auf die Relation zwischen den Preiselastizitäten des Exportangebots und den Preiselastizitäten der Importnachfrage im In- und Ausland an. Diese Beziehung gilt streng genommen nur unter den restriktiven Annahmen des einfachen „Elasticities-Approach“. Werden auch Preisvariationen aufgrund des Einkommenseffektes einer Devalvation beachtet, d. h. Verschiebungen der Nachfragekurven zugelassen, erfährt die auf *J. Robinson* zurückgehende Formel z. T. erhebliche Modifizierungen.[50]

Als Ergebnis dieses Abschnittes kann somit folgendes festgehalten werden: Die Wirkungsweise des von *Harberger* und *Laursen* und *Metzler* eingeführten Terms-of-Trade-Effektes ist in der Literatur umstritten. Es ist ungewiß, ob sich das Realaustauschverhältnis infolge einer Abwertung tatsächlich verschlechtert, sieht man von dem Fall völlig elastischen Angebots ab. Wenn dieser Effekt dennoch in den weiteren Modellen berücksichtigt wird, dann aus dem Grunde, daß seine Existenz trotz verschiedener Einwände zumindest nicht a priori auszuschließen ist und daß er in der Literatur verhältnismäßig starke Beachtung gefunden hat.

2.2 Ableitung der wichtigsten modifizierten Stabilitätsbedingungen und Reaktionsgleichungen der Leistungsbilanz

Der in Kapitel II behandelte (einfache) „Elasticities-Approach“ formuliert die Bedingungen einer normalen Reaktion der Leistungsbilanz aufgrund von Wechselkursänderungen mit Hilfe der partiellen Preiselastizitäten des Angebots und der Nachfrage. Gerade hieran setzt die Kritik des „Absorption-Approach“ an, indem auf die Bedeutung wechselkursinduzierter Einkommensvariationen für die Stabilität der Bilanz verwiesen wird. Eine besondere Variante dieses Einkommenseffektes bildet der im vorhergegangenen Abschnitt dargestellte Terms-of-Trade-Effekt. In den folgenden Ausführungen soll nun eine Übersicht der wichtigsten Modifikationen gegeben werden, die die Stabilitätsbedingungen des einfachen „Elasticities-Approach“ erfahren, wenn auch die beiden letztgenannten Effekte Berücksichtigung finden.[51] Hierauf wurde teilweise bereits in früheren Abschnitten der Arbeit eingegangen. Darüber hinaus sollen aber auch die Bedingungen wechselkursinduzierter Nominal- und Realeinkommensänderungen bestimmt und mit der Bedingung für den Leistungsbilanzsaldo verglichen werden. Auf diese Weise läßt sich eine Aussage darüber treffen, inwieweit Leistungsbilanzsaldo sowie Nominal- und Realeinkommen infolge einer Devalvation gleichsinnig reagieren oder nicht. Vereinfachend wird dabei im

49 Vgl. *Robinson* [176] S. 163, Fußn. 1. Siehe ferner *Haberler* [66] S. 239 ff..
50 Vgl. z. B. *Kennedy* [97] S. 28 ff..
51 Vgl. hierzu *Jones* [90] S. 74 ff..

weiteren eine Gleichheit der marginalen Sparquoten bei preis- und output-induzierten Realeinkommensänderungen unterstellt.[52]

2.21 *Unendlich elastisches Güterangebot*

2.211 Anfänglich ausgeglichene Bilanz

Ausgegangen sei von den Einkommensbestimmungsgleichungen

$$Y = C\,(Y,w) + I + w\,Ba\,(Y, Y',w) \tag{33}$$
$$Y' = C'\,(Y',w) + I' - Ba\,(Y,Y',w) \tag{34}$$

sowie der Gleichung für den inländischen Leistungsbilanzsaldo in Auslandswährung

$$Ba = Xa\,(Y',\frac{1}{w}) - Ma\,(Y,w) = M'\,(Y',\frac{1}{w}) - \frac{1}{w}\,M\,(Y,w)\,. \tag{35}$$

Die Nettoinvestitionen werden als modellexogen determiniert betrachtet. Ferner seien die Güterpreise bei völlig elastischem Angebot im In- und Ausland sowie der Wechselkurs vor der Abwertung in Höhe von eins vorgegeben. Vereinfachend sollen Exporte und Importe nur aus Konsumgütern bestehen.[53]

Differentiation obiger Gleichungen nach w führt dann zu [54,55]

$$(s+q)\,\dot{Y} - q'\,\dot{Y}' = Xa\,(|n_m| + |n_x| - 1) + \frac{\partial C}{\partial w} \tag{33a}$$

$$-\,q\dot{Y} + (s'+q')\,\dot{Y}' = -Xa\,(|n_m| + |n_x| - 1) + \frac{\partial C'}{\partial w} \tag{34a}$$

$$\dot{Ba} = Xa\,(|n_m| + |n_x| - 1) + (q'\,\dot{Y}' - q\dot{Y}). \tag{35a}$$

In den partiellen Ableitungen $\frac{\partial C}{\partial w}$ und $\frac{\partial C'}{\partial w}$

52 Bei Abweichung von dieser Voraussetzung implizieren die angegebenen Reaktionsgleichungen und Bedingungen tendenziell eine Unterschätzung für die erforderliche Summe der Preiselastizitäten. Vgl. die Ausführungen des vorangegangenen Abschnittes.

53 *Jones* [90], dessem Ansatz hier gefolgt wird, der jedoch lediglich die in Auslandswährung bewertete Leistungsbilanz untersucht, bringt diese Einschränkung nicht klar genug zum Ausdruck.

54 Zur Vermeidung eventueller Verwechselungen mit sich auf das Ausland beziehenden Größen, die durch ein Apostroph gekennzeichnet sind, werden die ersten Ableitungen nach dem Wechselkurs mit einem Punkt über dem entsprechenden Symbol geschrieben.

55 Eine ausführliche Ableitung der in diesem Abschnitt gebotenen formalen Beziehungen befindet sich im mathematischen Anhang Teil b1).

kommt wiederum der Terms-of-Trade-Effekt zum Ausdruck. Er beruht, wie weiter oben betont wurde, auf der Annahme einer zunehmenden durchschnittlichen realen Konsumquote $(\frac{Cr}{Yr})$ bei fallendem Realeinkommen (Yr), weshalb die Konsumausgaben (C) trotz gegebenen Nominaleinkommens $(\bar{Y})$ infolge preisinduzierter Realeinkommensminderung steigen. Für das Inland besteht daher die Beziehung

$$C = \frac{Cr\,[Yr\,(p,p'w,Y)]}{Yr\,(p,p'w,Y)}\,\bar{Y}. \quad (36)$$ [56]

p und p' kennzeichnen die Preise der im In- bzw. Ausland produzierten und dort entweder verbleibenden oder zum Teil exportierten Güter.[57] Die Funktion $Yr = Yr\,(p,p'w,X)$ sei homogen vom Grade null in allen ihren Argumenten, was dem Umstand Rechnung trägt, daß z. B. eine Verdoppelung aller Preise sowie des Nominaleinkommens das Realeinkommen unverändert läßt. Ferner gelte $\frac{\partial Yr}{\partial Y} = 1$. Eine Verdoppelung des Nominaleinkommens verdoppelt bei konstanten Preisen auch das Realeinkommen.[58]

Differentiation von (36) nach dem Wechselkurs und Beachtung, daß in der Ausgangssituation $Yr = Y$ wegen $p = p' = w = 1$ gilt, ergibt

$$\frac{\partial C}{\partial w} = \frac{dCr}{dYr}\,\frac{\partial Yr}{\partial w} - \frac{Cr}{Yr}\,\frac{\partial Yr}{\partial w} = \left[\frac{Cr}{Yr} - \frac{dCr}{dYr}\right]\left[-\frac{\partial Yr}{\partial w}\right]. \quad (37)$$ [59]

Ferner erhält man bei Anwendung des *Euler*schen Theorems[60] auf $Yr = Yr\,(p,p'w,Y)$:

$$\frac{\partial Yr}{\partial p}\,p + \frac{\partial Yr}{\partial (p'w)}\,p'w + \frac{\partial Yr}{\partial Y}\,Y = \frac{\partial Yr}{\partial p} + \frac{\partial Yr}{\partial (p'w)} + Yr = 0 \quad (38)$$

Ausgehend von der Annahme, daß der Realeinkommensverlust infolge einer Preissteigerung bei gegebenem Nominaleinkommen dem ursprünglichen Verbrauch des Gutes proportional ist, läßt sich bei entsprechender Bestimmung des Proportionalitätsfaktors (k) Geldillusion hinsichtlich des laufenden Sparens vermeiden:

[56] Vgl. *Jones* [90] S. 76.

[57] Das impliziert die gedankliche Zusammenfassung der exportierten und im Lande verbleibenden Güter zu einem homogenen Gut mit einheitlichem Preis.

[58] Vgl. *Jones* [90] S. 78.

[59] Es ist $\frac{\partial C}{\partial w} = \frac{\frac{dCr}{dYr}\,\frac{\partial Yr}{\partial w}\,Yr - Cr\,\frac{\partial Yr}{\partial w}}{Y^2 r}\,\bar{Y}$, woraus (37) unmittelbar folgt.

[60] Vgl. *Allen* [11] S. 329 ff..

$$\frac{\partial Yr}{\partial(p'w)} = \frac{\partial Yr}{\partial w} = -k\,x'; \quad \frac{\partial Yr}{\partial p} = -k\,z$$

x' = Exportmenge des Auslandes an Konsumgütern (= inländische Importmenge).
z = Menge der im Inland produzierten und konsumierten Güter.

Unter Zuhilfenahme von (38) folgt dann $k = \frac{Yr}{z+x'} = \frac{Yr}{Cr}$[61] und somit

$$\frac{\partial Yr}{\partial w} = -\frac{x'}{Cr/Yr}\,. \tag{*}$$

Substitution von (*) in (37) liefert die Bestimmungsgleichung für den inländischen Terms-of-Trade-Effekt in der Form[62]

$$\frac{\partial C}{\partial w} = [1-Er]\,x' \tag{39}$$

mit Er als der inländischen Realeinkommenselastizität des Konsums.

Auf entsprechendem Wege ergibt sich für den ausländischen Terms-of-Trade-Effekt

$$\frac{\partial C'}{\partial w} = -[1-E'r]\,x. \tag{40}$$

x = inländische Exportmenge
E'r = ausländische Realeinkommenselastizität des Konsums.

Einsetzen von (39) in (33a) und (40) in (34a) führt zu der Matrizengleichung

$$\begin{bmatrix} (s+q) & -q' \\ -q & (s'+q') \end{bmatrix} \begin{bmatrix} \dot{Y} \\ \dot{Y}' \end{bmatrix} = \begin{bmatrix} Xa\,(|n_m| + |n_x| - Er) \\ -Xa\,(|n_m| + |n_x| - E'r) \end{bmatrix}$$ [63]

mit der Systemdeterminante

$$D = ss' + sq' + s'q$$

[61] Wegen Yr > Cr ist der Proportionalitätsfaktor k > 1. Hierin kommt zum Ausdruck, daß der Realeinkommensverlust infolge einer Preiserhöhung wegen der Existenz laufenden Sparens größer angesetzt wird als der Kaufkraftrückgang bei den Konsumausgaben ausmacht. In dem Modell von *Harberger* wäre k = 1 zu setzen (vgl. hierzu S. 70, Annahme 6 zu *Harbergers* Modell). Geldillusion liegt deshalb bei *Harberger* nur dann nicht vor, wenn die Wirtschaftssubjekte ihre Einkommen voll für Konsumgüterzwecke verausgaben. Vgl. auch die Bemerkungen zur Eliminierung der Geldillusion S. 118 ff..

[62] Vgl. *Jones* [90] S. 79.

[63] Bei der Bestimmung dieser Gleichung ist zu beachten, daß wegen p = p' = w = 1 und Ma = Xa die Beziehung x = x' = X = Xa besteht.

und den Lösungen für die wechselkursinduzierten Nominaleinkommensänderungen[64]

$$\dot{Y} = \frac{s'Xa}{D}\left[|n_m| + |n_x| - K_Y\right] \tag{41}$$

$$K_Y = Er + \frac{q'}{s'}(Er - E'r)$$

$$\dot{Y}' = -\frac{sXa}{D}\left[|n_m| + |n_x| - K_{Y'}\right] \tag{42}$$

$$K_{Y'} = E'r - \frac{q}{s}(Er - E'r)$$

K_Y und $K_{Y'}$ sind „kritische Werte", die von der Summe der absolut genommenen Importpreiselastizitäten übertroffen werden müssen, damit das inländische Volkseinkommen aufgrund einer Abwertung zunimmt und das ausländische abnimmt.

Abermalige Substitution von (41) und (42) in (35a) ergibt schließlich die Reaktionsgleichung für den inländischen Leistungsbilanzsaldo in Auslandswährung[65]

$$\dot{B}a = \frac{ss'Xa}{D}\left[|n_m| + |n_x| - K_{Ba}\right] \tag{43}$$

$$K_{Ba} = 1 + \frac{q}{s}(1-Er) + \frac{q'}{s'}(1-E'r)$$

mit der Stabilitätsbedingung

$$|n_m| + |n_x| > K_{Ba}. \tag{44}$$

Schreibt man (43) ausführlich in der Form

$$\dot{B}a = \frac{ss'}{D}\left\{ Xa\,(|n_m| + |n_x| - 1) - Xa\left[\frac{q}{s}(1-Er) + \frac{q'}{s'}(1-E'r)\right]\right\},$$

werden folgende Teileffekte ersichtlich:

$Xa\,(|n_m| + |n_x| - 1)$: Reiner Preiseffekt einer Abwertung bei partieller Betrachtung (*Marshall-Lerner*-Fall)

64 Vgl. *Jones* [90] S. 79.
65 Vgl. *Jones* [90] S. 79.

$\frac{ss'}{D}$ Xa ($|n_m| + |n_x| - 1$): Kombiniertes Zusammenwirken von Preis- und Einkommenseffekt ohne Terms-of-Trade-Effekt

$\frac{ss'}{D}$ Xa $\left[\frac{q}{s}(1-Er) + \frac{q'}{s'}(1-E'r)\right]$: Terms-of-Trade-Effekt einer Abwertung auf den Leistungsbilanzsaldo. Dieser ist bei Er = E'r = 1 null, d. h., die Konsumfunktionen des In- und Auslandes verlaufen durch den Ursprung des Koordinatensystems.[66,67]

Zwischen den kritischen Werten K_Y, $K_{Y'}$ und K_{Ba} bestehen die Beziehungen[68]

$$K_Y = K_{Ba} - \frac{D}{ss'}(1-Er) \quad (45)$$

[69]

und

$$K_{Y'} = K_{Ba} - \frac{D}{ss'}(1-E'r). \quad (46)$$

Er und E'r sind bei vorhandenem Terms-of-Trade-Effekt positiv und kleiner als eins. Ebenfalls positiv ist im Normalfall $\frac{D}{ss'}$.
Aus diesem Grunde bewirkt eine inländische Devalvation, die den Leistungsbilanzsaldo erhöht, stets auch eine Steigerung des inländischen und eine Verminderung des ausländischen Volkseinkommens.[70] Das gilt jedoch nicht unbedingt für die Realeinkommen (Yr, Y'r) in beiden Ländern, deren wechselkursinduzierte Veränderungen durch die Gleichungen[71,72]

$$\dot{Y}r = \frac{s'Xa}{D}\left[|n_m| + |n_x| - K_{Yr}\right] \quad (47)$$

$$K_{Yr} = Er\left(1 + \frac{D}{s'(1-s)}\right) + \frac{q'}{s'}(Er - E'r)$$

66 In Anlehnung an *White* [224] unterstellt *Jones* langfristig einen Terms-of-Trade-Effekt von null. Vgl. *Jones* [90] S. 76 f..

67 $\frac{ss'}{D}$ ist der Außenhandelsmultiplikator in bezug auf die Leistungsbilanz. Vgl. z. B. *Rose* [179] S. 143.

68 Vgl. *Jones* [90] S. 79.

69 Es ist $K_Y - K_{Ba} = Er + \frac{q'}{s'}Er - \frac{q'}{s'}E'r - 1 - \frac{q}{s} + \frac{q}{s}Er - \frac{q'}{s'} + \frac{q'}{s'}E'r$

$$K_Y = K_{Ba} - \left(1 + \frac{q}{s} + \frac{q'}{s'}\right)(1 - Er)$$

$$K_Y = K_{Ba} - \frac{D}{ss'}(1 - Er)$$

Die Ableitung von (46) geschieht entsprechend.

70 Unter der getroffenen Annahme völlig elastischen Güterangebots kommen diese Einkommensvariationen ausschließlich aufgrund von Output- und Beschäftigungsänderungen zustande.

71 Vgl. *Jones* [90] S. 79.

72 Zur Ableitung siehe mathematischer Anhang, Teil b2).

und

$$\dot{Y}'r = -\frac{sXa}{D}\,[\,|n_m| + |n_x| - K_{Y'r}\,]^{73} \qquad (48)$$

$$K_{Y'r} = E'r\,(1 + \frac{D}{s\,(1-s')}) - \frac{q}{s}\,(Er - E'r)$$

angegeben werden. Ein Vergleich der kritischen Werte K_{Yr} und $K_{Y'r}$ mit K_{Ba} führt nämlich zu den Relationen[74]

$$K_{Yr} = K_{Ba} + \frac{D}{ss'}\,\frac{S}{C} \qquad (49)$$

und

$$K_{Y'r} = K_{Ba} + \frac{D}{ss'}\,\frac{S'}{C'}. \qquad (50)$$

Solange das volkswirtschaftliche Sparen größer als null ist, bedeutet also eine inländische (ausländische) Leistungsbilanzverbesserung (-verschlechterung) nicht unbedingt auch eine Realeinkommenssteigerung (-senkung), da die sich auf die Realeinkommen beziehenden kritischen Werte für die Preiselastizitäten der Importnachfrage einen um $\frac{D}{ss'}\frac{S}{C}$ bzw. $\frac{D}{ss'}\frac{S'}{C'}$ höheren Betrag voraussetzen als der kritische Wert für eine normale Reaktion der inländischen Leistungsbilanz in Auslandswährung. Der Unterschied zu den Erläuterungen von (45) und (46) läßt sich dadurch erklären, daß die mit einer erfolgreichen Abwertung notwendig verbundene inländische (ausländische) Nominaleinkommenssteigerung (-senkung) bei völlig elastischem Güterangebot zwar identisch mit einer Zunahme (Abnahme) des inländischen (ausländischen) realen Volkseinkommens ist, diese Zunahme (Abnahme) aber durch die entgegengesetzt gerichtete Wirkung des Terms-of-Trade-Effektes unter Umständen kompensiert werden kann, weshalb eine Bilanzverbesserung (-verschlechterung) nicht in jedem Fall auch mit einer gleichgerichteten Realeinkommensänderung gekoppelt sein muß.

Die in diesem Abschnitt behandelten Beziehungen erfahren keine Modifikation, wenn die inländische Leistungsbilanz anstatt in Auslandswährung in Inlandswährung bewertet wird.[75]

73 $K_{Y'r}$ ist hier der kritische Wert, den die Summe der absoluten Beträge der Importpreiselastizitäten übersteigen muß, damit das ausländische Realeinkommen aufgrund einer inländischen Abwertung sinkt.

74 Vgl. *Jones* [90] S. 79 und mathematischer Anhang, Teil b3).

75 Aus rein formalen Gründen wären lediglich die Symbole Xa durch X und Ba durch B zu ersetzen.

2.212 Anfänglicher Bilanzsaldo

2.2121 Bewertung in Auslandswährung

Werden die Stabilitätsbedingungen der Leistungsbilanz unter der Voraussetzung eines vor der Wechselkursvariation vorhandenen Bilanzsaldos untersucht, so ist zwischen der Bewertung in Inlands- und Auslandswährung zu unterscheiden. Bei Bewertung in ausländischer Währung erhält man als Reaktionsgleichung für den Leistungsbilanzsaldo

$$\dot{B}a = \frac{ss'Xa}{D} \left[u|n_m| + |n_x| - K_{Ba}\right] \quad (51)$$

[76]

$$K_{Ba} = 1 + \frac{q}{s}(1-uEr) + \frac{q'}{s'}(1-E'r)$$

mit der Stabilitätsbedingung

$$u|n_m| + |n_x| > K_{Ba} \quad (52)$$

sowie die Gleichungen für die wechselkursinduzierten Veränderungen von Nominal- und Realeinkommen:

$$\dot{Y} = \frac{s'Xa}{D} [u|n_m| + |n_x| - K_Y] \quad (53)$$

$$K_Y = uEr + \frac{q'}{s'}(uEr - E'r)$$

$$\dot{Y}' = -\frac{sXa}{D} [u|n_m| + |n_x| - K_{Y'}] \quad (54)$$

$$K_{Y'} = E'r - \frac{q}{s}(uEr - E'r)$$

$$\dot{Y}r = \frac{s'Xa}{D} [u|n_m| + |n_x| - K_{Yr}] \quad (55)$$

$$K_{Yr} = uEr\left(1+\frac{D}{s'(1-s)}\right) + \frac{q'}{s'}(uEr-E'r)$$

$$\dot{Y}'r = -\frac{sXa}{D} [u|n_m| + |n_x| - K_{Y'r}] \quad (56)$$

$$K_{Y'r} = E'r\left(1+\frac{D}{s(1-s')}\right) - \frac{q}{s}(uEr-E'r)$$

[76] Vgl. *Jones* [90] S. 79 f..

u bestimmt das Verhältnis von Importwert zu Exportwert und ist bei vorhandenem Leistungsbilanzdefizit größer als eins.

Aus obigen Gleichungen folgen die Relationen zwischen den kritischen Werten K_Y, $K_{Y'}$ und K_{Ba}:

$$K_Y = K_{Ba} - \frac{D}{ss'} (1 - uEr) \tag{57}$$

$$K_{Y'} = K_{Ba} - \frac{D}{ss'} (1 - E'r) \tag{58}$$

Das inländische Volkseinkommen nimmt jetzt gemäß (57) und im Unterschied zu (45) nicht mehr notwendig mit dem Leistungsbilanzsaldo zu. Ist nämlich $uEr > 1$,[77] wächst K_Y über K_{Ba} hinaus. Voraussetzung hierfür ist ein anfänglich vorhandenes Defizit, da Er bei völliger Abwesenheit des Terms-of-Trade-Effektes seinen maximalen Wert in Höhe von eins erreicht und obige Ungleichung somit andernfalls nicht erfüllt werden kann. Das Nominaleinkommen sinkt dann in all den Fällen trotz Bilanzverbesserung[78], in denen zwar der kritische Wert K_{Ba} überschritten wird, die Preiselastizitäten aber andererseits nicht ausreichend groß sind, um auch den Wert K_Y zu übertreffen. Diese Situation ist durch eine positive Wechselkurselastizität des Leistungsbilanzsaldos in Auslandswährung bei gleichzeitig negativer Wechselkurselastizität des Leistungsbilanzsaldos in Inlandswährung gekennzeichnet.[79] Das ausländische Volkseinkommen hingegen sinkt stets bei einer erfolgreichen inländischen Abwertung. (58) ist mit (46) identisch.

Unverändert gegenüber dem Fall einer anfänglich ausgeglichenen Leistungsbilanz bleibt das Verhältnis von $K_{Y'r}$ zu K_{Ba} – es gilt weiterhin Gleichung (50) –, während Beziehung (49) eine leichte Modifikation erfährt und zu

$$K_{Yr} = K_{Ba} + \frac{D}{ss'} \left(\frac{uY-C}{C}\right) \tag{59}$$

wird. An der Feststellung, daß sich Realeinkommen und Bilanzsaldo sowohl gleichsinnig als auch einander entgegengesetzt entwickeln können, ändert sich jedoch nichts.[80]

[77] Diese Bedingung ist bei Abwesenheit des Terms-of-Trade-Effektes (Er=1) und vorhandenem Leistungsbilanzdefizit ($u > 1$) stets erfüllt. Ist der Terms-of-Trade-Effekt wirksam ($Er < 1$), muß das Defizit um so größer sein, je stärker dieser ausfällt, soll die Ungleichung weiterhin bestehen.

[78] Vgl. *Hirschman* [81] S. 53.

[79] Vgl. Abschnitt II, 3.3.

[80] Zur Herleitung obiger Formeln siehe Teil b4) im mathematischen Anhang.

2.2122 Bewertung in Inlandswährung

Wird als Bewertungsmaßstab die inländische Währung zugrunde gelegt, gelten folgende Reaktionsgleichungen und kritischen Werte:

$$\dot{B} = \frac{ss'M}{D} \left[|n_m| + \frac{1}{u} |n_x| - K_B \right] \tag{60}$$

$$K_B = 1 + \frac{q}{s}(1 - Er) + \frac{q'}{s'}\left(1 - \frac{1}{u} E'r\right)$$ [81]

mit der Stabilitätsbedingung $|n_m| + |n_x| > K_B$.

$$\dot{Y} = \frac{s'M}{D} \left[|n_m| + \frac{1}{u} |n_x| - K_Y \right] \tag{61}$$

$$K_Y = Er + \frac{q'}{s'}\left(Er - \frac{1}{u} E'r\right)$$

$$\dot{Y}' = \frac{-sM}{D} \left[|n_m| + \frac{1}{u} |n_x| - K_{Y'} \right] \tag{62}$$

$$K_{Y'} = \frac{1}{u} E'r - \frac{q}{s}\left(Er - \frac{1}{u} E'r\right)$$

$$\dot{Y}r = \frac{s'M}{D} \left[|n_m| + \frac{1}{u} |n_x| - K_{Yr} \right] \tag{63}$$

$$K_{Yr} = Er\left(1 + \frac{D}{s'(1-s)}\right) + \frac{q'}{s'}\left(Er - \frac{1}{u} E'r\right)$$

$$\dot{Y}'r = \frac{-sM}{D} \left[|n_m| + \frac{1}{u} |n_x| - K_{Y'r} \right] \tag{64}$$

$$K_{Y'r} = \frac{1}{u} E'r\left(1 + \frac{D}{s(1-s')}\right) - \frac{q}{s}\left(Er - \frac{1}{u} E'r\right)$$

Die Beziehungen zwischen den kritischen Werten lauten:

$$K_Y = K_B - \frac{D}{ss'}(1 - Er) \tag{65}$$

$$K_{Y'} = K_B - \frac{D}{ss'}\left(1 - \frac{1}{u} E'r\right) \tag{66}$$

[81] u gibt wiederum das Verhältnis von Importwert zu Exportwert an.

$$K_{Y_r} = K_B + \frac{D}{ss'} \frac{S}{C} \tag{67}$$

$$K_{Y'_r} = K_B + \frac{D}{ss'} \left(\frac{\frac{1}{u} Y' - C'}{C'} \right) \tag{68}$$

Das inländische Volkseinkommen nimmt wiederum – wie unter der Voraussetzung einer anfänglich ausgeglichenen Bilanz – mit wachsendem Leistungsbilanzsaldo zu. K_Y ist aufgrund von (65) immer kleiner als K_B, im Grenzfall, d. h. bei Vernachlässigung des Terms-of-Trade-Effekts, wodurch Er den Wert eins annimmt, gleich K_B. Im Unterschied hierzu sinkt das ausländische Volkseinkommen nicht mehr notwendig - wie nach Gleichung (46) - aufgrund einer erfolgreichen inländischen Abwertung. Ist nämlich u in (66) hinreichend klein, steigt $K_{Y'}$ über K_B hinaus. Eine Verbesserung der Leistungsbilanz in Inlandswährung kann dann mit einem Anstieg des ausländischen Volkseinkommens einhergehen. Das aber bedeutet eine gleichzeitige Verschlechterung der inländischen Bilanz in Auslandswährung. Allerdings kann dieser unrealistische Grenzfall nur dann eintreten, wenn sich das Inland trotz aktiver Leistungsbilanz zu einer Abwertung entschließt. Nur unter dieser Voraussetzung ist $u<1$ und somit $\frac{1}{u}$Er unter Umständen groß genug, so daß $K_{Y'}$, der kritische Wert bezüglich einer Senkung des ausländischen Volkseinkommens, K_B übertrifft.

Hinsichtlich des Verhältnisses von Realeinkommensänderung und Änderung des Bilanzsaldos gilt weiterhin – trotz der leichten Modifikation in (68) gegenüber (50) –, daß eine inländische Leistungsbilanzverbesserung mit steigendem und mit fallendem Realeinkommen in beiden Ländern verbunden sein kann, da beide kritischen Werte K_{Y_r} und $K_{Y'_r}$ in (67) und (68) über K_B liegen und somit die Möglichkeit einer Erfüllung von K_B, nicht aber unbedingt auch von K_{Y_r} und $K_{Y'_r}$ besteht.[82]

2.22 Bemerkungen zur Formulierung der Stabilitätsbedingungen und Reaktionsgleichungen bei endlich elastischem Angebot.

Eine fundamentale Voraussetzung für die Angabe obiger Gleichungen besteht in der Annahme völlig elastischen Güterangebots. Output und Volkseinkommen variieren bei konstanten Preisen. Unter diesen Gegebenheiten wird es

[82] Zu beachten ist, daß es sich in den Abschnitten 2.2121 und 2.2122 um die mit dem Faktor u bzw. $\frac{1}{u}$ gewichtete Summe der Absolutbeträge der inländischen und ausländischen Importpreiselastizitäten handelt, die die ermittelten kritischen Werte für eine normale Reaktion der Leistungsbilanz übertreffen muß. Dabei wirkt ein anfängliches Defizit bei Bewertung in Auslandswährung (Inlandswährung) und gegebenen Elastizitäten tendenziell positiv (negativ) auf diese Summe.

möglich, den bei konstanten Güterpreisen konzipierten Außenhandelsmultiplikator in die Theorie der Wechselkursänderungen zu integrieren. Das führt zu Schwierigkeiten, wenn auch induzierte Veränderungen der Preise zugelassen werden, weil der Multiplikatoreffekt einer Leistungsbilanzänderung seinerseits relative Preisverschiebungen bewirkt und so erneute Substitutionseffekte zwischen Importgütern und heimischen Produkten in beiden Ländern induziert.

Zur Beachtung auch von Preisänderungen im Rahmen der Multiplikatortheorie liegen zahlreiche Ansätze vor.[83] Weniger häufig sind jedoch Abhandlungen unter Einbeziehung des Außenhandels.[84] Analytisch könnten multiplikatorinduzierte Preisänderungen einmal berücksichtigt werden, indem man die Reaktion der Leistungsbilanz aufgrund von Terms-of-Trade-Variationen, in die wechselkursinduzierte Preisänderungen ebenso eingehen wie Preisänderungen aufgrund von Beschäftigungs- und Outputschwankungen, untersucht.[85] Dieses Vorgehen reicht jedoch in bezug auf die vorliegende Fragestellung, nämlich die Untersuchung der Wirkungen von Wechselkursänderungen auf den Leistungsbilanzsaldo, nicht aus, sind diese Terms-of-Trade-Änderungen ihrerseits doch gerade durch den Umfang der Ab- bzw. Aufwertung sowie den Reaktionen von Angebot und Nachfrage, wie sie sich in verschiedenen Arten von Elastizitäten ausdrücken lassen, bestimmt. Ein Rückgriff auf diese determinierenden Größen erscheint daher nur sinnvoll.[86]

Unter diesem Gesichtspunkt gewinnt die Studie von *M. Shinohara*[87] einiges Interesse. Ausgehend von der inländischen Importfunktion

$$M = \mu Pm + \nu Pm\, Yr - \xi \frac{1}{P} \quad \text{bzw.} \quad m = \mu + \nu Yr - \xi \frac{Pm}{P}$$

und der Konsumfunktion

$$C = \hat{\alpha} P + \hat{\beta} Y \quad \text{bzw.} \quad Cr = \hat{\alpha} + \hat{\beta} Yr$$

bestimmt *Shinohara* die nominalen marginalen Import- und Sparquoten

$$q^* = \nu e_o + \eta_m e_p \cdot \frac{m}{Yr}$$

83 Vgl. hierzu den kritischen Überblick von *Reinhold* [172]. Die sich mit diesem Problemkreis beschäftigenden Autoren gehen zum Teil von der sehr einschränkenden Annahme aus, daß die Preise erst nach Überschreiten der Vollbeschäftigungsgrenze zu steigen beginnen. Vgl. z. B. *Goodwin* [62] S. 482 ff. und *Kurihara* [110] S. 129 ff.. Weniger speziell und daher interessanter sind die Studien von *Shinohara* [189] S. 192 ff. und *Wright* [226] S. 318 ff., die den Fall gleichzeitiger Veränderungen von Realeinkommen und Preisen behandeln.

84 Vgl. z. B. *Rees* [171] S. 228 ff.; *Beckerman* [21] S. 408 ff. und [22] S. 162 ff.. Als Beispiel einer graphischen Behandlung des Problems siehe *Savosnik* [181] S. 188 ff..

85 Vgl. *Harberger* [71] S. 55 sowie *Vanek* [215] S. 129 f..

86 Das ist genau der Schritt, den *Harberger* dann auch unternimmt, indem er für das In- und Ausland zusätzlich jeweils eine Preisbestimmungsgleichung einführt. Vgl. *Harberger* [71] S. 55 f..

87 *Shinohara* [190] S. 608 ff..

und

$$s^* = 1 - (e_p \frac{C}{Y} + e_o \hat{\beta})^{88,89}$$

$$\text{mit } e_o = \frac{dYr}{dY}\frac{Y}{Yr}, \quad e_p = \frac{dP}{dY}\frac{Y}{P} \quad \text{und} \quad \eta_m = \frac{\partial m}{\partial(\frac{Pm}{P})} \frac{(\frac{Pm}{P})}{m},^{90}$$

die unter Beachtung der entsprechenden Auslandswerte bei der Formulierung von dem Abschnitt *2.21* analogen Stabilitätsbedingungen und Reaktionsgleichungen für q, q', s und s' einzusetzen wären. Als weiteres ergäbe sich wegen der Annahme nicht völlig elastischen Güterangebots die Notwendigkeit, anstelle der einfachen Importpreiselastizitäten die Wechselkurselastizitäten von Import- und Exportwert zu verwenden.[91]

Im Ergebnis erhielte man wesentlich kompliziertere Formeln als im obigen Abschnitt[92], mit den wenig spezifizierten Elastizitäten e_o und e_p, die – ähnlich den totalen Preiselastizitäten – das Resultat eines äußerst komplexen Reaktionsmechanismus des gesamten Systems darstellen.

Einen nach Auffassung des Verfassers eleganteren Weg bei der Beachtung auch endlich elastischen Güterangebots zeigen *J. E. Meade* und *S. C. Tsiang* in ihren Analysen auf. Ihre Modelle sind Gegenstand des sich mit dem Verhältnis von Geldmenge und Leistungsbilanzreaktion befassenden Abschnitts.

88 Vgl. *Shinohara* [190] S. 612 ff.. Die einzelnen Symbole haben folgende Bedeutung: Pm ist das Preisniveau der importierten Güter, P das generelle Preisniveau, das von *Shinohara* nicht näher spezifiziert wird, aber wohl mit dem Preisniveau der im Inland produzierten Güter identisch ist, und m die Importmenge. μ und $\hat{a}$ sind parametrische Konstanten, die den einkommensunabhängigen Import bzw. Konsum angeben.

$\nu = \frac{\partial m}{\partial Yr}$ und $\hat{\beta} = \frac{dCr}{dYr}$ bezeichnen die reale marginale Import- bzw. Konsumquote.

$-\zeta = \frac{\partial m}{\partial(\frac{Pm}{P})}$ bringt als Substitutionskoeffizient den Einfluß von Veränderungen in der Preisrelation von Inlands- und Auslandsgütern auf die Importnachfrage zum Ausdruck. Die restlichen Symbole haben die übliche Bedeutung.

Im Unterschied zum Original wurde von staatlichen Steuern abgesehen und daher das von *Shinohara* verwendete disponible Einkommen durch das Volkseinkommen substituiert.

89 Die hier angegebenen Ausdrücke für q und s gelten unter der anfänglichen Preissituation Pm = P = 1.

90 η_m ist bei konstanten Inlandspreisen mit der Importpreiselastizität n_m identisch.

91 Vgl. Abschnitt II, 2.

92 Die Berücksichtigung beschäftigungs- und einkommensinduzierter Preisänderungen führt namentlich bei der Bestimmung der Realeinkommensänderungen zu größeren Erschwernissen.

3. Die Bedeutung der Substitutionskomponente in den Modellen von Vanek, Stolper und Watanabe

Zu den obigen Ausführungen teilweise widersprechenden Ergebnissen gelangt *J. Vanek* in seiner Analyse der Leistungsbilanzwirkungen einer Wechselkursänderung.[1] Ausgehend von den Einkommensgleichungen

$$Y = {}^{+}A\,(Y,w) + X\,(Y', \frac{1}{w}) \tag{69}$$

und

$$Y' = {}^{+}A'\,(Y', \frac{1}{w}) + X'\,(Y,w), \tag{70}$$

in denen ^{+}A und $^{+}A'$ jeweils die im In- bzw. Ausland produzierten und auch im Lande verbleibenden Produkte kennzeichnen, erhält *Vanek* für die Veränderungen der Einkommen und des inländischen Leistungsbilanzsaldos in inländischer Währung unter der Voraussetzung völlig elastischen Güterangebots:

$$dY \;=\; \frac{dw}{w}\,\frac{1}{D}\;[\,\Phi_1\,(1-\tilde{a}') + \Phi_2\,q'\,] \tag{71}$$

$$dY' \;=\; \frac{dw}{w}\,\frac{1}{D}\;[\,\Phi_2\,(1-\tilde{a}) + \Phi_1\,q\,] \tag{72}$$

$$dB \;=\; \frac{dw}{w}\left[\frac{1}{D}\;\Big|\,\Phi_1\,[qq'-q\,(1-\tilde{a}')] + \Phi_2\,[q'\,(1-\tilde{a})-qq']\,\Big| \;-\Phi_3\right] \tag{73}$$

$$D = (1-\tilde{a})(1-\tilde{a}') - qq'; \qquad \Phi_1 = \tilde{n}\,{}^{+}A - n_x M';$$

$$\Phi_2 = n_m M - \tilde{n}'\,{}^{+}A'; \qquad \Phi_3 = M\,(\frac{X}{M}\,n_x + n_m + 1)^{\;2,3}$$

[1] *Vanek* [215] S. 124 ff. und [216] S. 18 ff..

[2] Vgl. *Vanek* [215] S. 127 f. und [216] S. 22 f.. Die Symbole wurden der vorliegenden Arbeit angepaßt.

[3] $\tilde{n}$ und $\tilde{n}'$ sind hier die partiellen Elastizitäten von ^{+}A bzw. $^{+}A'$ in bezug auf w bzw. $\frac{1}{w}$. *Vanek* bezeichnet sie als Kreuzpreiselastizitäten, die sowohl die eigene prozentuale mengenmäßige Nachfrageänderung nach den im Lande hergestellten Gütern (vgl. *Vanek* [215] S. 127) als auch die entsprechende prozentuale wertmäßige Änderung (vgl. *Vanek* [216] S. 22) aufgrund einer Wechselkursvariation zum Ausdruck bringen. Wegen der Annahme völlig elastischen Angebots sind hier die prozentualen Änderungen gleich. $\tilde{a}$ und $\tilde{a}'$ kennzeichnen die marginalen inländischen und ausländischen Absorptionsquoten, wobei sich die Absorption (^{+}A, $^{+}A'$) ausschließlich auf die im Lande produzierten Güter bezieht. Die Annahme w = 1 vor der Wechselkursänderung gilt auch hier wiederum. Ebenso werden alle Güterpreise anfänglich gleich eins gesetzt.

Die Größe D wird immer dann positiv sein, wenn die marginale Investitionsquote kleiner als die marginale Sparquote ist,[4] eine aus Stabilitätsgründen allgemein übliche Annahme, die auch *Vanek* trifft.[5]

Hinsichtlich der Vorzeichen der einzelnen Elastizitäten ($\tilde{n}$, $\tilde{n}'$, n_m, n_x) gilt: „Because it can be postulated that as a general rule domestic production can be substituted for imports, and vice versa, when relative prices change the cross elasticities ($\tilde{n}$, $\tilde{n}'$) can be expected to be positive, while the demand elasticities (n_m, n_x) . . . will be negative".[6] Aus diesem Grunde ist Φ_1 positiv, Φ_2 dagegen negativ. Φ_3 drückt den Preiseffekt einer Wechselkursänderung aus und ist für X = M mit der ‚*Marshall-Lerner*-Bedingung' identisch. Je nach den numerischen Größen der relevanten Elastizitäten ist das Vorzeichen von Φ_3 entweder positiv oder negativ.

Aus (71) und (72) sind die Einflüsse einer Abwertung auf Inlands- und Auslandseinkommen unmittelbar ersichtlich: „If the two symmetrical terms Φ_1 and Φ_2 have comparable absolute values, the income of country 1 (Inland) will increase, while that of country 2 (Ausland) will deteriorate. This may be termed the ‚normal' outcome. If, on the other hand, say Φ_1 were much smaller than Φ_2, incomes of both countries could deteriorate, that of country 2 (Ausland) always declining more than that of country 1 (Inland)".[7] Es kommt also bei der Beurteilung der Einkommenswirkungen ganz darauf an, welche Werte Φ_1 und Φ_2 zuzuordnen sind. Da Φ_3 weder in (71) noch in (72) enthalten ist, verändern sich Inlands- und Auslandseinkommen unabhängig vom wechselkursinduzierten Preiseffekt. Das führt zu einer wichtigen Konsequenz für die Veränderung des Leistungsbilanzsaldos. Die Vorzeichen der Multiplikatoren von Φ_1 und Φ_2 in (73) sind nämlich denen ihrer Multiplikanden entgegengesetzt, weshalb der in geschwungenen Klammern stehende Ausdruck stets negativ sein muß. Folglich verschlechtert der Einkommenseffekt die Leistungsbilanz auf jeden Fall tendenziell, und zwar auch dann, wenn Φ_3 positiv ausfällt, die Bilanz also bei alleiniger Wirkung des Preiseffektes anomal reagieren würde. Zumindest für diese Situation wäre nach den bisherigen Ausführungen tendenziell eine Bilanzverbesserung durch den Einkommenseffekt zu erwarten, da aus der anomalen Reaktion eine Kontraktion des inländischen und Expansion des ausländischen Einkommens resultiert und somit via marginale Importquoten dem negativen Preiseffekt entgegengewirkt wird.[8] Erst bei hinreichend großem negativen Wert von Φ_3 kommt es im *Vanek*schen Modell unter Berücksichtigung

[4] Das folgt aus der Tatsache, daß sich im vorliegenden Modell marginale Konsum-, Spar- und Importquote zu eins ergänzen, marginale Konsum- und marginale Investitionsquote zusammen aber die marginale Absorptionsquote bilden.

[5] Vgl. *Vanek* [216] S. 23.

[6] *Vanek* [216] S. 23.

[7] *Vanek* [215] S. 129.

[8] Vorausgesetzt, dieser Einkommenseffekt wird nicht durch den Terms-of-Trade-Effekt überkompensiert, ein bei größeren Einkommensänderungen unwahrscheinlicher Fall, wenn man an die relative Bedeutungslosigkeit des letzten Effektes denkt.

von Einkommens- und Preiseffekt aufgrund des stärkeren Einflusses des Preiseffektes zu einer Bilanzverbesserung. Mit zunehmenden absoluten Beträgen von n_x und n_m steigt nämlich Φ_3 absolut schneller an als der negative Ausdruck in den geschwungenen Klammern von (73). „Consequently, for some sufficiently large value of the price elasticities, the price effects will just about offset the income effects, and the balance of payments will start improving".[9]

Zur Erhöhung des Verständnisses findet sich bei *Vanek* ein numerisches Beispiel, dem folgende hypothetischen Werte zugrunde liegen:[10] $Y = Y' = 500$; $^{+}A = {}^{+}A' = 480$; $X = X' = 20$; $q = q' = 0{,}05$; $s = s' = 0{,}1$; $\tilde{a} = \tilde{a}' = 0{,}85$; $\tilde{n} = \tilde{n}' = 0{,}05$; $n_m = n_x = -1$ (-2). Einsetzen dieser Werte in (71), (72) und (73) führt zu untenstehenden Ergebnissen:

	dY	dY'	dB
$n_m = n_x = -1$	+ 20	− 20	0
$n_m = n_x = -2$	+ 30	− 30	+ 3

Obwohl die Summe der Preiselastizitäten im ersten Fall bereits − 2 beträgt, verändert sich der Leistungsbilanzsaldo aufgrund einer Abwertung nicht; erst bei $n_m + n_x = -4$ tritt eine leichte Verbesserung der Leistungsbilanzsituation ein. Dennoch sind die Einkommensänderungen in beiden Ländern erheblich.

Die *Vanek*schen Feststellungen überraschen in zweierlei Hinsicht: Erstens wirkt der Einkommenseffekt auch bei anomalem Preiseffekt einer Abwertung immer tendenziell verschlechternd und damit destabilisierend auf den Bilanzsaldo. Zweitens – und das ist eine Folge des ersten Punktes – müssen die Importpreiselastizitäten erstaunlich hohe Werte annehmen, damit die Leistungsbilanz normal reagiert. Die Stabilitätsbedingung wird also erheblich verschärft. Der Grund hierfür liegt in den Implikationen des modellmäßigen Ansatzes. Aus den Einkommensgleichungen (69) und (70) geht zwar hervor, daß zusätzliche Exporte einkommenserhöhend wirken, es ist aber aus ihnen explizit nicht ersichtlich, inwieweit z. B. Veränderungen der Importausgaben das Volkseinkommen beeinflussen. Hierzu sind weitere Spezifizierungen nötig. Die im allgemeinen übliche und in den bisher verwendeten Modellen – mit Ausnahme des Terms-of-Trade-Effektes – getroffene Unterstellung besteht in einer unveränderlichen durchschnittlichen Ausgaben- bzw. Sparquote bei gegebenem Einkommen, d. h. vermehrte Importausgaben der Wirtschaftssubjekte infolge einer Wechselkursvariation führen zu einer gleich großen verminderten wertmäßigen Nachfrage nach eigenen, im Lande hergestellten Produkten und vice versa. Die Gesamtausgabensumme bleibt konstant.[11] Anders im *Vanek*schen Modell. Veränderungen in der Nachfrage nach heimischen Absorptionsgütern kompensieren

9 *Vanek* [215] S. 129.
10 *Vanek* [215] S. 131 f. und [216] S. 27 f.. Im letzteren Werk geht *Vanek* von dem Fall einer inländischen Aufwertung aus. Auch werden dort die Absorptionswerte ^{+}A, $^{+}A'$ auf S. 27 um 20 Einheiten zu hoch angesetzt.
11 Vgl. *Rose* [179] S. 159 f..

hier nicht etwaige Importwertschwankungen. Im Gegenteil: Mit der Begründung, Importpreissteigerungen führen im allgemeinen zu einer Substitution von Importgütern durch heimische Produkte, werden die Kreuzpreiselastizitäten $\tilde{n}$ und $\tilde{n}'$ als positiv unterstellt[12], weshalb die Absorptionsausgaben steigen.[13] Rein formal betrachtet können diese Elastizitäten auch den oben behandelten Terms-of-Trade-Effekt mit seiner Tendenz, die Gesamtausgaben zu erhöhen, umfassen. Die Argumentation bei *Vanek* ist jedoch eine andere. Während der Terms-of-Trade-Effekt auf preisinduzierten Realeinkommensänderungen im Sinne des *Harberger*schen „real consumer income“ beruht, definiert *Vanek* das Realeinkommen in herkömmlicher Weise als Umfang der nationalen Produktion[14] und begibt sich somit des Rückgriffs auf diesen Effekt. In seinem Modell bringen die partiellen Elastizitäten $\tilde{n}$ und $\tilde{n}'$ reine Substitutionsvorgänge bei gegebenem Realeinkommen zum Ausdruck.

Die Unterstellung positiver Werte für $\tilde{n}$ und $\tilde{n}'$ erscheint vor allem dann besonders problematisch, wenn die Importpreiselastizitäten Werte von absolut genommen kleiner als eins annehmen. In diesem Fall würde z. B. eine inländische Abwertung nicht nur zu einer Importwertsteigerung, sondern gleichzeitig auch zu einer Zunahme der Ausgaben für die im eigenen Land hergestellten Produkte führen. Die Gesamtnachfrage nach den im Inland produzierten Gütern infolge einer Abwertung steigt also einmal auf diesem Wege und zum anderen über eine Zunahme der wertmäßigen Exporte. Hierin liegt der ökonomische Sinn des positiven Vorzeichens von Φ_1 und des negativen Vorzeichens von Φ_2 sowie die Ursache des relativ starken Einflusses des Einkommenseffektes auf den Leistungsbilanzsaldo. Der eigentliche Kern des *Vanek*schen Modells besteht somit in der Möglichkeit mit den Importwerten variierender Gesamtausgaben bzw., was dasselbe ist, in einer permanenten Substituion zwischen Import- und Absorptionsausgaben und Sparen bei gegebenem Einkommen. Werden $\tilde{n}^{+}A$ und $\tilde{n}'^{+}A'$ in Φ_1 und Φ_2 mit gleich großen Werten aber umgekehrten Vorzeichen der Importwertänderungen angesetzt, so entspricht der *Vanek*sche Ansatz den in den vorhergegangenen Abschnitten behandelten Modellen.[15]

Die in *Vaneks* Ansatz enthaltene implizite Annahme einer Substitution zwischen Importen und Sparen bildet einen wesentlichen Bestandteil der zeitlich

[12] *Vanek* [215] S. 127.

[13] Vgl. hierzu auch die allgemeine Darstellung der Beziehungen zwischen relativen Preisänderungen und Gesamtausgabenänderungen bei *Ackley/Suits* [2] S. 785 ff..

[14] Vgl. *Vanek* [215] S. 125, Fußn. 1.

[15] Angenommen, die Leistungsbilanz ist anfänglich ausgeglichen und beide Importpreiselastizitäten ergänzen sich gerade zu – 1. Exportwert und Importwert steigen dann um denselben Betrag. In diesem Fall ist $-\tilde{n}^{+}A = n_m M = n_m X = n_m M' = n_x M'$ und Φ_1 deshalb null. Ebenso erhält man für Φ_2 den Wert null. Mithin sind nach (71), (72) und (73) auch die Einkommensänderungen im In- und Ausland sowie die Änderung des Bilanzsaldos null, ein Ergebnis also, wie es sich unter Vernachlässigung des Terms-of-Trade-Effektes auch aus den entsprechenden Formeln des Abschnittes IV, 2.211 errechnen läßt.

früher entwickelten Modelle von *W. F. Stolper* („We assume... that there is no substitution between imported and domestic goods as a result of their price change ...“[16], was auf eine Substitution ausschließlich zwischen Importen und Sparen hinausläuft) und *T. Watanabe* („The increase in a country's imports ... can be brought about without reduction of domestic expenditure. It is sufficient to reduce savings, instead of reducing domestic expenditure“.[17]). Bei unveränderlicher Absorption variieren die Gesamtausgaben eines Landes also mit den Importwerten, und diese wiederum sinken (steigen) aufgrund einer Importpreiserhöhung bei elastischer (unelastischer) Importnachfrage.

An kritischen Einwendungen in bezug auf die Bedeutung des Substitutionsverhältnisses von Importen und Sparen fehlt es nicht. So gelangt z. B. *W. H. White* in seinem „Comment“ zu dem Aufsatz von *Stolper* zu dem Schluß: „... it seems best to assume that a relative price change produces no change in savings“, denn „Savings seem to be remote in character from *both* home and import goods“,[18] weshalb eine Substitution zwischen Importen und inländischen Produkten weitaus wahrscheinlicher erscheint. Zu einem ähnlichen Ergebnis gelangen *H. G. Johnson*[19] und *Ch. P. Kindleberger*: „There is less justification for assuming that imports and savings are alternatives than the opposite...“,[20] während *J. Spraos* obiger Annahme sogar jede Berechtigung abspricht: „He (*Stolper*, d. Verf.) does not offer any justification for this assumption, and clearly there is none“.[21,22] Somit erscheint die *Vanek-Stolper-Watanabe*-Hypothese als eine wenig plausible – wenn auch nicht unter allen Umständen auszuschließende – Aussage, von deren Beachtung aus diesem Grunde in der vorliegenden Arbeit abgesehen werden soll. Das gilt einschränkend jedoch nur für den reinen Substitutionseffekt. Veränderungen der durchschnittlichen Sparquote via Realeinkommensschwankungen als Folge des Terms-of-Trade-Effektes finden auch weiterhin Berücksichtigung.

4. Explizite Berücksichtigung der Geldmenge

Die bisherigen Ausführungen befaßten sich mit der Darstellung der wesentlichen Elemente von „Elasticities-“ und „Absorption-Approach“ sowie einigen

16 *Stolper* [202] S. 561. Siehe ferner *Stolper* [203] S. 285 ff. und [204] S. 611 ff.. – Hinsichtlich der durch die Substitutionsmöglichkeit entstehenden Variation bei der Formulierung des Importmultiplikators vgl. z. B. *Holzman/Zellner* [82] S. 73 ff..

17 *Watanabe* [220] S. 79. – *F. Machlup* hat in seiner Kritik an dem „Absorption-Approach“ ebenfalls auf diese Möglichkeit verwiesen. Vgl. *Machlup* [125] S. 183.

18 *White* [223] S. 138. In einer Antwort hierauf hat *Stolper* zwar seine Annahme etwas eingeschränkt, sie im Prinzip aber weiterhin aufrechterhalten. Vgl. *Stolper* [205] S. 141 ff..

19 Vgl. *Johnson* [87] S. 22

20 *Kindleberger* [99] S. 303. Vgl. ferner *Woll* [225] S. 102, Fußn. 2.

21 *Spraos* [196] S. 140.

22 Vgl. hierzu auch die Bemerkungen zum Substitutionseffekt in Abschnitt IV, 2.12.

wichtigen Versuchen ihrer Synthese. Zu letzteren zählte u. a. *Alexanders* Ansatz aus dem Jahre 1959. Bei dessen Darstellung an früherer Stelle wurde betont, daß *Alexander* dem Primärergebnis des „Elasticities-Approach" gewissermaßen einen den „Absorption-Approach" verkörpernden Multiplikator „aufsetzt" und auf diese Weise die endgültige Reaktion der Leistungsbilanz auf eine Abwertung ermitteln will.[1]

Dieses Vorgehen bildete den Anlaß einer heftigen Kritik durch *S. C. Tsiang*. „. . . one feels somewhat let down by the compromise which *Alexander* now proposes: that the result obtained by the traditional elasticities approach may be treated as the ‚initial' (or primary) effect of a devaluation to which a sort of ‚multiplier' (normally less than unity) computed from the propensities to hoard, to import, etc., is to be applied to yield the final effect of the devaluation".[2] Die Ergänzung des „Elasticities-Approach" durch das Aufsetzen eines Multiplikators entspricht nämlich genau dem, was *A. J. Brown*[3] bereits im Jahre 1942 unternommen und *J. Robinson*[4] in ihrem 1937 erschienenen Aufsatz angedeutet hat, ein Vorgehen, bei dem gewöhnlich folgende Schwierigkeit übersehen wird: „Unless the supplies of exportable and domestic goods in both countries concerned are all infinitely elastic, so that prices in both countries (except prices of imports) will remain constant, the multiplier effect of the initial change in the trade balance will bring about further changes in relative prices, and hence further substitution between imports and domestically produced goods in both countries. Thus if the conventional elasticities solution is treated as a sort of multiplicand, to which a multiplier (or a damping coefficient) is to be applied to obtain the final effect, then the multiplier itself should again involve the relevant elasticities that are in the multiplicand. There can be no neat dichotomy of the final effect of a devaluation into a part that consists of the elasticities solution and another that consists of the multiplier (or absorption) solution. The total effect of a devaluation must be analyzed in a comprehensive system in which changes in incomes, prices and outputs are all taken into consideration".[5]

Die Ausführungen dieses Abschnittes zeigen u. a. einen möglichen Weg zur Überwindung dieser Dichotomie. *Alexanders* Synthese-Vorschlag geht somit im Kern nicht über bereits früher entwickelte, Preis- und Einkommenseffekte umfassende Modelle, wie sie z. B. bei *J. E. Meade*,[6] *A. C. Harberger*,[7] *S. Laursen* und *L. A. Metzler*[8] sowie *G. Stuvel*[9] zu finden sind, hinaus und bleibt aus

1 Vgl. Abschnitt IV, 1.
2 *Tsiang* [213] S. 912.
3 *Brown* [31].
4 *Robinson* [175].
5 *Tsiang* [213] S. 912 f..
6 *Meade* [134]. Das modifizierte Zwei-Güter-Modell von *Meade* ist Gegenstand der weiteren Ausführungen dieses Abschnittes.
7 *Harberger* [71].
8 *Laursen/Metzler* [112].
9 *Stuvel* [209]. *Stuvels* Modell, auf dessen Darstellung hier verzichtet wurde, ist wegen

diesem Grunde etwas unbefriedigend. „If the controversy between the relative-prices and aggregate-spending approaches merely leads to a synthesis which had already worked out before the controversy, what then has been gained by the debate? “[10] In diese Richtung zielt einer von *Tsiangs* Einwänden bezüglich der Versuche, „Elasticities-“ und „Absorption-Approach“ zu verbinden.

Ein anderer Einwand richtet sich gegen die Vernachlässigung des monetären Bereichs. *F. Machlup*[11] und *H. G. Johnson*[12] haben mit Nachdruck auf die Bedeutung von Geld- und Kreditangebot für die Theorie der Abwertung hingewiesen. Fast alle mathematischen Modelle lassen diesen Aspekt jedoch völlig außer acht. Eine rühmliche Ausnahme bildet z. B. *J. E. Meade.*[13] Sein Modell enthält sowohl die Geldmenge als auch den Zins als mögliche Variablen.

In relativ enger Anlehnung an den Aufsatz von *Tsiang* sollen im folgenden anhand des vereinfachten Zwei-Güter-Modells von *Meade* die wichtigsten Veränderungen der Stabilitätsbedingungen und Reaktionsgleichungen herausgestellt werden, wie sie sich aufgrund des Einflusses unterschiedlicher Annahmen hinsichtlich des Geldangebots ergeben.

4.1 *Tsiangs* Synthese mit Hilfe des vereinfachten Zwei-Länder-Zwei-Güter Modells von *J. E. Meade*[14]

4.11 Das modifizierte Modell von J. E. Meade

In seiner allgemeineren Formulierung ist das Modell von *Meade* ein politisches Zwei-Länder-Vier-Güter-Modell mit 23 Bestimmungsgleichungen, 42 Un-

zahlreicher impliziter Unterstellungen sowie wegen der Vernachlässigung des monetären Faktors, der in diesem Abschnitt Berücksichtigung finden soll, namentlich durch *Harberger* [72] S. 855 ff. heftig kritisiert worden.

10 *Tsiang* [213] S. 913.

11 Vgl. *Machlup* [125] S. 189 f..

12 Vgl. *Johnson* [88] S. 156 ff..

13 *Meade* [134]. Diese Ausnahme gilt mit gewissen Einschränkungen auch für die Autoren, die die reale Kassenhaltung in ihren Modellen berücksichtigen oder zumindest kurz darauf eingehen. Vgl. dazu Abschnitt IV, 4.2 weiter unten. Ferner siehe auch *Mundell* [149] S. 227 ff. und [151].

14 Erstaunlicherweise hat *Tsiangs* Synthese in der deutschen Literatur keine Beachtung gefunden, obwohl dieses Werk immerhin schon 1961 publiziert und neuerdings in dem von *R. E. Caves* und *H. G. Johnson* herausgegebenen Sammelband „Readings in International Economics“, London 1968, als einziger bedeutender Beitrag der 60-er Jahre zur Zahlungsbilanztheorie wieder abgedruckt wurde. In den sonst so ausgezeichneten Büchern von *Rose* [178] und [179] findet sich ein Hinweis auf *Tsiang* erst im Literaturverzeichnis der dritten, 1970 erschienenen Auflage der „Theorie der Außenwirtschaft“, während man in der umfangreichen Bibliographie der von ihm herausgegebenen „Theorie der internationalen Wirtschaftsbeziehungen“ sogar vergeblich nachschlägt. In der erst kürzlich veröffentlichten Dissertationsschrift von *Kleinewefers* [100] wird *Tsiangs* Aufsatz zwar zitiert, es fehlt aber auch hier eine Darstellung des Modells wenigstens in seinen Grundzügen. Der Verfasser hält es aus diesem Grunde für angebracht, *Tsiangs* Gedanken im folgenden etwas ausführlicher zu behandeln.

bekannten und 19 Freiheitsgraden und impliziert insgesamt 28.781.143.379 mögliche Kombination.[15,16] Es berücksichtigt neben Geldnachfragefunktionen sowohl an den Landesgrenzen erhobene Import- und Exportzölle als auch induzierte Veränderungen des ‚autonomen' Kapitaltransfers. In seiner Analyse beschränkt sich *Meade* jedoch fast ausschließlich auf den aus diesem umfangreichen Modell abgeleiteten Zwei-Güter-Fall.[17,18] Es ist dieses vereinfachte, aber nochmals modifizierte Modell, das *Tsiang* seiner Synthese zugrunde legt.[19]

Ausgegangen sei wiederum von einer anfänglich ausgeglichenen Leistungsbilanz. Jedes Land produziere nur ein Gut, das sowohl im eigenen Land nachgefragt als auch exportiert werden soll. Wechselkurs und Güterpreise mögen in der Ausgangssituation den Wert eins annehmen. Diese Voraussetzungen ermöglichen einige erhebliche Vereinfachungen der ansonsten verhältnismäßig unhandlichen Formeln.

Im einzelnen besteht das Modell aus folgenden Definitionsgleichungen und funktionalen Beziehungen:[20,21]

15 Vgl. *Meade* [134] S. 27 und S. 33, Fußn. 1.

16 *Meades* analytisches Vorgehen, dessen Fragestellung weit über die Probleme einer Wechselkursänderung hinausgeht, ist streng taxonomisch und wurde aus diesem Grunde wegen des zu geringen Bezugs zu konkreten empirischen Situationen von *Johnson* [85] S. 812 ff. kritisiert. *Meade* selbst hat an anderer Stelle die hiermit verbundenen Schwierigkeiten klar gesehen: „In the course of the work (gemeint ist namentlich obiges Werk mit den dazugehörigen verbalen Erläuterungen in „The Balance of Payments" [133], d. Verf.) it became increasingly clear that the vast number of possible combinations derivable from a very limited number of alternative institutional conditions and modes of human behaviour made it impossible to devise a correct policy without much empirical enquiry into the nature of the surrounding conditions. As my work was not empirical, it inevitably became taxonomic . . ." *Meade* [135] S. 7. Im Grunde erfordern jedoch alle politischen Modelle, und das *Meade*sche Modell wurde mit dieser Absicht konzipiert, ein taxonomisches Vorgehen, denn „the study of economic policy, by its nature, demands use of the taxonomic approach, and indeed an extension of its use beyond its present employment". *Day* [44] S. 64.

17 Eine Ausnahme bildet der Abschnitt „An Exercise in a Simplified Four-Commodity Model", in dem *Meade* auf sieben Seiten einige Implikationen des Vier-Güter-Modells abhandelt.

18 Die Popularität von *Meades* Modell hat wegen seiner Kompliziertheit und nicht zuletzt auch unter der umfangreichen Liste von Variablen stark gelitten, die dieser zu Beginn seines Buches anführt. Selbst *S. S. Alexander* bezeichnet das Modell als „at least unintelligible to any but the most dogged reader". Siehe *Alexander* [9, engl.] S. 24 und *Tsiang* [213] S. 915, Fußn. 4. Unabhängig von diesen Schwierigkeiten zählt das Werk zweifellos zu den bedeutendsten Beiträgen auf dem Gebiet der Außenwirtschaft. „This work. . . is, without any doubt, a major contribution to the scientific study of international economic relations" heißt es in der Besprechung des Buches durch *R. Nurkse*. (Vgl. *Haberler/Stern* [68] S. 356). Ähnlich kommentiert *Mundell* [152] S. 113, Fußn. 3 *Meades* Arbeit als „a landmark in the theory of international trade and economic theory in general, and it will be the source of fruitful insights into economic theory for years to come".

19 Da *Tsiang* die Modellgleichungen sofort in Differentialschreibweise anführt, sei hier zur Erhöhung des Verständnisses zunächst von einer etwas allgemeineren Formulierung ausgegangen.

20 Vgl. *Meade* [134] S. 10 ff.. Das von *Meade* an dieser Stelle angeführte Gleichungssystem ist komplizierterer Art und wird im folgenden bereits vereinfacht wiedergegeben.

21 Es symbolisieren: $\bar{x}$ die im Inland produzierte Gütermenge, p den dazugehörigen Preis,

1. Definitionsgleichungen
   a) Einkommensgleichungen

$$Y \equiv p\,\bar{x} \tag{74}$$

$$Y' \equiv p'\,\bar{x}' \tag{75}$$

   b) Absorptionsgleichungen

$$A \equiv p\,(\bar{x} - m') + p'w\,m \tag{76}$$

$$A' \equiv p'\,(\bar{x}' - m) + p\,\frac{1}{w}\,m' \tag{77}$$

   c) Leistungsbilanzgleichung in Inlandswährung

$$B \equiv p\,m' - p'w\,m \tag{78}$$

2. Funktionale Beziehungen
   a) Absorptionsfunktionen

$$A = A\,(p\,\bar{x}, i, p) \tag{79}$$

$$A' = A'\,(p'\bar{x}', i', p') \tag{80}$$

   b) Importfunktionen

$$m = m\,(A, p, p'w) \tag{81}$$

$$m' = m'\,(A', p\,\frac{1}{w}, p') \tag{82}$$

   c) Produktionsfunktionen

$$\bar{x} = \bar{x}\,(N) \tag{83}$$

$$\bar{x}' = \bar{x}'\,(N') \tag{84}$$

m die Importmenge, i den Zinssatz, N die eingesetzte Arbeitsmenge, l den Nominallohn und L die nachgefragte Geldmenge. Ein Apostroph kennzeichnet wiederum die entsprechenden Werte des Auslandes. Die restlichen Symbole haben die übliche Bedeutung.

d) Lohnbestimmungsfunktionen (Gleichgewichtsbedingungen)

$$l = p \frac{d\bar{x}}{dN} \tag{85}$$

$$l' = p' \frac{d\bar{x}'}{dN'} \tag{86}$$

e) Geldnachfragefunktionen

$$L = L(p\,\bar{x}, i) \tag{87}$$

$$L' = L'(p'\bar{x}', i') \tag{88}$$

Die Gleichungen (79) und (80) bestimmen die Absorptionshöhe in Abhängigkeit vom Volkseinkommen, Zinssatz und dem Angebotspreis der im Lande produzierten Güter.[22] Beide Funktionen werden als homogen vom Grad eins in den Argumenten Volkseinkommen und Güterpreis unterstellt. Die Absorption wiederum ist neben den Güterpreisen im In- und Ausland wesentlicher Bestandteil der Importfunktionen. *Meade* unterscheidet sich hierin von allen bisher angeführten Autoren, die anstelle der Absorptionsausgaben das jeweilige Volkseinkommen als entscheidende Determinante verwenden. In einem früheren Aufsatz, der sich u. a. mit der *Machlup*schen Multiplikatoranalyse auseinandersetzt, begründet *Meade* diesen Schritt wie folgt: „Professor *Machlups* notation suggests that a person who has more income decides whether to spend it on savings, home products or imports ... I divide the decision, I believe more realistically, into two parts. There is first the set of factors which determines whether an increase in the national income shall lead to an increased expenditure on goods and services or not ... when this decision has been made there is a second question whether the extra goods which are purchased for ... consumption or investment should be purchased abroad or at home ... To relate imports to the total domestic expenditure and total domestic expenditure to the national income brings out this distinction“.[23]

In den Produktionsfunktionen (83) und (84) ist der Faktor Arbeit einziger Produktionsfaktor. Sein Lohn ist bei vollkommener Konkurrenz gemäß (85) und (86) gleich dem Wert des Grenzproduktes. Letztere beiden Gleichungen ermöglichen gleichzeitig eine explizite Angabe der Gleichgewichtspreise:

22 *Meade* formuliert die Absorptionsfunktion zunächst unter Beachtung auch der Importgüterpreise, setzt aber an anderer Stelle die partiellen Ableitungen der Absorptionsausgaben in bezug auf diese Preise gleich null, weshalb die Ausgabenfunktionen auch in der reduzierten Form von (79) und (80) geschrieben werden können. Vgl. *Meade* [134] S. 10 und S. 17 sowie *Tsiang* [213] S. 917, Fußn. 5.

23 *Meade* [132] S. 38. *Tsiang* [213] S. 920 schließt sich voll dieser Argumentation an: „Meade's definition of the propensity to import with reference to aggregate expenditure must be regarded as an improvement over the conventional one which related the demand for imports to domestic national income“. Vgl. auch *Johnson* [85] S. 815 f., der beide „approaches“ für gerechtfertigt hält.

$$p = 1 \cdot \frac{dN}{d\bar{x}} \quad (89) \quad \text{und} \quad p' = 1' \cdot \frac{dN'}{d\bar{x}'} \quad (90)$$

bzw. unter der Annahme 1 = 1' = 1

$$p = \frac{dN}{d\bar{x}} \quad (89a) \quad \text{und} \quad p' = \frac{dN'}{d\bar{x}'} \quad (90a)$$

Ferner ist gemäß den Gleichungen (87) und (88) die nachgefragte Geldmenge – der *Keynes*schen Kassenhaltungstheorie entsprechend – vom Volkseinkommen und der Höhe des Zinses abhängig. Im Gleichgewicht muß diese geplant nachgefragte Geldmenge gleich der angebotenen sein, die im weiteren als exogen vorgegeben und alternativ entweder als vollkommen elastisch oder völlig starr angenommen wird.

Das soeben skizzierte Gleichungssystem bildet die Grundlage des von *Tsiang* zur Bestimmung der Stabilitätsbedingungen angegebenen Modells in Differentialschreibweise[24] (bei *Meade*: Equations of Change).[25] Der Nominallohn wird dabei als konstant in Höhe von eins unterstellt.[26,27]

1. Definitionsgleichungen
   a) Absorptionsgleichungen

$$dA \equiv d\bar{x} - dm' + dm + (\bar{x} - m')\,dp + dp'm + m\,dw \quad (91)$$

$$dA' \equiv d\bar{x}' - dm + dm' + (\bar{x}' - m)\,dp' + m'dp - m'dw \quad (92)$$

   b) Leistungsbilanzgleichung in Inlandswährung

$$dB \equiv dm' - dm + m\,dp - m\,(dp' + dw) \quad (93)$$

2. Funktionale Beziehungen
   a) Absorptionsfunktionen

$$dA = (1-h)\,d\bar{x} - \rho di + Adp \quad (94)$$ [28]

[24] Vgl. *Tsiang* [213] S. 916 ff..
[25] *Meade* [134] S. 15 ff..
[26] Vgl. *Tsiang* [213] S. 921, inkl. Fußn. 12.
[27] Die unten angeführten Ausdrücke sind die totalen Differentiale der entsprechenden Gleichungen des Systems (74) bis (90), wobei zu beachten ist, daß anfänglich M = X = m = m' und p = p' = w = l = l' = 1 gilt.
[28] Es ist $h = \frac{\partial H}{\partial Y} = \frac{\partial H}{\partial (p\bar{x})}$ die marginale inländische Hortungsquote und $\rho = -\frac{\partial A}{\partial i}$ die marginale Veränderung der Absorptionsausgaben bei Variation des Zinses. h' und ρ' für das Ausland sind entsprechend definiert. Vgl. *Meade* [134] S. 7 und *Tsiang* [213] S. 916. Zur Ableitung siehe *Tsiang* [213] S. 917, Fußn. 5.

$$dA' = (1-h')\,d\bar{x}' - \rho' di' + A' dp' \qquad (95)$$

b) Importfunktionen

$$dm = \pi\, dA - \pi\, \bar{x}\, dp + m\,(\pi + \bar{n})\,(dp - dp' - dw) \qquad (96)$$

$$dm' = \pi' dA' - \pi' \bar{x}' dp' + m\,(\pi' + \bar{n}')\,(dp' - dp + dw)^{29} \qquad (97)$$

c) Preisbestimmungsfunktionen[30]

$$dp = \frac{1}{e}\,\frac{d\bar{x}}{\bar{x}} \qquad (98)$$

$$dp' = \frac{1}{e'}\,\frac{d\bar{x}'}{\bar{x}'}\;^{31} \qquad (99)$$

[29] Zur Ableitung siehe mathematischer Anhang Teil c1). $\pi = \frac{\partial m}{\partial A}$ ist die marginale inländische Importquote mit der Absorptionsausgabenänderung als Bezugsgröße und $\bar{n}$ die hier positiv definierte „expenditure compensated price elasticity of demand for imports" bzw. „the elasticity of the pure substitution effect on import demand" (Vgl. *Tsiang* [213] S. 919 und *Meade* [134] S. 46), wie sie sich durch Anwendung der *Hicks-Slutsky*-Beziehung ergibt. Diese Beziehung spaltet bekanntlich den Effekt einer Preisänderung auf die Nachfrage des Gutes in einen reinen Substitutions- und in einen Einkommenseffekt auf, wobei die Größe des Einkommenseffektes durch das Produkt aus ursprünglich nachgefragter Gütermenge und der Preisänderung bestimmt wird. Diese Form der Aufspaltung ist jedoch insofern nicht ganz unproblematisch, als sie Unabhängigkeit des Indifferenzkurvensystems von der Höhe des Sparens impliziert. Ist das nicht der Fall, muß für ihre weitere Gültigkeit die Annahme unverändert bleibender Relationen zwischen den Grenznutzen der gekauften Güter getroffen werden. (Vgl. *Pearce* [165] S. 57 f..) Von Wichtigkeit ist ferner die allgemein übliche Annahme linearer Budgetlinien, da ansonsten eine eindeutige Ermittlung des Vorzeichens des Substitutionsterms nicht möglich ist. (Vgl. *Folk/Wolfe* [56] S. 288 ff..) Hinsichtlich der Berechnung des Einkommenseffektes hat *Spraos* [196] S. 144, inkl. Fußn. 4, darauf aufmerksam gemacht, daß, sofern ein Teil des Einkommens nicht für Absorptionszwecke verausgabt wird, bezüglich dieses Teiles Geldillusion besteht. Das ist im vorliegenden Modell jedoch nicht der Fall, da die Annahme einer anfänglich ausgeglichenen Leistungsbilanz vollständige Verausgabung aller Einkommensteile impliziert. (Vgl. *Tsiang* [213] S. 919 f., Fußn. 11.) Zur *Hicks-Slutsky*-Gleichung siehe *Slutsky* [191] S. 100 ff.; *Hicks* [79] S. 308 f.; *Mosak* [148] S. 20 ff.; *Samuelson* [180] S. 100 ff.; *Henderson/Quandt* [78] S. 27. In bezug auf die Bedeutung der *Hicks-Slutsky*-Gleichung für die empirische Forschung vgl. z. B. *Barten* [19] S. 77 ff.. „The results presented. . . seem to justify the use of the Slutsky conditions for the estimation of demand equations". *Barten* [19] S. 83.

[30] Wegen der Annahme konstanter Nominallöhne entfallen die Lohnbestimmungsfunktionen (85) und (86), während die Produktionsfunktionen (83) und (84) implizit in (98) und (99) enthalten sind.

[31]

$$e = \frac{\frac{dN}{d\bar{x}}}{\bar{x}}\;\frac{d\bar{x}}{d\left(\frac{dN}{d\bar{x}}\right)} = \frac{p}{\bar{x}}\,\frac{d\bar{x}}{dp} \quad \text{und} \quad e' = \frac{\frac{dN'}{d\bar{x}'}}{\bar{x}'}\;\frac{dx'}{d\left(\frac{dN'}{d\bar{x}'}\right)} = \frac{p'}{\bar{x}'}\,\frac{d\bar{x}'}{dp'}$$

sind die inländischen und ausländischen Angebotselastizitäten in bezug auf den Preis. Sie unterscheiden sich von den in Abschnitt II verwendeten Exportangebotselastizitäten e_x und e_m dadurch, daß sie sich auf die gesamte Produktion der Wirtschaft beziehen.

d) Geldnachfragefunktionen

$$dL = \alpha\,(d\bar{x} + \bar{x}\,dp) - \beta\,di \tag{100}$$

$$dL' = \alpha'\,(d\bar{x}' + \bar{x}'dp') - \beta' di' \tag{101}$$ [32]

Unendlich elastisches Geldangebot ist eine der wesentlichen impliziten Annahmen in der traditionellen Theorie des Außenhandelsmultiplikators und somit auch Bestandteil all derjenigen sich mit Wechselkursänderungen befassenden Modelle, die wegen der Berücksichtigung von Einkommensschwankungen hierauf zurückgreifen. Analytisch bedeutet völlige Flexibilität des monetären Bereichs eine Eliminierung der Funktionen (100) und (101). Jede Veränderung der geplanten Geldnachfrage wird durch eine entsprechende Variation des Angebots befriedigt, so daß auch der Zins unverändert bleibt. Aus diesem Grunde sind zur Ermittlung der Lösung des obigen Modells di und di' in den Gleichungen (94) und (95) mit null anzusetzen. Für die Veränderung des Leistungsbilanzsaldos erhält man unter diesen Voraussetzungen:

$$B = \frac{dB}{dw} = \frac{hh'\,(\pi + \pi' + \bar{n} + \bar{n}' - 1)\,m}{D_1} \tag{102}$$

$$D_1 = hh' \left[1 + \frac{\pi\,(1-h)}{h} + \frac{\pi'\,(1-h')}{h} + (\pi + \pi' + \bar{n} + \bar{n}' - 1)\left(\frac{R}{he} + \frac{R'}{h'e'}\right)\right] \tag{102a}$$ [33,34]

Die Herleitung der Relationen (98) und (99) ist einfach. Gemäß (89a) ist $p = \frac{dN}{d\bar{x}}$ und daher $dp = d\left(\frac{dN}{d\bar{x}}\right)$. Setzt man diese Ausdrücke in obige Definitionsgleichung von e ein und beachtet, daß anfänglich p = 1 unterstellt wird, so folgt durch Auflösen nach dp unmittelbar Gleichung (98). Entsprechend verfährt man zur Bestimmung von (99). Vgl. auch *Tsiang* [213] S. 921, Fußn. 12.

32 $\alpha = \frac{\partial L}{\partial(p\bar{x})} = \frac{\partial L}{\partial Y}$ und $\alpha' = \frac{\partial L'}{\partial(p'\bar{x}')} = \frac{\partial L'}{\partial Y'}$ drücken die marginale Veränderung der nachgefragten Geldmenge in bezug auf eine marginale Veränderung des Volkseinkommens aus und $\beta = -\frac{\partial L}{\partial i}$ und $\beta' = -\frac{\partial L'}{\partial i'}$ sind die positiv definierten Verhältnisse zwischen den Veränderungen der nachgefragten Geldmenge und des Zinssatzes im In- und Ausland. In der *Keynes*schen Terminologie beziehen sich α bzw. α' auf die Transaktionskasse und β bzw. β' auf die Spekulationskasse. Vgl. *Meade* [134] S. 8 f. und *Tsiang* [213] S. 922.

33 Vgl. *Tsiang* [213] S. 925. Zur Ableitung siehe als Beispiel auch für die folgenden Ergebnisse Teil c2) im mathematischen Anhang.

34 R und R' geben das Verhältnis der Importe zu den Gesamtausgaben in beiden Ländern vor der Wechselkursänderung an.

Diese Beziehung, die variable Güterpreise berücksichtigt, setzt für eine normale Reaktion der Bilanz einen positiven Wert des Quotienten auf der rechten Seite von (102) voraus. Sie unterscheidet sich von der durch *Meade* angegebenen Gleichung[35] u. a. durch das Produkt hh' im Zähler und Nenner des Bruches, welches dieser auf dem Wege gegenseitigen Kürzens eliminiert, eine ökonomisch keineswegs unbedenkliche mathematische Operation, denn wie *P. A. Samuelson* mit Hilfe des auf ihn zurückgehenden „correspondence principle“[36] nachgewiesen hat, gilt als notwendige Voraussetzung für die dynamische Stabilität eines statisch formulierten Systems der obigen Art, daß D_1 (i. e. der Wert der mit minus eins multiplizierten Systemdeterminante) einen positiven Wert annimmt.[37] Würde man nämlich in D_1 hh' wegkürzen, stände im Nenner von (102) nicht mehr die Determinante des Gleichungssystems (91) bis (99) mit umgekehrtem Vorzeichen. Man begäbe sich damit der Möglichkeit zu überprüfen, inwieweit das Modell die notwendige Bedingung dynamischer Stabilität erfüllt oder nicht. Da nun aber nach dem „correspondence principle“ eine normale Reaktion der Leistungsbilanz ausgeschlossen ist, wenn das gesamte System dynamisch unstabil reagiert, erfordert eine erfolgreiche Abwertung wegen $\dot{B}>0$ und $D_1>0$ auch ein positives Vorzeichen des Zählers von (102). Dieser ist unter der Voraussetzung positiver marginaler Hortungsquoten im In- und Ausland größer als null, wenn die Summe der *Meade*schen Importpreiselastizitäten $n = \pi + \bar{n}$[38] und $n' = \pi' + \bar{n}'$, die sich aus der Elastizität des reinen Substitutionseffektes ($\bar{n}$ bzw. $\bar{n}'$) und der marginalen Importquote (π bzw. π') zusammensetzen, den Wert eins übertrifft. In dieser Formulierung entspricht das Ergebnis der bekannten ‚*Marshall-Lerner*-Bedingung‘.[39]

[35] Vgl. *Meade* [134] S. 150, Tab. IV (a). Der dort angegebene formale Ausdruck deckt sich allerdings nicht voll mit dem vorliegenden Beispiel, da *Meade* eine das Einkommen stabilisierende Politik des Auslandes unterstellt. Vgl. auch *Tsiang* [213] S. 925, Fußn. 19.

[36] *Samuelson* [180] S. 257 ff.. Zur knappen Darstellung dieses Prinzips siehe *Baumol* [20] S. 373 ff..

[37] Vgl. *Tsiang* [213] S. 925, inkl. Fußn. 18.

[38] Unter Verwendung der *Hicks-Slutsky*-Beziehung (vgl. S. 150, Fußn. 11 im mathematischen Anhang) erhält man durch partielle Differentiation der Importfunktion (81) nach p'w und Multiplikation mit $-\frac{p'w}{m}$ unter Beachtung von p' = w = 1:

$$n = -\frac{\partial m}{\partial (p'm)} \frac{p'w}{m} = m \frac{\partial m}{\partial A} \frac{p'w}{m} - \frac{\partial m}{\partial (p'w)} \frac{p'w}{w} = \pi + \bar{n}.$$

Hierbei entspricht π dem Einkommens- und $\bar{n}$ dem Substitutionseffekt. Der Beweis für n' verläuft entsprechend.

[39] Eine Gleichsetzung der *Meade*schen Importpreiselastizitäten n und n' mit den bislang verwendeten korrespondierenden Preiselastizitäten n_m und n_x, wie es diese Feststellung impliziert, ist wegen unterschiedlicher Definitionen nur unter bestimmten Voraussetzungen möglich. Die durch *Meade* verwendeten Elastizitäten setzen nämlich neben der Konstanz des Volkseinkommens gewöhnlicher Elastizitäten auch noch konstantes Sparen bzw. unveränderliche Absorptionsausgaben voraus. (Vgl. *Spraos* [199] S. 275.)

Ist das Güterangebot in beiden Ländern unendlich elastisch, werden weitere Implikationen ersichtlich. Es reduziert sich dann der Inhalt der eckigen Klammern von (102a) zu $1+\frac{\pi(1-h)}{h}+\frac{\pi'(1-h')}{h}$. Substitution der gewöhnlichen marginalen Importquoten $q=(1-h)\,\pi$ und $q'=(1-h')\,\pi'$ führt schließlich zum Außenhandelsmultiplikator in bezug auf die Leistungsbilanz in der traditionellen Form $\frac{1}{1+\frac{q}{h}+\frac{q'}{h'}}$.

Obige Reaktionsgleichung des Leistungsbilanzsaldos enthält also wohlbekannte Elemente der im bisherigen Verlauf der Arbeit aufgezeigten Beziehungen. Sie unterscheidet sich teilweise von diesen – abgesehen von der durch *Meade* vollzogenen spezifischen Aufspaltung der Nachfrageelastizitäten und der anders definierten marginalen Importquoten – durch die Vernachlässigung des Terms-of-Trade-Effektes, berücksichtigt darüber hinaus aber variable Güterpreise im In- und Ausland. Namentlich *H. G. Johnson*[40] hat *Meade* wegen der Außerachtlassung dieses Effektes kritisiert. Er wird im folgenden zu beachten sein.

4.12 *Erweiterung des Modells durch die Einbeziehung des Terms-of-Trade-Effektes.*

Die modellanalytische Berücksichtigung dieses Effektes erfolgt auf dem Wege einer Umformulierung der Absorptionsfunktionen (79) und (80) zu

$$A = A(Y, P, i) = A(p\bar{x}, P, i) \qquad (103)$$

und

$$A' = A'(Y', P', i') = A'(p'\bar{x}', P', i') \qquad (104)$$

mit den Definitionsgleichungen der in- (P) und ausländischen Preisniveaus (P')

Wie *H. G. Johnson* jedoch erstmals aufzeigte, besteht zwischen beiden die Transformationsbeziehung

$$\bar{n} = |n_m| + \frac{\pi}{m}\,\frac{\partial A}{\partial(p'w)}.$$

(Vgl. *Johnson* [85] S. 830. Die dort angegebene Formel enthält leider einen Druckfehler.) Demnach ist die *Meade*-Elastizität bei Vorliegen wechselkursinduzierter Absorptionssteigerungen ($\frac{\partial A'}{\partial(p'w)}>0$) stets größer als die gewöhnliche Elastizität. Im Grenzfall ($\frac{\partial A}{\partial(p'w)}=0$), und dieser entspricht wegen der Vernachlässigung des Terms-of-Trade-Effektes den Annahmen des oben behandelten Modells, ergeben beide Elastizitäten dasselbe Ergebnis.

[40] *Johnson* [85] S. 816 f..

$$P = \frac{A - m}{A} p + \frac{m}{A} p'w \qquad (105)$$

sowie

$$P' = \frac{A' - m'}{A'} p' + \frac{m'}{A'} pw', \qquad (106)$$

durch die die Absorptionsausgaben u. a. auch zu einer Funktion der Importgüterpreise werden. Diese Ausgaben seien – der üblichen Annahme entsprechend – homogen vom Grad eins in den Größen Volkseinkommen und allen Güterpreisen. Die Wirtschaftssubjekte handeln frei von Geldillusion. Explizite Kenntlichmachung dieser Eigenschaft modifiziert (103) und (104) zu

$$\frac{A}{P} = A\left[\frac{p\bar{x}}{P}, i\right] \qquad (103a)$$

und

$$\frac{A'}{P} = A'\left[\frac{p'\bar{x}'}{P'}, i'\right] . \qquad (104a)$$

Hieraus ergeben sich unter Beachtung von (105) und (106) sowie $A = \bar{x}$ und $A' = \bar{x}'$ in der Ausgangssituation die Ausgabenfunktionen bei Berücksichtigung des Terms-of-Trade-Effektes in Differentialschreibweise:

$$dA = (1-h)\, d\bar{x} - \rho di + A\, dp - hm\, (dp-dp'-dw) \qquad (107)$$

$$dA' = (1-h')\, d\bar{x}' - \rho' di' + A'dp' - h'm\, (dp'-dp+dw)^{41} \qquad (108)$$

Die restlichen Modellgleichungen bleiben unverändert.

4.121 Unendlich elastisches Geldangebot

Die im folgenden aufzuzeigenden Implikationen sind das Ergebnis einer konsequenten Weiterentwicklung des dem vorangegangenen Abschnitt zugrundeliegenden Modells mit völlig elastischem monetären Angebot und stabilisiertem Zins. Ersetzen der dortigen Gleichungen (94) und (95) durch (107) und (108)

[41] Vgl. *Tsiang* [213] S. 918 f.. Wegen anfänglich m = m' wurde in Gleichung (108) m' durch m ersetzt.

führt zu der den Beziehungen (102) und (102a) entsprechenden, aber um den Terms-of-Trade-Effekt erweiterten Lösung für die Reaktion des Leistungsbilanzsaldos:

$$\dot{B} = \frac{hh'(\bar{n} + \bar{n}' - 1)\,m}{D_2} \qquad (109)$$

$$D_2 = hh' \left\{ \left[1 + \frac{\pi(1-h)}{h} + \frac{\pi'(1-h')}{h'}\right] \left[1 + \frac{R}{e} + \frac{R'}{e'}\right] + (\bar{n} + \bar{n}' - 1) \left[\frac{R}{he} + \frac{R'}{h'e'}\right] \right\}^{42} \qquad (109a)$$

Samuelsons „correspondence principle" erfordert auch hier wiederum einen negativen Wert der Systemdeterminante (i. e. D_2, die mit minus eins multiplizierte Determinante, muß positiv sein). Werden weiterhin positive marginale Hortungsquoten angenommen, resultiert als entscheidende Stabilitätsbedingung $\bar{n} + \bar{n}' - 1 > 0$, d. h. die Summe der sich auf den reinen Substitutionseffekt beziehenden Elastizitäten muß größer als eins sein, damit die Leistungsbilanz normal reagiert. Das bedeutet eine Verschärfung der Aussage gegenüber (102), wonach unter den gleichen Voraussetzungen diese Bedingung lediglich durch die sich aus Substitutions- und Einkommenseffekt (ausgedrückt durch die marginale Importquote) zusammensetzenden *Meade*schen Elastizitäten[43] erfüllt sein mußte. Formal besteht also die Wirkung des Terms-of-Trade-Effektes im Vergleich von (102) mit (109) und (102a) mit (109a) in einer Eliminierung der Einkommenskomponente der *Meade*schen Elastizitäten, darüber hinaus aber auch in einer modifizierten Systemdeterminante ($-D_1 \neq -D_2$).

Je größer die Einkommenskomponente, um so stärker ist auch der Terms-of-Trade-Effekt und vice versa, woraus *Tsiang* folgert: „Therefore, the existence of the terms-of-trade-effect upon aggregate expenditure is not likely to make the stability condition of the exchange rate so dangerously stringent as was at first suggested".[44] Eine nach den soeben getroffenen Feststellungen nicht uneingeschränkt zu akzeptierende Schlußfolgerung, sind doch die sich auf den reinen Substitutionseffekt beziehenden Elastizitäten ($\bar{n}$, $\bar{n}'$) gerade um diesen Effekt kleiner als die auch den Einkommenseffekt umfassenden Elastizitäten (n, n'). Sowohl (102) als auch (109) setzen aber gleich große kritische Werte in Höhe von eins für die Summe dieser – voneinander differierenden – Elastizitäten voraus.

Im übrigen ist eine Übereinstimmung der Stabilitätsbedingungen von *Harberger* und *Laursen* und *Metzler* mit der in (109) enthaltenen zentralen Aussage

42 Vgl. *Tsiang* [213] S. 926.
43 Siehe S. 104.
44 *Tsiang* [213] S. 927.

$\bar{n} + \bar{n}' > 1$ leicht aufgezeigt. Hierzu sind die gewöhnlichen Importpreiselastizitäten n_m und n_x – wie die *Meade*schen Elastizitäten n und n' – unter Verwendung der *Hicks-Slutsky*-Gleichung zu zerlegen. Man erhält dann die Beziehung $|n_m| = \bar{n} + q$ und $|n_x| = \bar{n}' + q'$.[45] Einsetzen dieser Ausdrücke in die *Harberger*sche Stabilitätsbedingung (30) ergibt schließlich

$$\bar{n} + q + \bar{n}' + q' > 1 + q + q' \quad \text{bzw.} \quad \bar{n} + \bar{n}' > 1.$$

Ähnlich wird der Beweis für die Bedingung (28a) von *Laursen* und *Metzler* geführt, wobei zusätzlich zu $|n_m|$ und $|n_x|$ auch die darin enthaltenen partiellen Quotienten $\frac{\partial A}{\partial w}$ und $\frac{\partial A'}{\partial w'}$ zu ersetzen sind. Aus (107) und (108) folgt hierfür $\frac{\partial A}{\partial w} = hm$ und $-\frac{\partial A'}{\partial w} = \frac{\partial A'}{\partial w'} = h'm$[46] und somit in (28a) eingesetzt

$$\bar{n} + q + \bar{n}' + q' > 1 + \frac{q}{hm}\, hm + \frac{q'}{h'm}\, h'm \quad \text{bzw.} \quad \bar{n} + \bar{n}' > 1.$$ [47]

Die Gleichungen (102), (102a), (109) und (109a) verdeutlichen die durch den „Absorption-Approach" betonte Bedeutung der marginalen Hortungsquoten für die Stabilität der Leistungsbilanz. Ist nämlich eine der beiden Quoten negativ, während die Summe der Nachfrageelastizitäten den Wert eins übersteigt, kann die Bilanz wegen der notwendigen Bedingung $D_1 > 0$ bzw. $D_2 > 0$ nicht normal auf eine Abwertung reagieren. Die Ausgabefreudigkeit der Wirtschaftssubjekte führt zu einer Verschlechterung der Bilanz. Im Grenzfall, der durch die Negativität der beiden marginalen Hortungsquoten gekennzeichnet ist, scheint rein formal eine normale Leistungsbilanzreaktion zumindest dann nicht unmöglich, wenn π, π', e und e' hinreichend groß ausfallen. Aufgrund rein ökonomischer Erwägungen schließt *Tsiang* diese Möglichkeit aber aus. $D_1 > 0$ und $D_2 > 0$ sind nämlich lediglich notwendige, nicht aber hinreichende Bedingungen dynamischer Stabilität. Sind In- und Ausland wegen negativer marginaler Hortungsquoten bei gleichzeitig völlig elastischem Geldangebot für sich jeweils unstabil, bleiben sie es auch für den Bereich internationaler Transaktionen. „It is therefore impossible that the two countries would become stable when joined together in mutual trade, since there is no possibility for the unstability of the one being compensated by the stability of the other".[48]

[45] Vgl. hierzu S. 104, Fußn. 38 sowie *Harberger* [71] S. 53 f., Fußn. 12 und 13. Beachte, daß die Elastizitäten $\bar{n}$ und $\bar{n}'$ hier positiv definiert sind.

[46] Das in Gleichung (28a) enthaltene Symbol M entspricht wegen der Annahme p = p' = 1 dem hier verwendeten Symbol m.

[47] Den von *Tsiang* geführten Beweis hält der Verfasser nicht für korrekt, da dieser dabei q mit π und q' mit π' identifiziert, diese Übereinstimmung aber definitionsgemäß nicht gegeben ist. Vgl. *Tsiang* [213] S. 926 f., Fußn. 21.

[48] *Tsiang* [213] S. 928.

Selbst wenn die Summe der Importpreiselastizitäten $\bar{\pi}$ und $\bar{\pi}'$ bei positiven marginalen Hortungsquoten größer als eins sein sollte, braucht die Leistungsbilanz nicht normal auf eine Abwertung zu reagieren. Sind nämlich alle im Inland verfügbaren Produktionsfaktoren voll im Produktionsprozeß eingesetzt, gehen positive wechselkursinduzierte Einkommensänderungen mit Preissteigerungen einher, die dem Preiseffekt einer Devalvation entgegenwirken. In diesem Fall ist das inländische Güterangebot völlig unelastisch (e = 0) und der Leistungsbilanzsaldo bleibt unverändert.

$$\lim_{e \to o} \dot{B} = \lim_{e \to o} \frac{hh'(\bar{\pi} + \bar{\pi}' - 1)}{D_2} = 0$$ [49]

Kommt es in dieser Situation infolge steigender Preise auch zu Nominallohnerhöhungen, die ihrerseits erneute Preissteigerungen bewirken, ist eine Verschlechterung der Bilanz unvermeidlich.[50]

Die in einer Politik vollkommen elastischen Geldangebots implizierte potentielle Gefahr anomaler Leistungsbilanzreaktionen, wie sie anhand einiger Beispiele aufgezeigt wurde, dürfte nicht zu übersehen sein. Eine ausreichende monetäre Alimentierung garantiert ein permanentes makroökonomisches Gleichgewicht der Kassenhaltung bei unverändertem Zins und ermöglicht auf diese Weise unerwünschte Preis- und Einkommensvariationen, die u. U. durch eine entsprechende Verknappung der Geldmenge hätten vermieden oder zumindest eingeschränkt werden können.

4.122 Völlig unelastisches Geldangebot[51]

Den Ausgangspunkt bilden wiederum die Modellgleichungen (91)–(93), (96)–(101), (107) und (108), wobei allerdings zu beachten gilt, daß wegen der angenommenen Starrheit des Geldangebots dL und dL' in (100) und (101) mit null anzusetzen sind,[52] während diesmal die Zinssätze im In- (i) und Ausland (i') Schwankungen unterliegen. Die Reaktionsgleichung für den Leistungsbilanzsaldo lautet dann:[53]

$$\dot{B} = \frac{{}^*h{}^*h'(\pi + \pi' + \bar{\pi} + \bar{\pi}' - 1 - \frac{h\pi}{{}^*h} - \frac{h'\pi'}{{}^*h'})\,m}{D_3} \tag{110}$$

[49] Vgl. S. 107, Gleichung (109).
[50] Vgl. *Tsiang* [213] S. 929 f..
[51] Vgl. *Tsiang* [213] S. 930 ff.. Eine Politik konstanten Geldangebots impliziert, daß monetäre Verluste an das Ausland, wie sie z. B. als Folge einer ungleichgewichtigen Zahlungsbilanz entstehen, durch kompensierende Geldmengensteuerung der verantwortlichen Währungsinstitutionen genau ausgeglichen werden, so daß der monetäre Gesamtbestand unverändert bleibt.
[52] Da das gesamte Geldangebot nicht variiert, muß auch die Geldnachfrage im komparativ-statischen Gleichgewicht unverändert sein, weshalb dL und dL' im vorliegenden Modell den Wert null annehmen.
[53] Vgl. *Tsiang* [213] S. 932 f..

$$D_3 = {}^*h{}^*h' \Big\{ 1 + \frac{\pi(1-{}^*h)}{{}^*h} + \frac{\pi'(1-{}^*h')}{{}^*h'} +$$

$$+ \Big[\pi + \pi' + \bar{n} + \bar{n}' - 1 + h(1-\pi-\pi') - \frac{\pi'(h-h')}{{}^*h'}\Big] \frac{R}{{}^*he} +$$

$$+ \Big[\pi + \pi' + \bar{n} + \bar{n}' - 1 + h'(1-\pi-\pi') - \frac{\pi(h-h')}{{}^*h}\Big] \frac{R'}{{}^*h'e'} \Big\} \qquad (110a)$$

$${}^*h = h + (1+\frac{1}{e})\frac{\rho a}{\beta}\,; \quad {}^*h' = h' + (1+\frac{1}{e'})\frac{\rho' a'}{\beta'}$$

Die hierin enthaltenen Größen *h und *h' bestehen jeweils aus zwei Komponenten: Einmal aus der einkommensinduzierten marginalen Hortungsquote (h bzw. h'), zum anderen aus der „interest-induced marginal propensity to hoard brought about by changes in the interest rate resulting from changes in money income"[54], nämlich

$$(1+\frac{1}{e})\frac{\rho a}{\beta} \quad \text{bzw.} \quad (1+\frac{1}{e'})\frac{\rho' a'}{\beta'}\,.$$ [55]

Solange die Zinselastizitäten der Geldnachfrage ($E_{L,i} = \beta\frac{i}{L}$; $E'_{L',i'} = \beta'\frac{i'}{L'}$) in ihren absoluten Beträgen endlich und die Zinselastizitäten der Absorptionsausgaben ($E_{A,i} = \rho\frac{i}{A}$; $E'_{A',i'} = \rho'\frac{i'}{A'}$) sowie die Einkommenselastizitäten der Kassenhaltung ($E_{L,Y} = a\frac{Y}{L}$; $E'_{L',Y'} = a'\frac{Y'}{L'}$) größer als null sind, d. h. sofern also hinsichtlich der partiellen Quotienten die Beziehungen $\beta, \beta' < \infty$; $\rho, \rho' > 0$ und $a, a' > 0$ bestehen und das Angebot nicht völlig unelastisch reagiert, ergeben sich für die zinsinduzierten marginalen Hortungsquoten stets positive Werte ($\beta, \beta' \neq 0$). Abgesehen von den Grenzfällen $\beta, \beta' = \infty$ und $\rho, \rho' = 0$ werden daher die zusammengesetzten marginalen Hortungsquoten *h und *h' größer als die gewöhnlichen Quoten h und h' sein, wodurch die Wahrscheinlichkeit eines negativen Vorzeichens von *h bzw. *h' abnimmt und damit auch den Spielraum für eine anomale Reaktion der Leistungsbilanz einschränkt.

D_3, *h, *h' >0 in (110) vorausgesetzt, führt zu der zentralen Stabilitätsbedingung

$$n + n' = \pi + \pi' + \bar{n} + \bar{n}' > 1 + \frac{h\pi}{{}^*h} + \frac{h'\pi'}{{}^*h'}\,. \qquad (111)$$

[54] *Tsiang* [213] S. 931.
[55] $a = \frac{\partial L}{\partial Y}$, $a' = \frac{\partial L'}{\partial Y'}$, $\beta = -\frac{\partial L}{\partial i}$, $\beta' = -\frac{\partial L'}{\partial i'}$, $\rho = -\frac{\partial A}{\partial i}$, $\rho' = -\frac{\partial A'}{\partial i'}$.

Sie unterscheidet sich von der in (109) enthaltenen Bedingung $\bar{n} + \bar{n}' > 1$ durch die relativ geringere Gewichtung des Terms-of-Trade-Effektes, wie er in $\frac{h\pi}{*h}$ und $\frac{h'\pi'}{*h'}$ zum Ausdruck kommt. Wegen $*h > h$ und $*h' > h'$ werden die Einkommenskomponenten (π, π') der Importnachfrageelastizitäten (n,n') hier nur teilweise kompensiert, da die mit dem Terms-of-Trade-Effekt verbundenen Ausgaben- und Einkommenssteigerungen im Inland ihrerseits zu Zinserhöhungen führen und auf diese Weise über die Zinselastizität der Absorptionsausgaben diesem entgegengewirkt wird. Die Wahrscheinlichkeit einer erfolgreichen Abwertung nimmt zu. Im Grenzfall (h=*h und h'=*h') sind die Stabilitätsbedingungen (109) und (111) einander gleich. Hingewiesen sei auch auf den stabilisierenden Einfluß des Terms-of-Trade-Effektes bei negativen einkommensinduzierten (h, h'), aber positiven zusammengesetzten marginalen Hortungsquoten (*h, *h').[56] Der kritische Wert für die Summe der *Meade*schen Elastizitäten (n, n') sinkt auf unter eins.

Reagiert die inländische Leistungsbilanz in einer Situation unendlich elastischen Geldangebots und inländischer Vollbeschäftigung auch bei relativ großen Importpreiselastizitäten indifferent auf eine Devalvation[57], weil Nominaleinkommens- und Güterpreissteigerungen den Primäreffekt einer Abwertung wieder zunichte machen, kann sich diese unter einer die Konstanz der Geldmenge gewährleistenden Währungspolitik wegen des Auftretens negativer, zinsinduzierter Absorptionsänderungen durchaus verbessern. Der hierfür kritische Wert für die Summe der Elastizitäten ergibt sich aus der Stabilitätsbedingung

$$\pi + \pi' + \bar{n} + \bar{n}' > 1 + \frac{h'\pi'}{*h'}.$$ [58]

Als Ergebnis dieses Abschnittes seien noch einmal folgende Punkte hervorgehoben 1. Eine auf Geldmengenstabilisierung gerichtete Währungspolitik vermindert die Gefahr negativer (zusammengesetzter) marginaler Hortungsquoten und damit auch das Risiko anomaler Leistungsbilanzreaktionen. 2. Der tendenziell destabilisierende Einfluß des Terms-of-Trade-Effektes wird in seiner Intensität abgeschwächt, wodurch auch von dieser Seite her die Chancen einer erfolgreichen Wechselkursänderung zunehmen. 3. Unter Vollbeschäftigungsbedingungen wirkt eine Politik invariablen Geldangebots stabilisierend auf den Leistungsbilanzsaldo, weil zinsinduzierte Absorptionsänderungen potentiellen Nominaleinkommens- und Preissteigerungen entgegenwirken. Nahezu alle der bekannten Devalvationsmodelle, denen entweder explizit oder – was überwiegend der Fall ist – implizit ein voll elastisches Geldangebot zugrunde liegt, lassen diese Zusammenhänge zwischen monetärer Versorgung der Wirtschaft

56 Vgl. *Tsiang* [213] S. 934.
57 Vgl. Abschnitt IV, 4.121.
58 Vgl. *Tsiang* [213] S. 933 f..

und dem Saldo der Leistungsbilanz außer acht. Es ist das Verdienst *Tsiangs*, hier erstmals auf formalem Wege den Nachweis der bestehenden Beziehungen herausgearbeitet und deren Bedeutung für die Reaktion der Bilanz aufgezeigt zu haben.

4.2 Beachtung der realen Kassenhaltung: Darstellung und Kritik der Modelle von *M. C. Kemp*

4.21 Preisflexibilität und Vollbeschäftigung

Eine modellmäßige Berücksichtigung der Geldmenge kann auch in der Weise geschehen, daß die von den Wirtschaftssubjekten geplant nachgefragte Kassenhaltung u. a. als von den absoluten Güterpreisen determiniert angesehen wird, die Planung also in gewisser Abhängigkeit zum Realwert des Geldes steht. Steigende Preise, die den realen Kassenbestand vermindern, induzieren dann eine verstärkte Nachfrage nach Nominalkasse und vice versa. Wird dieser zusätzlichen Nachfrage nicht durch ein entsprechendes Geldangebot begegnet, bleibt den Wirtschaftssubjekten nur die Alternative, zur Anpassung des nominalen und damit auch des realen Kassenbestandes an das gewünschte Niveau, den Betrag ihrer Absorptionsausgaben zu vermindern. Das aber ist für die Stabilität der Leistungsbilanz nicht unerheblich. Bei der Diskussion der direkten Effekte einer Abwertung auf die Absorption nimmt diese Möglichkeit einen zentralen Platz in *Alexanders* „Absorption-Approach" ein.[59,60]

Von größerer Bedeutung sind im wesentlichen nur zwei Beiträge der neueren Zahlungsbilanztheorie, in denen reale Kassenhaltungseffekte Beachtung finden. Der eine, aus dem Jahre 1959, stammt von *F. H. Hahn*,[61] während der zweite, einige Zeit später veröffentlichte Aufsatz mit dem Namen *M. C. Kemp*[62] verbunden ist.[63] Dessen Modell gilt als das „most recent and complete model of exchange rate adjustment in which the real-balance effect is important"[64] und

59 Vgl. S. 46 f..

60 Vgl. auch *Michaely* [144] S. 144 ff. sowie S. 65 f. dieser Arbeit. In *Michaelys* Aufsatz ist die reale Kassenhaltung sogar die entscheidende Systemgröße, mit deren Hilfe der Versuch einer Annäherung von „Elasticities-" und „Absorption-Approach" anhand einiger *Spezialfälle* unternommen wird.

61 *Hahn* [69] S. 110 ff..

62 *Kemp* [94] S. 314 ff..

63 Verwiesen sei auf zwei weitere Abhandlungen neueren Datums. *Amano* [15] S. 99 ff., dessen Modell eine Nachfragefunktion der realen Kassenhaltung in Abhängigkeit vom realen Output und dem Zinssatz enthält, diskutiert verschiedene Ausgleichsmechanismen der Zahlungsbilanz, u. a. auch die Möglichkeit von Wechselkursänderungen. Dieses Modell vernachlässigt jedoch internationale Rückwirkungen und bleibt auf den Ein-Land-Fall beschränkt. *Negishi* [153] wiederum, der besonders den „Wealth"-Effekt einer Abwertung betont und somit auch den realen Kassenhaltungseffekt berücksichtigt, konzentriert sich vornehmlich auf eine Interpretation und Kritik der Bedingungen von *Robinson-Metzler* und *Marshall-Lerner*.

64 *Krueger* [105] S. 8.

stimmt in seinen Schlußfolgerungen mit den Ergebnissen des Modells von *Hahn* überein. Die weiteren Ausführungen beschränken sich auf eine Darstellung des *Kemp*schen Ansatzes in seinen Grundzügen. Als Grundlage dient dabei die inhaltlich in Teilen modifizierte Wiedergabe des Originalaufsatzes im 16. Kapitel des 1964 vom gleichen Verfasser erschienenen Buches „The Pure Theory of International Trade".[65]

Zugrundegelegt wird eine durch vollständige Flexibilität der Güter- und Faktorpreise garantierte vollbeschäftigte Wirtschaft. Beide Länder produzieren jeweils dieselben Güter, von denen das Inland Gut 1 zusätzlich importiert und Gut 2 teilweise exportiert.[66] Bezeichnen $\bar{x}_j$ ($\bar{x}'_j$; j = 1,2) die inländische (ausländische) Angebotsmenge, $\bar{v}_j$ ($\bar{v}'_j$) die inländische (ausländische) Nachfragemenge, $\bar{v}_j$ ($\bar{v}'_j$) die mengenmäßige Überschußnachfrage, die positiv oder negativ sein kann und zu zwischenstaatlichen Transaktionen in Form von Exporten und Importen führt, und ist p_j (p'_j) der Güterpreis in der entsprechenden Landeswährung, so bestehen die Beziehungen

$$p_1(\bar{v}_1 - \bar{x}_1) = p_1 v_1 = p_1 v'_1 = wp'_1 v'_1 = wp'_1 (\bar{v}'_1 - \bar{x}'_1)$$

und

$$p_2(\bar{v}_2 - \bar{x}_2) = p_2 v_2 = p_2 v'_2 + wp'_2 v'_2 = wp'_2 (\bar{v}'_2 - \bar{x}'_2).$$ [67]

$p_1 v_1$ und $p_2 v_2$ sind mit den bisher verwendeten Symbolen M und X identisch. Als Definitionsgleichung für den inländischen Leistungsbilanzsaldo in Auslandswährung ergibt sich in obiger Schreibweise:

$$Ba = \frac{1}{w}(p_2 v'_2 - p_1 v_1)$$

Die Determinanten der mengenmäßigen Überschußnachfrage (v_j, v'_j) sind zunächst zu ermitteln. Das erfordert ein Zurückgehen auf die Bestimmungsgründe von Gesamtangebot ($\bar{x}_j$, $\bar{x}'_j$) und Gesamtnachfrage ($\bar{v}_j$, $\bar{v}'_j$) des jeweiligen Gutes. Bezüglich des Angebots kann unter Vollbeschäftigungsbedingungen das relative Preisverhältnis $\frac{p_2}{p_1}$ als einzig determinierende Größe angenommen werden.[68] Jede Änderung führt zu einer Umschichtung der Produktionsfaktoren zugunsten des im Preis gestiegenen Gutes. Hingegen beeinflussen beide Güter

65 *Kemp* [95] S. 221 ff..
66 Im Unterschied zu den Modellen von *Meade* und *Tsiang* werden also auch Importgüter im eigenen Land produziert.
67 v_1 und v_1' sowie v_2 und v_2' haben jeweils entgegengesetzte Vorzeichen.
68 Vgl. *Kemp* [95] S. 223.

gleichmäßig treffende Preisvariationen wegen des bereits ausgeschöpften Produktionspotentials den Output nicht. Auftretende Nachfragesteigerungen nach Produktionsfaktoren bewirken ausschließlich Erhöhungen der Faktorentgelte. Es gelten somit die Funktionen

$$\bar{x}_j = \bar{x}_j\left(\frac{p_2}{p_1}\right) \quad \text{und} \quad \bar{x}'_j = \bar{x}'_j\left(\frac{p'_2}{p'_1}\right) = \bar{x}'_j\left(\frac{wp'_2}{wp'_1}\right) = \bar{x}'_j\left(\frac{p_2}{p_1}\right).$$

Ebenfalls abhängig von den Preisen, aber auch von der Höhe des Nominaleinkommens, ist die mengenmäßige Güternachfrage. Darüber hinaus ist der den Wirtschaftssubjekten zur Verfügung stehende Kassenbestand zu beachten, genauer: die Differenz zwischen der geplanten (L bzw. L') und der realisierten Kassenhaltung (G bzw. G'). Jede positive oder negative Differenz zwischen geplanter und realisierter Kasse führt bei gegebenem Volkseinkommen und gegebener Geldmenge zu entgegengesetzten Veränderungen der Absorptionsausgaben, d. h. zum Horten bzw. Enthorten. Volkseinkommen und Güterpreise bestimmen dabei im Modell von *Kemp* die Höhe der im Inland nachgefragten Geldmenge gemäß der Funktion

$$L = L(Y, p_1, p_2). \qquad (112)$$

Diese Funktion wird als homogen vom Grad eins in ihren Argumenten vorausgesetzt,[69] d. h. aus z. B. einer Verdoppelung aller Preise und des Nominaleinkommens resultiert auch eine Verdoppelung der geplanten Kassenhaltung.

Für die Nachfrage nach dem Gut j im Inland lautet die funktionale Beziehung

$$\bar{v}_j = \bar{v}_j\,[Y; p_1; p_2; L(Y, p_1, p_2) - G], \; j = 1{,}2 \qquad (113)$$

mit dem negativen partiellen Quotienten $\partial\bar{v}_j/\partial(L-G)$. *Kemp* hält es für „reasonable to suppose that the $\bar{v}_j$ are homogeneous of degree zero in *all* of their arguments . . .“.[70] Eine Verdoppelung des Einkommens, der Preise und der Geldmenge führt hier zu keiner Veränderung der mengenmäßigen Güternachfrage; der Realwert der Kassenhaltung bleibt erhalten.

Das in (112) und (113) als Bestimmungsgröße enthaltene Volkseinkommen $Y = p_1\,\bar{x}_1\left(\frac{p_2}{p_1}\right) + p_2\,\bar{x}_2\left(\frac{p_2}{p_1}\right)$ ist ausschließlich durch die Preise p_1 und p_2 determiniert:

$$Y = Y(p_1, p_2)$$

[69] *Kemp* [95] S. 223.
[70] *Kemp* [95] S. 223.

Auch diese Funktion ist homogen vom Grad eins und läßt sich deshalb in der Form

$$\frac{Y}{p_1} = \frac{Y}{p_1}\left(\frac{p_2}{p_1}\right) = \varphi_1\left(\frac{p_2}{p_1}\right) \qquad (114)$$

angeben. Ebenso erhält man aus (112)

$$\frac{L}{p_1} = \varphi_2\left(\frac{p_2}{p_1}\right) \qquad (112a)$$

Unter Berücksichtigung von (113) sowie der letzten beiden Relationen folgt schließlich für die Überschußnachfragefunktion des Gutes j:

$$v_j = \bar{v}_j\left[\frac{p_2}{p_1}; \varphi_2\left(\frac{p_2}{p_1}\right) - \frac{G}{p_1}\right] - \bar{x}_j\left(\frac{p_2}{p_1}\right)$$

$$v_j = v_j\left[\frac{p_2}{p_1}; \varphi_2\left(\frac{p_2}{p_1}\right) - \frac{G}{p_1}\right]$$ [71,72]

Entsprechend ergibt sich für das Ausland

$$v'_j = v'_j \quad \frac{p_2}{p_1}; \varphi'_2\left(\frac{p_2}{p_1}\right) - \frac{wG'}{p_1}$$

Es ist nun möglich, das vollständige Modell zu formulieren:[73]

$$v_j\left[\frac{p_2}{p_1}; \varphi_2\left(\frac{p_2}{p_1}\right) - \frac{G}{p_1}\right] + v'_j\left[\frac{p_2}{p_1}; \varphi'_2\left(\frac{p_2}{p_1}\right) - \frac{wG'}{p_1}\right] = 0 \qquad j = 1,2$$

$$Ba - \frac{1}{w}\left\{p_2 v'_2\left[\frac{p_2}{p_1}; \varphi'_2\left(\frac{p_2}{p_1}\right) - \frac{wG'}{p_1}\right] - \right.$$

$$\left. - p_1 v_1\left[\frac{p_2}{p_1}; \varphi_2\left(\frac{p_2}{p_1}\right) - \frac{G}{p_1}\right]\right\} = 0 \qquad (115)$$

71 *Kemp* [95] S. 223.

72 $\frac{L}{p_1}$ bezeichnet *Kemp* als „the desired monetary stock in terms of the first commodity" und $\frac{G}{p_1}$ entsprechend als „the real value of the stock of money in terms of the first commodity". Vgl. *Kemp* [95] S. 224 sowie [94] S. 316.

73 *Kemp* [95] S. 224.

$$\frac{dG}{dt} - w\,Ba = 0$$

$$\frac{dG'}{dt} + Ba = 0$$

Zeile eins des Gleichungssystems (115) bringt die Gleichgewichtsbedingung für den Gütermarkt zum Ausdruck. Das Angebot der international gehandelten Güter muß gleich der mengenmäßigen Nachfrage sein. Die hierauf folgende Gleichung definiert den Leistungsbilanzsaldo in Auslandswährung, während die letzten beiden Funktionen die Veränderungen des inländischen und ausländischen Geldangebots in der Zeit (t) als determiniert durch die Höhe dieses Saldos formulieren. Ein positiver Saldo induziert bei passivem Verhalten der Währungsinstitutionen eine gleich große Geldmengenzunahme und vice versa.

Zur Bestimmung des Ergebnisses einer Abwertung – es wird wiederum von einer anfänglich ausgeglichenen Bilanz ausgegangen – ist das System (115) nach dem Wechselkurs zu differenzieren. Dabei sind zwei Fälle zu unterscheiden: 1. Die inländische Geldmenge variiert mit dem Leistungsbilanzsaldo. 2. Die Geldmenge wird durch ein kompensierendes Eingreifen der Zentralbank konstant gehalten.[74]

Im ersten Fall ist ein Leistungsbilanzungleichgewicht nur von vorübergehender Dauer. Jede wechselkursinduzierte Saldoänderung führt nämlich über eine Veränderung der umlaufenden Geldmenge zu einem Ungleichgewicht der Kassenhaltung, dessen Beseitigung von den Wirtschaftssubjekten entweder durch Horten oder Enthorten angestrebt wird. Die Folge sind Güter- und Faktorpreisvariationen, die solange anhalten, bis ein neues Gleichgewicht der Kassenhaltung bei gleichzeitig ausgeglichener Leistungsbilanz realisiert ist, also weder gehortet noch enthortet wird.[75]

Größere Schwierigkeiten bereitet die Ermittlung der Leistungsbilanzreaktion im zweiten Fall, bei dem die zirkulierende Geldmenge unveränderlich bleibt. Auszugehen ist hier von dem um die beiden letzten Gleichungen reduzierten System (115). Umfangreiche mathematische Operationen, auf deren Darstellung im einzelnen verzichtet werden soll, führen dann zu der Reaktionsgleichung

[74] In *Kemps* Terminologie wäre zwischen dem „impact“- und dem „steady state“-Effekt einer Abwertung zu unterscheiden. Ersterer bezieht sich auf den Zeitpunkt unmittelbar nach der Wechselkursänderung, wenn die Geldmenge noch keine Veränderung erfahren hat, während letzterer das Ergebnis des gesamten Anpassungsprozesses beschreibt, also auch eine variierende Geldmenge beinhaltet. Beide Effekte führen zu dem gleichen Ergebnis, wenn staatliches Eingreifen eine Konstanz der Geldmenge garantiert. Vgl. *Kemp* [95] S. 224 f. und S. 231.

[75] Vgl. *Kemp* [95] S. 231 f..

$$\dot{B}a = -\frac{1}{w} \sum_{j=1}^{2} \frac{\partial}{\partial p_j} (p_1 v_1 + p_2 v_2) \frac{dp_j}{dw} \tag{116}$$

mit den bei *Kemp* negativen partiellen Quotienten

$$\frac{\partial}{\partial p_j} (p_1 v_1 + p_2 v_2) \qquad j = 1,2$$

und der positiven Größe $\frac{dp_j}{dw}$. Die Bilanz verbessert sich also stets infolge einer Abwertung.[76]

Begründet wird die Positivität von $\frac{dp_j}{dw}$ folgendermaßen: Angenommen, die Inlandspreise steigen nicht – wie es unter Vollbeschäftigungsbedingungen anzunehmen ist – aufgrund der Abwertung, sondern bleiben unverändert, während die Auslandspreise der inländischen Güter um den relativen Aufwertungssatz der Auslandswährung in bezug auf die Inlandswährung sinken. Selbst dann käme es zu einer inländischen Preissteigerung, weil ausländische Wirtschaftssubjekte eine Zunahme des Realwertes ihrer Kassenhaltung erfahren und deshalb in verstärktem Maße u. a. auch inländische Produkte nachfragen. Die Inlandspreise ziehen zusammen mit den Auslandspreisen an. Das wiederum bewirkt eine Minderung des Realwertes inländischer Kassenhaltung sowie reduzierte Absorptionsausgaben. „It follows that the burden of adjustment must be shared by the two sets of money prices, home and foreign".[77] Inlandspreise und Wechselkurs verändern sich gleichgerichtet.

Eine nähere Bestimmung der beiden anderen Quotienten in (116) erfordert ein Zurückgehen auf ihre einzelnen mathematischen Komponenten, deren Vorzeichen sukzessiv durch *Kemp* ermittelt werden. Von besonderer Bedeutung sind dabei jene Relationen, die die Verhältnisse der marginalen Änderungen von geplant nachgefragter Geldmenge und den Güterpreisen ($\frac{\partial L}{\partial p_j}$; j = 1,2) betreffen und in denen Veränderungen des Realwertes der Geldmenge ihren formalen Ausdruck finden. Sie werden unter Anwendung der *Hicks-Slutsky*-Gleichung erneut aufgespalten und ergeben die Beziehungen[78]

$$\frac{\partial L}{\partial p_j} = \frac{p_j \bar{v}_j}{Y} \frac{L}{p_j} - \bar{v}_j \frac{\partial L}{\partial Y} \qquad j = 1,2$$

[76] Vgl. *Kemp* [95] S. 231.
[77] *Kemp* [95] S. 230.
[78] Vgl. *Kemp* [95] S. 277 ff. in Verbindung mit S. 226 f. sowie [96] S. 82 ff..

bzw. mit Hilfe von Elastizitäten formuliert:

$$e_j = \sigma_j\,(1-e^*) \tag{117}$$

$e_j = \frac{\partial L}{\partial p_j}\frac{p_j}{L}$ und $e^* = \frac{\partial L}{\partial Y}\frac{Y}{L}$ sind die Elastizitäten der gewünschten Kassenhaltung in bezug auf den Preis des Gutes j bzw. in bezug auf das Volkseinkommen. $\sigma_j = \frac{p_j\bar{v}_j}{Y}$ ist ein Gewichtungsfaktor, der den Anteil der Ausgaben für Gut j am Volkseinkommen angibt. *Kemp* erscheint es nun wiederum „reasonable to suppose that $e^* = 1$, that is, that a doubling of money income, money prices constant, will result in a doubling of L. . .",[79] weshalb e_j und damit auch $\frac{\partial L}{\partial p_j}$ den Wert null annehmen.[80]

Kemps Vorgehen bietet in stärkstem Maße Ansatzpunkte zur Kritik. Einmal ist die Annahme bezüglich der Einkommenselastizität der Kassenhaltung, die im Grunde eine Realeinkommenselastizität darstellt, da sie gegebene Güterpreise impliziert,[81] angreifbar. Sie wäre nur dann vertretbar, wenn die Wirtschaftssubjekte ihren gesamten Kassenbestand, d. h. also Transaktions- und Spekulationskasse, in einer bestimmten und konstanten Relation zum Volkseinkommen zu halten wünschten, eine wegen der wesentlich anderen Determiniertheit inaktiver monetärer Bestände unhaltbare Voraussetzung. Zum anderen, und dieser Einwand wiegt am schwersten, ist das Modell von *Kemp* ökonomisch nicht widerspruchsfrei. Das wird besonders deutlich bei einer Gegenüberstellung von (112) mit der zu (117) getroffenen Annahme $e^* = 1$. Nach (112) sind die Güterpreise neben dem Volkseinkommen die entscheidenden Determinanten der Kassenhaltung, und zwar in der Weise, daß eine Verdoppelung dieser Größen auch zu einer Verdoppelung der geplanten Geldnachfrage führt. Wegen $e^* = 1$ aber folgt, daß bereits „a doubling of money income, money prices constant, will result in a doubling of L . . .".[82] Dieser Schluß steht offensichtlich nur dann mit (112) nicht in Widerspruch, wenn Veränderungen beider Güterpreise ohne direkten Einfluß auf die Kassenhaltung bleiben, die Funktion also homogen vom Grad null in p_1 und p_2 vorausgesetzt werden kann. Bei *Kemp* drückt sich obige Annahme noch schärfer darin aus, daß sogar $\frac{\partial L}{\partial p_j} = 0$ gefolgert wird; die geplant nachgefragte Geldmenge ist unabhängig von jeder *einzelnen* Preisvariation. Anders formuliert: Reale Kassenhaltungseffekte

79 *Kemp* [95] S. 279. Die Symbole wurden der vorliegenden Arbeit entsprechend geändert.

80 Vgl. *Kemp* [95] S. 279 f. und S. 226 f..

81 Bemerkenswerterweise findet sich die Herleitung von Beziehung (117) bei *Kemp* in einem Kapitel, das sich gerade durch Preisrigiditäten und der Möglichkeit unausgelasteter Produktionskapazitäten auszeichnet. Unkommentiert werden die dort entwickelten Relationen auf das hier gegebene Vollbeschäftigungsmodell übertragen.

82 Vgl. das zu (117) gehörende Zitat.

sind ausgeschlossen. Dann aber bleibt auch *Kemps* Begründung hinsichtlich des positiven Vorzeichens von $\frac{dp_j}{dw}$ in (116) unbefriedigend, deren wesentlicher Inhalt gerade in der Beachtung derartiger Effekte besteht.[83] Mit der Annahme $e^* = 1$ und somit $\frac{\partial L}{\partial p_j} = 0$ hat *Kemp* also die in seinem Modell enthaltene reale Kassenhaltung wiederum eliminiert. Was bleibt, ist ein monetäres Abwertungsmodell mit einer ausschließlich durch die Höhe des Volkseinkommens – nicht aber der Güterpreise – bestimmten Geldnachfrage und der nicht näher begründeten, im Zusammenhang mit einer gegebenen Geldmenge aber äußerst problematischen Vernachlässigung der Determinante Zins.[84] Mit anderen Worten: *Kemp* formuliert zunächst ein Modell, erarbeitet mit erheblichem mathematischen Aufwand dessen analytische Implikationen, die dann ihrerseits durch mathematische Nebenbeweise und versteckte ökonomische Annahmen so modifiziert werden, daß sie schließlich mit den Ausgangsannahmen in Widerspruch geraten.

In der zeitlich früher gelegenen erstmaligen Veröffentlichung des obigen Modells in seinem Aufsatz „The Rate of Exchange, the Terms of Trade and the Balance of Payments in Fully Employed Economies"[85] beschreitet *Kemp* einen mathematisch weniger aufwendigen Lösungsweg. Es lassen sich nämlich einige wichtige Schlußfolgerungen ziehen, „if we are prepared to assume that in each country the . . . commodities (including the local currency) are gross substitutes for each other, that is, if we are prepared to assume that an increase in the price of one commodity (other prices constant) gives rise to an increase in the demand for each of the . . . remaining commodities."[86]

Diese Annahme schließt bereits anomale Reaktionen der Leistungsbilanz aus. Denn voraussetzungsgemäß bewirkt jede abwertungsinduzierte Preissteigerung ein Aufstocken der Kassenhaltung, weshalb die Importausgaben mit den Absorptionsausgaben sinken, gleichzeitig aber wegen dieser Absorptionsminderung auch noch zusätzlich Güter für Exportzwecke zur Verfügung stehen. Die Bilanz verbessert sich. Selbst wenn im Inland die Export- und Importgüterpreise unverändert blieben, käme es wegen der dann sinkenden ausländischen Importgüterpreise über einen Abbau der dortigen Kassenhaltung und der damit verbundenen verstärkten Nachfrage auch nach inländischen Exportprodukten zu einer positiven Reaktion der inländischen Bilanz.

Die hier aufgezeigten Beziehungen stimmen mit den Ergebnissen *F. H. Hahns* voll überein: „Assuming the goods market to be in equilibrium both before and after a change in the rate of exchange, the balance of payments of country (1) will change in the same direction as the price of currency

[83] Vgl. S. 117.
[84] Vgl. *Uzawa* [214] S. 257.
[85] *Kemp* [94].
[86] *Kemp* [94] S. 319.

(2) in terms of currency (1) changes provided all goods and currencies are gross substitutes“.[87] Anders ausgedrückt: „gross substitutability“ ist eine hinreichende Bedingung normaler Leistungsbilanzreaktionen.[88] Sie impliziert eine stets elastische Importnachfrage.[89] Wäre diese nämlich unelastisch (Preiselastizität der Importnachfrage absolut genommen kleiner als eins), nähme der Importwert infolge einer Abwertung entweder auf Kosten der Ausgaben für andere Güter zu oder aber die Wirtschaftssubjekte enthorten. Beide Möglichkeiten sind mit „gross substitutability“ unvereinbar. Unter diesem Gesichtspunkt betrachtet erweisen sich die Modelle von *Hahn* und *Kemp* als zu speziell, denn eine Bilanz kann auch dann normal auf eine Wechselkursänderung reagieren, wenn die Bedingung der „gross substitutability“ nicht erfüllt ist. Entscheidend für den Erfolg einer Ab- bzw. Aufwertung ist das Verhältnis der Veränderungen von Exportwert und Importwert, wobei die geplanten Kassenbestände sowohl zunehmen als auch abnehmen oder konstant bleiben können. Offensichtlich werden also durch das Konzept der „gross substitutability“ nicht alle potentiellen Fälle normaler Leistungsbilanzreaktionen erfaßt.

4.22 Preiskonstanz und Unterbeschäftigung

Bislang wurde von im In- und Ausland voll ausgelasteten Produktionskapazitäten ausgegangen. Ausgabensteigerungen führten zu gleichgerichteten Güterpreisänderungen und vive versa. In dem jetzt zu skizzierenden zweiten Modell von *Kemp* werden diese Annahmen aufgehoben. Beide Länder verfügen über genügend ungenutzte Produktionsfaktoren, so daß die Preise der im Lande erstellten Güter als konstant angenommen werden können. Es bestehen dann die folgenden mathematischen Relationen:[90]

$$Y = {}^{+}A\,[Y, w, L(Y, w) - G] + X\,[Y', \tfrac{1}{w}, L'(Y', \tfrac{1}{w}) - G']$$

$$Y' = {}^{+}A'\,[Y', \tfrac{1}{w}, L'(Y', \tfrac{1}{w}) - G'] + X'\,[Y, w, L(Y, w) - G]$$

$$Ba = \tfrac{1}{w}\,X\,[Y', \tfrac{1}{w}, L'(Y', \tfrac{1}{w}) - G'] - X'\,[Y, w, L(Y, w) - G]$$

Wegen der als unveränderlich unterstellten Preise heimischer Produkte enthält obiges Modell den Wechselkurs als einzige Preisvariable. Paritätsänderungen

87 *Hahn* [69] S. 117. Der Text ist im Original kursiv gedruckt.
88 Vgl. *Krueger* [105] S. 30.
89 Vgl. *Negishi* [153] S. 221.
90 *Kemp* [95] S. 273. – Zur Symbolik siehe Symbolverzeichnis.

beeinflussen Import- und Exportpreise und induzieren auf diese Weise Variationen in den Import- und Absorptionsausgaben sowie der Geldnachfrage. Ist das Geldangebot exogen in bestimmter Höhe vorgegeben und die Leistungsbilanz anfänglich ausgeglichen, erhält man als Reaktionsgleichung für den Saldo in Auslandswährung[91]

$$\dot{B}a = \frac{\hat{h}\hat{h}' \, (|\bar{n}_m| + |\bar{n}_x| - 1) \, Ma}{\hat{h}\hat{h}' + \hat{q}\hat{h}' + \hat{q}'\hat{h}} \, . \qquad (118)$$

Die Größen $\bar{n}_m = \frac{w}{m} \left(\frac{\partial m}{\partial w} + \frac{\partial m}{\partial L} \frac{\partial L}{\partial w} \right)$

und

$$\bar{n}_x = \frac{1}{wm'} \left(\frac{\partial m'}{\partial \left(\frac{1}{w}\right)} + \frac{\partial m'}{\partial L'} \frac{\partial L'}{\partial \left(\frac{1}{w}\right)} \right)^{92}$$

bezeichnen die um den Kassenhaltungseffekt erweiterten Importnachfrageelastizitäten, während die modifizierten marginalen Hortungs- ($\hat{h}$,$\hat{h}'$) und Importquoten ($\hat{q}$,$\hat{q}'$) wie folgt definiert sind:[93]

$$\hat{h} = 1 - \hat{q} - \hat{a} \qquad\qquad \hat{h}' = 1 - \hat{q}' - \hat{a}'$$

$$\hat{q} = \frac{\partial M}{\partial Y} + \frac{\partial M}{\partial L} \frac{\partial L}{\partial Y} \qquad\qquad \hat{q}' = \frac{\partial M'}{\partial Y'} + \frac{\partial M'}{\partial L'} \frac{\partial L'}{\partial Y'}$$

$$\hat{a} = \frac{\partial^+ A}{\partial Y} + \frac{\partial^+ A}{\partial L} \frac{\partial L}{\partial Y} \qquad\qquad \hat{a} = \frac{\partial^+ A'}{\partial Y'} + \frac{\partial^+ A'}{\partial L'} \frac{\partial L'}{\partial Y'}$$

Die modifizierten marginalen Hortungsquoten sind wertmäßig größer als die gewöhnlichen einkommensinduzierten marginalen Hortungsquoten, weil in $\hat{h}$ und $\hat{h}'$ auch kassenhaltungsinduzierte Ausgabenänderungen eingehen.[94] Mit steigendem Volkseinkommen nimmt die geplante Kassenhaltung zu und wirkt wegen der konstanten Geldmenge tendenziell auf eine Reduzierung der Absorptionsausgaben hin. Das Horten wird von der Kassenhaltungsseite her stimuliert.

Gleichung (118) enthält die der ‚*Marshall-Lerner*-Relation' sehr ähnliche Stabilitätsbedingung $|\bar{n}_m| + |\bar{n}_x| > 1$ und geht im Grenzfall, d. h. bei Vernachlässi-

[91] *Kemp* [95] S. 286.
[92] *Kemps* angegebener formaler Ausdruck ist wegen eines Druckfehlers – die Klammern fehlen – nicht korrekt.
[93] Vgl. *Kemp* [95] S. 280 und S. 284.
[94] Es sind $\hat{q} < q$ und $\hat{a} < \tilde{a}$, woraus $\hat{h} > h$ und entsprechend $\hat{h}' > h'$ folgen. Vgl. *Kemp* [95] S. 280 sowie das Symbolverzeichnis dieser Arbeit.

gung der realen Kassenhaltungseffekte, in diese über.[95] Unverständlich bleibt in diesem Zusammenhang *Kemps* erneuter Hinweis auf Beziehung (117)[96] und der daraus gezogenen Folgerung $\frac{\partial L}{\partial p_j} = 0$, der hier $\frac{\partial L}{\partial w} = 0$ entspricht. Sollte *Kemp* dieses Ergebnis wirklich auf (118) übertragen wissen wollen, enthielte auch sein Unterbeschäftigungsmodell keine reale Kassenhaltung. Die nachgefragte Geldmenge wäre ausschließlich eine Funktion des Volkseinkommens.

Immerhin wird folgendes ersichtlich: Solange der Realwert der Kassenhaltung für die Geldnachfrage von Bedeutung ist, die nominal nachgefragte Geldmenge also mit steigenden Güterpreisen zunimmt und umgekehrt ($\frac{\partial L}{\partial w} > 0$), sind auch die modifizierten Nachfrageelastizitäten ($\bar{n}_m$, $\bar{n}_x$) in ihren absoluten Beträgen größer als die gewöhnlichen Preiselastizitäten der Importnachfrage (n_m, n_x). Die Erfolgschancen einer Wechselkursänderung nehmen zu. In dieser Aussage stimmt das zwar nicht sehr überraschende, aber immerhin doch interessante Ergebnis mit den Feststellungen *Tsiangs* überein. Ein konstantes Geldangebot wirkte dort u. a. über zinsinduzierte Absorptionsausgabenänderungen stabilisierend, während es hier reale Kassenhaltungseffekte sind, die eine normale Reaktion der Leistungsbilanz begünstigen.[97]

[95] Vgl. *Kemp* [95] S. 291, Fußn. 4. Es gilt dann: $n_m = \bar{n}_m$ und $n_x = \bar{n}_x$

[96] *Kemp* [95] S. 286.

[97] Zur empirischen Bedeutung des realen Kassenhaltungseffekts, der wahrscheinlich nur bei größeren Preisänderungen wirksam ist, vgl. z. B. *Mayer* [131] S. 290 f..

V. Schlußbemerkungen

1. Zusammenfassung

Im Mittelpunkt dieser Arbeit stand die modellanalytische Behandlung der Wirkungen wechselkursinduzierter Preis- und Einkommenseffekte auf den Leistungsbilanzsaldo, also die Untersuchung der Frage, ob und in welchem Umfang die Leistungsbilanz auf eine Ab- bzw. Aufwertung normal oder anomal reagiert. Hierzu wurden verschiedene methodische Ansätze und Modelle diskutiert, von denen letztere anfänglich verhältnismäßig einfach strukturiert waren, deren Komplexitätsgrad im Verlauf der Ausführungen aber erheblich zunahm.

Zunächst wurde der einfache „Elasticities-Approach" in seinen Grundzügen dargestellt. Das führte zur Herausarbeitung verschiedener bekannter Bedingungen für eine normale Reaktion der Leistungsbilanz, nämlich der ‚*Robinson*-Bedingung', der ‚*Metzler*-Bedingung' der ‚*Marshall-Lerner*-Bedingung', auf deren weniger glücklich gewählte Bezeichnung wegen der verschiedenen Ausgangspunkte bei *Marshall* und *Lerner* verwiesen wurde, und der ‚*Hirschman*-Bedingung'. Bis auf die ‚*Hirschman*-Bedingung', in die Import- und Exportwert- bzw. Devisenangebots- und Nachfrageelastizitäten eingehen, enthalten die übrigen Bedingungen die in- und ausländischen Preiselastizitäten der mengenmäßigen Importnachfrage und des Exportangebots als wesentlichste Bestandteile. In dem Spezialfall der ‚*Marshall-Lerner*-Bedingung' werden dabei die Exportangebotselastizitäten als unendlich groß vorausgesetzt. Unter der weiteren einschränkenden Annahme einer anfänglich ausgeglichenen Leistungsbilanz ergab sich hieraus die bekannte fundamentale Feststellung, daß die Summe der absoluten Beträge der in- und ausländischen Importnachfrageelastizitäten größer als eins sein muß, damit die Bilanz auf eine Wechselkursänderung normal reagiert. Ist das Angebot nicht völlig elastisch, so daß die ‚*Robinson*-Bedingung' zur Anwendung kommt, reagiert die Leistungsbilanz bei hinreichend kleinen Angebotselastizitäten auch dann noch normal auf eine Ab- bzw. Aufwertung, wenn die Summe der Importnachfrageelastizitäten den kritischen Wert von eins nicht erreicht. Das unelastische Angebot wirkt in diesem Fall als ein stabilisierender Faktor.

Von Wichtigkeit erwies sich ferner die Unterscheidung zwischen einer Bewertung der Leistungsbilanz in Inlands- und in Auslandswährung, weil die in unterschiedlichen Währungen ausgedrückten Bilanzen nicht immer gleichsinnig und im gleichen Umfang auf eine Wechselkursänderung reagieren, wenn man von einem anfänglich positiven oder negativen Saldo ausgeht. Ist dieser nämlich negativ (positiv), so wird die Gefahr einer anomalen Reaktion der in inländischer Währung bewerteten Bilanz tendenziell verstärkt (vermindert), während es bei Bewertung in Auslandswährung gerade ein positiver (negativer) Saldo ist, der destabilisierend (stabilisierend) wirkt. Hieraus resultiert, worauf *Hirschman* aufmerksam machte, die Möglichkeit einer gegenläufigen Reaktion der unterschiedlich bewerteten Leistungsbilanzen. Der absolute Betrag der Wechselkurselastizität des Leistungsbilanzsaldos ist dann zwischen null und eins gelegen.

Charakteristisch für den „Elasticities-Approach" ist die Verwendung partieller Preiselastizitäten des Angebots und der Nachfrage. Das Studium der Elastizitäten bildet somit das Kernstück der Wechselkurstheorie auf der Grundlage dieses Ansatzes. Die Schätzung ihrer vermeintlichen Größe aber bereitet erhebliche Schwierigkeiten. Plausibilitätserwägungen ergeben – je nach den Umständen – sowohl Argumente für hohe als auch für niedrige Werte der relevanten Nachfrageelastizitäten. Mutmaßungen dieser Art sind jedoch stark spekulativ. Zu überzeugen vermögen letztlich nur empirische Meßergebnisse. Diese aber sind trotz verbesserter Schätzmethoden weiterhin mit einem verhältnismäßig großen Unsicherheitsfaktor belastet. Allerdings deuten jüngere Messungen eher auf höhere Werte und damit tendenziell auf eine normale Leistungsbilanzreaktion hin als erste Schätzungen der frühen Nachkriegszeit. Die optimistische Einstellung vieler Nationalökonomen zur Wirksamkeit von Wechselkursänderungen erfährt hierdurch eine gewisse empirische Fundierung. Im Gegensatz zu immerhin hoffnungsvollen Ansätzen bei der statistischen Ermittlung von Nachfrageelastizitäten im Außenhandel liegen annähernd brauchbare Schätzungen der entsprechenden Angebotselastizitäten leider nicht vor. Der ökonometrischen Forschung bietet sich hier ein weites, wenn auch sehr diffiziles Betätigungsfeld.

Der partialanalytische Charakter des einfachen „Elasticities-Approach" forderte zur Kritik heraus. Veränderungen so globaler Größen wie Importe und Exporte können nicht ohne Einfluß auf andere Systemgrößen sein, wie z. B. Volkseinkommen und Absorption, die ihrerseits wieder auf Importe und Exporte zurückwirken. Wollte man alle diese primären, sekundären usw. Wirkungen mit den Kriterien des „Elasticities-Approach" erfassen, bliebe nur die Möglichkeit einer Interpretation der verwendeten Elastizitäten als totale Elastizitäten. Rein formal wäre damit zwar bereits der Übergang von der Partialanalyse zur Totalanalyse vollzogen, hinsichtlich einer expliziten Kenntlichmachung wechselkursinduzierter Anpassungsvorgänge jedoch nichts gewonnen. Die Feststellung nämlich, die Wirkungen einer Abwertung werden durch die totalen Preiselastizitäten von Angebot und Nachfrage bestimmt, besagt inhaltlich im Grunde nichts anderes als die wenig aufschlußreiche Folgerung, daß der Leistungsbilanzeffekt einer Wechselkursänderung das Ergebnis eines die gesamte Volkswirtschaft umfassenden Anpassungsprozesses darstellt.

Unter Verzicht auf die Verwendung von Elastizitäten versuchte *Alexander* daher die Wirkungen von Wechselkursänderungen mit Hilfe des „Absorption-Approach" in den Griff zu bekommen, indem er den Leistungsbilanzsaldo als Differenz zwischen (realem) Volkseinkommen und (realer) Absorption definierte. Veränderungen dieser Differenz, als marginales Horten bezeichnet, sind dann gleichbedeutend mit Veränderungen des Leistungsbilanzsaldos, ein Gedanke, der in ähnlicher Weise bereits 1720 durch *Isaac Gervaise* formuliert wurde. *Alexanders* Anliegen besteht nun darin, jene Effekte zu untersuchen, die von Einfluß auf die marginale Hortungsquote, d. h. auf Volkseinkommen und Absorption sein können.

Beeinflußt wird das Realeinkommen einmal durch den positiv wirkenden Beschäftigungseffekt, der mit Einschränkungen dem bekannten *Machlup*schen Exportmultiplikator entspricht, und zum anderen durch den negativ angenommenen Terms-of-Trade-Effekt. Die hieraus resultierende Nettoeinkommensveränderung führt dann via marginale Absorptionsquote zu induzierten Absorptionsausgabenänderungen. Es kommt auf die Größe der marginalen Absorptionsquote an, ob eine Einkommenserhöhung eine gleich große Ausgabensteigerung bewirkt oder nicht. Ist diese gleich eins und somit das marginale Horten gleich null, bleibt der Leistungsbilanzsaldo unverändert. Entscheidend für einen Abwertungserfolg sind dann allein die direkten Effekte einer Wechselkursänderung auf die Absorption, die unabhängig von Einkommensschwankungen deren Höhe beeinflussen. Hierzu zählen vor allem der Kassenhaltungseffekt, der über Veränderungen des Realwertes der Geldbestände auf die Absorptionsausgaben ebenso einwirkt wie der Geldillusions- und der Einkommensumverteilungseffekt. *Alexander* ist in seiner Aufzählung keineswegs vollständig. Weitere Effekte lassen sich finden, wie z. B. der von *Ablin* angeführte „trade imbalance effect", eine spezifische Variante des Einkommensumverteilungseffektes, der Vermögensumverteilungseffekt oder etwa der auf *Machlup* zurückgehende „resource-reallocation effect", durch den selbst in einer vollbeschäftigten Wirtschaft, allein aufgrund einer besseren Umverteilung der Produktionsfaktoren, eine Realeinkommenssteigerung erzielbar wird. Denkbar ist aber auch, daß gerade dieser Effekt zu einer schlechteren Ausnutzung der Produktionsfaktoren führt, nämlich dann, wenn das abwertende Land infolge der neuen Preisrelationen zu Produktionen veranlaßt wird, bei denen es unter ungünstigeren technologischen Bedingungen arbeiten muß.

Einige gewichtige Einschränkungen betreffen vor allem den Terms-of-Trade-Effekt, der analytisch weiterhin in einen Einkommens- und in einen Substitutionseffekt zwischen Importgütern und inländischen Absorptionsprodukten zerlegt werden kann. *Gehrels* hat den Nachweis erbracht, daß *Alexander* einmal die mit der Terms-of-Trade-Verschlechterung verbundene negative Einkommensmultiplikatorwirkung dem Beschäftigungseffekt zurechnet und zum anderen den aus der relativen Preisänderung resultierenden Substitutionseffekt vernachlässigt, was wiederum eine „international reflection ratio" von eins voraussetzt. Nur in diesem Fall führt nämlich der durch die steigende Nachfrage nach inländischen Substitutionsgütern ausgelöste Ausgabenmultiplikator zu einer einkommensinduzierten Importsteigerung, die die durch die ursprüngliche Substitution verursachte Importminderung gerade kompensiert.

Entstanden aus der Kritik am „Elasticities-Approach", versucht der „Absorption-Approach" bewußt ohne Rückgriff auf die Preiselastizitäten von Angebot und Nachfrage auszukommen. Der Verzicht auf ihre explizite Verwendung schließt jedoch den impliziten Gebrauch nicht aus. Die Elastizitäten arbeiten gleichsam hinter der „Szene", wie es *Machlup* formulierte. So ist z. B. die Existenz des Beschäftigungseffekts sowohl von den Exportmöglichkeiten des Inlandes als auch von der Bereitschaft der ausländischen Wirtschaftssubjekte, diese Produkte nachzufragen, abhängig. Anders ausgedrückt: Die Preiselastizitäten des inländischen Exportangebots und der ausländischen Importnachfrage bestimmen den Beschäftigungseffekt. Von ähnlich fundamentaler Bedeutung sind die Preiselastizitäten für die Beurteilung des Terms-of-Trade-Effekts sowie der Reaktion der Importe auf eine Wechselkursänderung. Hier wird ein wesentlicher Mangel des „Absorption-Approach" ersichtlich. *Alexander* betrachtet den Leistungsbilanzsaldo als durch die Differenz zwischen Volkseinkommen und Absorptionsausgaben determiniert. Ebenso gut könnte aber auch der Bilanzsaldo als bestimmend für diese Differenz angesehen werden. Abwertungsinduzierte Export- und Importwertänderungen wären dann die beeinflussenden Variablen der übrigen Systemgrößen Volkseinkommen und Absorption, die ihrerseits wieder auf den Außenbeitrag zurückwirken können. Insofern ist das unterstellte Beziehungsverhältnis nicht zwingend; darüber hinaus bleiben wichtige interdependente Systemzusammenhänge verschleiert.

Ein bedeutender Vorteil des „Absorption-Approach" kann in der Überwindung der Partialanalyse des „Elasticities-Approach" gesehen werden. Ist bei letzterem das Augenmerk ausschließlich auf die Beachtung der Preiseffekte einer Abwertung gerichtet, während Einkommenseffekte keine Berücksichtigung finden, so sind wechselkursinduzierte Einkommens- und Absorptionsänderungen gerade die zentralen Größen des „Absorption-Approach", der seinerseits wiederum Exporte und Importe betreffende Preiseffekte zwar nicht völlig übergeht, ihnen insgesamt aber nur geringere Aufmerksamkeit widmet. Eine Verbindung der beiden Ansätze mit ihren unterschiedlich gelagerten Schwergewichten, wie sie im Abschnitt IV dieser Arbeit durchgeführt wurde, lag daher nahe.

In der einfachsten Variante einer Synthese des „Elasticities-Approach" mit wechselkursinduzierten Einkommenseffekten wird dieser mit dem traditionellen Außenhandelsmultiplikator in bezug auf die Leistungsbilanz in Verbindung gebracht, indem die auf der Basis des „Elasticities-Approach" berechnete Saldoänderung den Multiplikanden bildet. Auf diese Weise erfährt der „Primäreffekt" einer Wechselkursänderung infolge der entgegengesetzten Wirksamkeit des Einkommenseffektes – je nach der Größe des Multiplikators – eine Reduzierung, die im Grenzfall gleich der ursprünglichen Bilanzänderung sein kann.

Der von *Alexander* selbst unterbreitete Vorschlag einer Synthese ist dem eben erwähnten Ansatz ähnlich. Den Ausgangspunkt bildet auch hier der auf der Grundlage des „Elasticities-Approach" berechnete Preiseffekt einer Abwertung, der durch die Beachtung von Nominaleinkommensänderungen ergänzt wird. Das geschieht mit Hilfe sogenannter „initial" und „final reversal factors", die den Grad der Umkehrung der anfänglichen Leistungsbilanzvariation bestimmen. Im Unterschied zu der einfachsten Möglichkeit einer Verbindung der beiden Ansätze unter Rückgriff auf den herkömmlichen Außenhandelsmultiplikator, der konstante Preise bei Unterbeschäftigung voraussetzt, gehen in den durch *Alexander* verwendeten „final reversal factor" neben Outputschwankungen auch Güterpreisänderungen sowie gegebenenfalls – bei entsprechender Modifizierung des Koeffizienten - unmittelbar die Absorptionsausgaben beeinflussende Effekte ein. Der Kern der *Alexander*schen Synthese besteht demnach darin, daß dem Ergebnis des „Elasticities-Approach" ein den „Absorption-Approach" verkörpernder Multiplikator „aufgesetzt" wird, woraus sich dann die endgültige Leistungsbilanzänderung einer Wechselkursvariation ermitteln läßt.

Bei dieser Art des Vorgehens wird gewöhnlich folgende Schwierigkeit übersehen: Ist das Güterangebot nicht unendlich elastisch, induziert der durch die anfängliche Bilanzänderung ausgelöste Multiplikatorprozeß relative Preisverschiebungen zwischen Importen und Inlandsprodukten und löst damit Substitutionseffekte aus, deren Ausmaß wiederum durch die betreffenden Preiselastizitäten von Angebot und Nachfrage bestimmt wird. Das aber bedeutet, daß die in dem Multiplikanden enthaltenen Elastizitäten auch in den Multiplikator („final reversal factor") Eingang finden müssen. Mit anderen Worten: Bei nicht völlig elastischem Güterangebot ist eine Aufspaltung der Leistungsbilanzwirkungen in einen Multiplikanden, der das Ergebnis des „Elasticities-Approach" darstellt, und in einen unabhängig davon bestimmten Multiplikator nicht mehr möglich. Der Gesamteffekt einer Ab- bzw. Aufwertung läßt sich nur in einem komplexen System bestimmen, in dem Veränderungen der Beschäftigung, der Einkommen und der Preise simultan erfaßt werden.

Jede Wechselkursvariation ist mit großer Wahrscheinlichkeit auch mit einer Veränderung des realen Austauschverhältnisses verbunden, die über eine Variation des Realeinkommens und der Absorptionsausgaben wiederum den Leistungsbilanzsaldo beeinflussen kann. Dieser Terms-of-Trade-Effekt, wesentlicher Bestandteil des „Absorption-Approach", wurde erstmals durch *Laursen* und *Metzler* sowie *Harberger* in die Wechselkurstheorie eingeführt. Ihm liegt die Annahme zugrunde, daß eine mit einer Devalvation verbundene Terms-of-Trade-Verschlechterung das Realeinkommen, verstanden als Kaufkraft des Nominaleinkommens, mindert, weshalb wegen der mit fallendem Realeinkommen zunehmenden durchschnittlichen realen Absorptionsquote die Absorptions- und Importausgaben bei gegebenem Nominaleinkommen steigen.

Während sich *Laursen* und *Metzler* mit dieser allgemeinen Feststellung begnügen, unternimmt *Harberger* eine weitere Präzisierung des Realeinkommensverlustes, indem er diesen als ursprüngliche Importmenge multipliziert mit dem Betrag der Importpreissteigerung definiert (sogenanntes „real consumer income"). Hieraus ergibt sich dann seine bekannte Stabilitätsbedingung, die besagt, daß – unter den Voraussetzungen des ‚*Marshall-Lerner*-Falls' – die Summe der absolut genommenen Importpreiselastizitäten größer als eins plus der Summe der marginalen Importquoten im In- und Ausland sein muß, damit die Leistungsbilanz normal reagiert.

Dieses Ergebnis ist in verschiedener Hinsicht kritisiert worden. Es impliziert einmal die Annahme, daß die marginalen Sparquoten bei beschäftigungs- und preisinduzierten Realeinkommensvariationen nicht differieren. Namentlich *Spraos* hat hier nachzuweisen versucht, daß die marginale Sparquote bei preisinduzierten Realeinkommensänderungen vermutlich über der bei beschäftigungsinduzierten Realeinkommensänderungen gelegen ist. In diesem Fall ergibt sich eine Unterschätzung für den kritischen Wert der Preiselastizitäten durch *Harberger*. Zum anderen schließt dessen Stabilitätsbedingung jegliche Substitution zwischen Importausgaben und laufendem Sparen aus, was durch *Day* kritisiert wurde. Nach ihm stehen dauerhafte importierte Konsumgüter und zinstragende Wertpapiere in enger Austauschbeziehung zueinander. Eine Wechselkursänderung kann daher über relative Preisverschiebungen einen Substitutionseffekt zwischen Importausgaben und Ausgaben für Forderungsrechte hervorrufen, der im Fall einer Abwertung (Aufwertung) zugunsten vermehrten Sparens (Konsums) wirkt. Dann aber wird der kritische Wert für eine normale Reaktion der Leistungsbilanz durch *Harberger* überschätzt. *Days* Argumentation vermag nicht recht zu überzeugen. So vermindert - worauf *Pearce* hinweist – eine Importpreissteigerung z. B. nicht nur die Kaufkraft einer bestimmten Konsumsumme, sondern gleichzeitig auch den Realwert des laufenden Sparens sowie den daraus fließenden realen Zinsertrag. Die Annahme eines Substitutionseffektes von null erscheint daher eher sinnvoll.

Von besonderem Interesse ist der durch *Spraos* gegenüber dem Modell von *Harberger* erhobene Vorwurf teilweiser Geldillusion. Bekanntlich ist das Verhalten der Haushalte dann frei von Geldillusion, wenn eine proportionale Entwicklung aller Preise und der Nominaleinkommen die mengenmäßige Konsumnachfrage nicht verändert. Bei *Harberger* hingegen läßt bereits eine proportionale Veränderung der Preise und der Differenz zwischen Einkommen und Sparen (=Konsumausgaben) die reale Nachfrage unbeeinflußt. Für den Fall einer 10 %igen Preissteigerung z. B. genügte dann zur Aufrechterhaltung der mengenmäßigen Konsumgüternachfrage eine absolute Nominaleinkommenszunahme in Höhe des Wertes einer ebenfalls 10 %igen Erhöhung der Konsumausgaben. Offensichtlich ist daher bei positivem Sparen nur eine in bezug auf die Preise unterproportionale Entwicklung der Einkommen zur Beibehaltung des realen Konsumsniveaus erforderlich. Eine einfache Möglichkeit, die in dem Modell vorhandene Geldillusion hinsichtlich des Sparens zu eliminieren, besteht nun darin, den preisinduzierten Realeinkommensverlust nicht in Höhe der zusätzlichen Kosten des ursprünglich erworbenen Güterbündels anzusetzen, sondern durch den zusätzlich aufzuwendenden Betrag zu messen, der entsteht, wenn die Wirtschaftssubjekte ihr *gesamtes* Einkommen in gleicher Proportion auf die einzelnen Güter aufgeteilt hätten wie beim Erwerb des tatsächlich realisierten Bündels. Andernfalls impliziert die *Harberger*sche Stabilitätsformel eine Überschätzung des kritischen Wertes für die Summe der Importpreiselastizitäten, weil durch die Außerachtlassung der Realwertminderung des Sparens die Leistungsbilanzwirkung des Terms-of-Trade-Effekts zu hoch angesetzt wird.

In einem Kommentar zu den Ausführungen *Laursens* und *Metzlers* hat *White* auf die relative Bedeutungslosigkeit des Terms-of-Trade-Effekts bei der Erörterung von Wechselkursproblemen aufmerksam gemacht. Nur in Ländern mit größerem Importanteil wird ein beachtenswerter Einfluß auf den Leistungsbilanzsaldo anzunehmen sein. Auch muß die gewöhnlich mit einer Abwertung – bei *Laursen* und *Metzler* sowie *Harberger* wegen der Annahme unendlich elastischen Güterangebots zurecht – unterstellte Verschlechterung des Realaustauschverhältnisses als nur eine mögliche, wenn auch sicherlich oft zutreffende Folge angesehen werden. Es kommt auf das Verhältnis der Preiselastizitäten von Angebot und Nachfrage im Außenhandel an, ob sich die Terms-of-Trade aufgrund der Devalvation verschlechtern oder gar verbessern.

Die sich in der vorliegenden Arbeit den Bemerkungen über die Terms-of-Trade anschließenden Ausführungen dienten der systematischen Herausstellung verschiedener Stabilitätsbedingungen für den Leistungsbilanzsaldo unter Beachtung des Zusammenwirkens von wechselkursinduzierten Preis-, Einkommens- und Terms-of-Trade-Effekten. Dabei wurde es gleichzeitig möglich, Aussagen darüber zu treffen, unter welchen Umständen der Leistungsbilanzsaldo sowie das Nominal- und Realeinkommen aufgrund einer Abwertung gleichgerichteten Veränderungen unterliegen bzw. einander entgegengesetzt entwickeln. Unter den Annahmen völlig elastischen Güterangebots und einer vor der Wechselkursvariation ausgeglichenen Bilanz konnte hier zunächst festgestellt werden, daß eine erfolgreiche inländische Devalvation stets auch zu einer Steigerung des inländischen und einer Verminderung des ausländischen Volkseinkommens führt. Jedoch können die Realeinkommensänderungen bei positivem volkswirtschaftlichen Sparen den Nominaleinkommensänderungen entgegengerichtet sein, was wiederum von der jeweiligen Größe des Terms-of-Trade-Effekts abhängt. Diese Aussage gilt sowohl für die Bewertung der Bilanz in Inlands- als auch in Auslandswährung. Wird der realistischere Fall eines anfänglichen Bilanzsaldos untersucht, ist bei der Formulierung der Reaktionsgleichungen und Stabilitätsbedingungen zwischen der Bewertung in Inlands- und Auslandswährung zu differenzieren. Unter dieser Voraussetzung gilt, daß das inländische (ausländische) nominale Volkseinkommen nicht mehr unbedingt positiv (negativ) mit der Saldoänderung der inländischen Leistungsbilanz korreliert sein muß. Das inländische (ausländische) Volkseinkommen kann entgegengesetzt (gleichgerichtet) zu (mit) dem in Auslandswährung (Inlandswährung) ausgedrückten Bilanzsaldo variieren.

Die in Außenhandelsmodellen im allgemeinen übliche und in den bisher angesprochenen Modellen – mit Ausnahme des Terms-of-Trade-Effekts – getroffene Annahme besteht in einer unveränderlichen durchschnittlichen Ausgaben- bzw. Sparquote bei gegebenem Volkseinkommen, d.h. vermehrte Importausgaben der Wirtschaftssubjekte infolge einer Wechselkursvariation führen zu einer gleich großen verminderten wertmäßigen Nachfrage nach eigenen, im Lande erstellten Produkten und vice versa, so daß die Gesamtausgabensumme unverändert bleibt. Das ist anders in den Modellen von *Stolper*, *Watanabe* und *Vanek*. Etwaige Importwertschwankungen werden hier nicht, oder zumindest nicht vollständig, durch Veränderungen in der Nachfrage nach heimischen Absorptionsgütern kompensiert. Ihr wertmäßiges Komplement besteht vielmehr in einer entsprechend entgegengesetzten Variation laufenden Sparens. Importausgaben und Sparen stehen demnach in enger Substitutionsbeziehung zueinander. Die sich hieraus für die Stabilitätsbedingung der Leistungsbilanz ergebende Konsequenz wurde anhand des Modells von *Vanek*, der diese fundamentale Annahme stillschweigend trifft und daher den Leser hinsichtlich seiner Schlußfolgerungen zunächst etwas überrascht, ausführlich aufgezeigt. Sie besteht in einer wesentlichen Erhöhung des kritischen Wertes für die Summe der Importpreiselastizitäten als Voraussetzung einer normalen Reaktion des Bilanzsaldos. Eine weitere Folge ist, daß eine Wechselkursänderung, trotz geringer oder gar keiner Auswirkung auf die Leistungsbilanz, mit erheblichen Einkommensschwankungen verbunden sein kann.

Die von den oben angeführten Autoren getroffene Annahme eines engen Substitutionsverhältnisses zwischen Importen und Sparen wurde wegen ihrer geringen Realitätsnähe mehrfach kritisiert. *Spraos* spricht ihr sogar jede Berechtigung ab. Der Verfasser schloß sich der Kritik an und verzichtete aus diesem Grunde auf eine weitere Berücksichtigung der Gedanken *Stolpers*, *Watanabes* und *Vaneks* im Rahmen der vorliegenden Arbeit.

Gemeinsames Charakteristikum aller bisher erwähnten Modelle ist die im allgemeinen nur implizit ersichtliche Unterstellung eines unendlich elastischen Geldangebots. Das bedeutet eine gleichgerichtete Änderung von Geldmenge und wechselkursinduzierten Einkommensvariationen, so daß jede Nachfrage nach Geld bei gegebenem Nominalzins voll befriedigt wird. Einige der wenigen Ausnahmen expliziter Berücksichtigung der Geldmenge bilden die Modelle von *Meade* und *Tsiang*, wobei letzteres auf dem ersteren aufbaut, zusätzlich aber auch noch den Terms-of-Trade-Effekt umfaßt. Erstaunlicherweise hat *Tsiangs* Werk, welches bereits 1961 veröffentlicht wurde, in der deutschen Literatur kaum Beachtung gefunden. Eine etwas breitere Behandlung des Modells im Rahmen der vorliegenden Arbeit erschien daher gerechtfertigt.

Zur Erhöhung des Verständnisses wurde das Modell zunächst verhältnismäßig allgemein formuliert und erst an späterer Stelle eingehender spezifiziert. Ausgegangen wird bei *Tsiang* von einer anfänglich ausgeglichenen Leistungsbilanz, eine Voraussetzung, die um so eher vertretbar erscheint, je relativ unbedeutender der Bilanzsaldo im Verhältnis zum Export- bzw. Importwert ausfällt, weil unter diesen Umständen der in den Stabilitätsbedingungen enthaltene Quotient aus Importwert und Exportwert annähernd den Wert eins annimmt und sich deshalb eine gesonderte mathematische Beachtung erübrigt. Jedes Land produziert nur ein einziges Gut, das sowohl von ihm selbst nachgefragt als auch exportiert wird. Ferner ist der Nominallohn in bestimmter Höhe modellexogen vorgegeben. Das Geldangebot wird alternativ entweder als unendlich elastisch oder aber als konstant unterstellt. Der *Keynes*schen Kassenhaltungstheorie entsprechend bleibt deshalb der Geldzins im ersten Fall auf seinem Ausgangsniveau fixiert, während er im zweiten Fall wegen des unveränderlichen Geldangebots, aber einkommensabhängiger Geldnachfrage, Schwankungen unterliegt. Sein Gleichgewichtsniveau ist erreicht, wenn die vorhandene Geldmenge gerade auch geplant nachgefragt wird.

Es wäre für eine Zusammenfassung zu weitgehend, wollte man noch einmal alle Besonderheiten der einzelnen Reaktionsgleichungen und Stabilitätsbedingungen hervorheben. Hierzu sei auf den entsprechenden Text verwiesen. Immerhin aber lassen sich bei einem Vergleich der Modelle mit entweder variabler oder aber konstanter Geldmenge die folgenden allgemeinen Feststellungen treffen: Eine auf Geldmengenstabilisierung ausgerichtete Währungspolitik vermindert die Gefahr negativer marginaler Hortungsquoten und damit auch das Risiko potentieller anomaler Leistungsbilanzreaktionen. Ferner wird der tendenziell destabilisierende Einfluß des Terms-of-Trade-Effekts in seiner Intensität abgeschwächt, so daß auch von dieser Seite her die Chancen einer erfolgreichen Wechselkursänderung zunehmen. Darüber hinaus wirkt ein invariables Geldangebot unter Vollbeschäftigungsbedingungen stabilisierend auf den Leistungsbilanzsaldo, weil zinsinduzierte Absorptionsänderungen wechselkursinduzierten Nominaleinkommens- und Preissteigerungen entgegengerichtet sind. Es ist das Verdienst *Tsiangs*, zur Erhellung der hier bestehenden Zusammenhänge Wesentliches – überwiegend auf formalem Wege – beigetragen zu haben. Sein Ansatz ist als einer der bedeutendsten Versuche einer Synthese von „Elasticities-“ und „Absorption-Approach“ zu werten.

Eine modellmäßige Berücksichtigung der Geldmenge kann auch in der Weise geschehen, daß die von den Wirtschaftssubjekten geplant nachgefragte Nominalkasse neben dem Volkseinkommen als von den absoluten Güterpreisen abhängig angesehen wird, indem steigende Preise, die den realen Kassenbestand vermindern, eine verstärkte Geldnachfrage induzieren und vice versa. Ist das Geldangebot völlig unelastisch, läßt sich eine Anpassung der nominalen und damit auch der realen Kassenhaltung an das gewünschte Niveau nur auf dem Wege einer Absorptionsausgabenreduzierung bzw. gegebenenfalls einer Ausgabenerhöhung erzielen, die wiederum die außenwirtschaftlichen Transaktionen beeinflußt. Dieser reale Kassenhaltungseffekt ist wichtiger Erklärungsbestandteil im System *Alexanders*, soweit er sich mit den direkten Wirkungen einer Abwertung auf die Absorption auseinandersetzt. Im übrigen aber hat die Zahlungsbilanztheorie dem Effekt kaum Beachtung geschenkt. Eine Ausnahme bilden die Beiträge von *Kemp* und *Hahn*.

Kemp formuliert in seinem Buch „The Pure Theory of International Trade" zwei Abwertungsmodelle, die sich durch unterschiedliche Annahmen hinsichtlich Preisflexibilität und Beschäftigung voneinander unterscheiden. Das Geldangebot wird als konstant unterstellt. In bezug auf das erste Modell, welches von vollständiger Preisflexibilität bei Vollbeschäftigung ausgeht, konnte dem Autor ökonomische Inkonsistenz nachgewiesen werden. Mathematische Nebenbeweise und weitere ökonomische Einschränkungen führen *Kemp* im Verlauf der Analyse in Widerspruch zu seiner Ausgangsprämisse, nämlich der Preisabhängigkeit der Kassenhaltung. Im Endeffekt ist die Geldnachfrage nur noch durch die Höhe des Volkseinkommens bestimmt. Potentielle reale Kassenhaltungseffekte, auf die verwiesen wird, haben in dem Modell keinen Platz mehr. *Kemp* ist zum Opfer seiner eigenen aufwendigen Mathematik und äußerst kargen ökonomischen Kommentierung geworden.

In seiner zeitlich früher gelegenen Veröffentlichung „The Rate of Exchange, the Terms of Trade and the Balance of Payments in Fully Employed Economies" behandelt *Kemp* ein dem obigen sehr ähnliches Modell unter der Annahme, daß alle Güter, die Geldmenge eingeschlossen, in „gross substitutability" zueinander stehen. D. h.: Eine Erhöhung (Senkung) des Preises eines einzigen Gutes führt zu einer verstärkten (verminderten) mengenmäßigen Nachfrage aller übrigen Güter, also auch der Kassenhaltung. Unter dieser Voraussetzung reagiert die Leistungsbilanz stets normal auf eine Wechselkursänderung, ein Ergebnis, welches mit der Untersuchung *Hahns* voll übereinstimmt. Mit anderen Worten: „gross substitutability" ist eine hinreichende – wenn auch nicht unbedingt notwendige – Bedingung normaler Leistungsbilanzreaktion. Sie impliziert eine elastische Importnachfrage und beschränkt somit die Zahl der betrachteten Außenhandelskonstellationen von Anfang an auf die im Hinblick auf die Stabilität der Bilanz unproblematischen Fälle.

In dem zweiten Devalvationsmodell des oben genannten Buches von *Kemp* wird Preiskonstanz bei Unterbeschäftigung unterstellt. Das Ergebnis ist eine der ‚*Marshall-Lerner*-Formel' sehr ähnliche Stabilitätsbedingung mit um den realen Kassenhaltungseffekt erweiterten Preiselastizitäten der Importnachfrage, deren numerische Werte über denen der gewöhnlichen Importnachfrageelastizitäten liegen. Die Erfolgschancen einer Wechselkursänderung nehmen zu. In dieser Aussage stimmt das Ergebnis von *Kemp* mit den Feststellungen *Tsiang*s überein. Bei ihm wirkte ein konstantes Geldangebot u. a. über zinsinduzierte Absorptionsausgabenänderungen stabilisierend, während es bei *Kemp* reale Kassenhaltungseffekte sind, die tendenziell eine normale Leistungsbilanzreaktion begünstigen. Als gewichtiger Mangel ist zu werten, daß *Kemp* in seinen Modellen von Zinsänderungen abstrahiert. Es bleibt sein Geheimnis, wie diese Vernachlässigung unter der Bedingung einer fest vorgegebenen Geldmenge gerechtfertigt werden kann.

2. Weitere Ansätze, Möglichkeiten und Grenzen der Modellerweiterung

Die Importnachfrage- und die Exportangebotskurve eines Landes sind nicht unabhängig voneinander. So kann z. B. eine Importgüterpreissteigerung als Folge einer Abwertung über eine verstärkte Produktion inländischer Konkurrenzprodukte bei nicht völlig elastischem Arbeitsangebot zu Lohnerhöhungen führen, die wegen der damit verbundenen Abwanderung von Arbeitskräften aus der Exportgüterindustrie auch in diesem Bereich Lohnkostensteigerungen induzieren. Die Exportangebotskurve verschiebt sich. Nicht ausgeschlossen ist auch, daß Gewerkschaften eine Erhöhung der Importgüterpreise zum Anlaß nehmen, eine allgemeine Steigerung der Nominallöhne durchzusetzen. Ein weiterer enger Zusammenhang zwischen einer Zunahme der Importgüterpreise und den Kosten der Exportgüterproduktion liegt vor, wenn dieser Sektor Produktionsfaktoren, wie z. B. Rohstoffe, aus dem Ausland bezieht. Jede abwertungsbedingte Importpreiserhöhung ist dann unmittelbar mit einer Zunahme der Produktionskosten verbunden.[1]

Um den sich aus diesen interdependenten Zusammenhängen zwischen Importen und Exporten ergebenden analytischen Schwierigkeiten zu entgehen, unterstellen die meisten Autoren, ausdrücklich oder stillschweigend, neben konstanten Nominallöhnen (vgl. z. B. das Modell von *Meade–Tsiang*) auch ausschließlich für den Endverbrauch bestimmte Importgüter.[2] Eine Ausnahme bildet z. B. *A. J. Brown*, der als erster in die Exportgüterproduktion eingehende importierte Rohstoffe in seinem Modell berücksichtigte und zu folgendem Ergebnis gelangte: „If demand for exports is elastic (elasticity numerically greater than unity) then a higher import-content of exports diminishes the efficacy of depreciation . . . With an inelastic demand for exports, the reverse is the case".[3] Anders als *Brown* geht *G. Haberler* vor. Er definiert die sich auf die Exportgüter beziehenden Angebots- und Nachfragekurven in der Weise, daß durch sie nur der Inlandsanteil der Exportgüter (sogenannter Nettoexport) erfaßt wird.[4] Besondere analytische Probleme bestehen für ihn daher nicht.

[1] Zur Interdependenz zwischen Import- und Exportgütern siehe z. B. *Haberler* [65] S. 229 und [67] S. 36 f., Fußn. 12; *Lübbert* [120] S. 290 ff.; *Balogh/Streeten* [18] S. 67 f.; *Morgan* [147] S. 288 f..
[2] Vgl. *Devletoglou* [45] S. 11 und S. 57; *Lübbert* [120] S. 291; *Brems* [29] S. 50.
[3] *Brown* [31] S. 78.
[4] Vgl. *Haberler* [65] S. 229.

Eine modellmäßige Vernachlässigung des Importgehalts der Exportgüter dürfte allerdings für die Formulierung der Stabilitätsbedingungen und Reaktionsgleichungen der Leistungsbilanz nur von geringer Bedeutung sein. So schätzten z. B. *J. J. Polak* und *T. C. Chang* den Anteil der Rohmaterialien am Exportwert westeuropäischer Länder bis zu 20 %, „for other countries, it will be much less; and for a country like the United States, it should be almost negligible".[5] Selbst bei einem Rohstoffanteil von 20 % und einer Importpreissteigerung von 10 % würde demnach die zusätzliche Kostenbelastung nur 2 % des Exportwertes betragen.

Auffallend im Rahmen der Wechselkurstheorie, soweit sie sich mit dem Problem der Leistungsbilanzstabilität befaßt, ist, daß Translokationskosten kaum Beachtung finden. *Stackelbergs* bahnbrechende Arbeit,[6] in der der Einfluß dieser Kosten auf die Exportwert- und Importwertelastizitäten ausführlich untersucht wird, ist offensichtlich bis heute ohne besondere Resonanz geblieben. Eine einfache Möglichkeit, auf die *Stackelberg* selbst verweist,[7] Translokationskosten analytisch zu erfassen, besteht darin, sie als Preisbestandteil der international gehandelten Güter anzusehen. In Abwandlung des *Haberler*schen „Nettoexports" wäre dann ein sogenannter „Bruttoexport" zu definieren, dessen Wert sich aus dem eigentlichen Güterpreis plus Translokationskostenaufschlag zusammensetzt.[8] Auf diese Weise könnten zusätzliche formalanalytische Schwierigkeiten vermieden werden, mit dem Nachteil allerdings, daß der spezifische Einfluß der Translokationskosten auf die interessierenden Elastizitäten – und hierauf kam es *Stackelberg* an – nicht mehr erkennbar wird.

Die in der vorliegenden Arbeit diskutierten Synthesemodelle berücksichtigten neben dem Preiseffekt einer Wechselkursänderung, wie er zentraler Gegenstand des „Elasticities-Approach" ist, auch den von *Alexander* angeführten Beschäftigungseffekt sowie den Terms-of-Trade- und Kassenhaltungseffekt. Keine Beachtung fand hingegen der ebenfalls durch *Alexander* erwähnte Einkommensumverteilungseffekt. Obwohl auf diesen Effekt in der Literatur vielfach hingewiesen wird,[9] erfolgte seine modellmäßige Berücksichtigung bisher nur in wenigen Ansätzen.[10] Eine Erweiterung der gebräuchlichen Modelle um diesen Effekt erscheint wünschenswert.

Als analytische Instrumente setzen Angebots- und Nachfragekurven vollkommene Konkurrenz voraus.[11] Nur unter dieser Bedingung sind die einzelnen

[5] *Polak/Chang* [169] S. 50. Vgl. hierzu auch *Brown* [31] S. 86 f.; *Yeager* [227] S. 145 sowie *Haberler* [65] S. 237, Fußn. 33, die ebenfalls die Meinung vertreten, daß der Rohstoffgehalt der Exporte im allgemeinen sehr gering ist.

[6] *Stackelberg* [200]. Definiert sind die Translokationskosten als die „Summe aller Kosten, die aufgebracht werden müssen, um ein Gut im Rahmen des zwischenländischen Wirtschaftsverkehrs von der anbietenden zu der nachfragenden Wirtschaftseinheit zu befördern". *Stackelberg* [200] S. 9.

[7] *Stackelberg* [200] S. 8.

[8] Vgl. hierzu auch *Marshall* [129] S. 158.

[9] Vgl. z. B. *Balogh/Streeten* [17] S. 103 ff.; *Johnson* [87] S. 21; *Morgan* [147] S. 287 f..

[10] Vgl. *Spraos* [198] sowie *Alejandro* [6] S. 577 ff. und [7] S. 19 ff..

[11] Vgl. *Brems* [27] S. 289.

Kurvenverläufe sowie die hiervon abgeleiteten partiellen Preiselastizitäten einwandfrei bestimmbar. Vollkommene Konkurrenz ist daher eine wichtige – oft verschwiegene – Annahme der sich mit Wechselkursproblemen befassenden Modelle.[12] Sie mag bezüglich der Nachfrage m. E. ihre Berechtigung haben, hinsichtlich des Angebots wird sie problematisch. Der Versuch einer Einbeziehung auch monopolistischer Elemente in die Betrachtung aber ist bislang erst von wenigen Autoren – und das nur für einige Spezialfälle – unternommen worden.[13]

Geht man von der nicht unrealistischen Annahme aus, daß die Güterpreise den Charakter „administrierter Preise" haben, d. h. von Preispolitik treibenden Anbietern auf unvollkommenen Märkten unabhängig von der jeweiligen Marktlage festgesetzt werden, so können die Preise modellanalytisch als Parameter angesehen werden. „Firms (and countries) simply produce whatever ist demanded at the going price".[14] Das Angebot ist unendlich elastisch. In diesem Fall verläuft die Analyse der Leistungsbilanzwirkungen einer Wechselkursänderung in den herkömmlichen Bahnen, d. h. mit dem unter der Bedingung vollkommener Konkurrenz abgeleiteten Instrumentarium, vorausgesetzt, die Anbieter administrieren nur den Inlandspreis ihrer Güter, so daß deren Auslandspreis frei mit dem Wechselkurs schwankt.

In einem neueren Ansatz berücksichtigt *H. P. Gray* sowohl vollkommene als auch unvollkommene Exportgütermärkte.[15] Dabei wird das Angebot der auf den vollkommenen Märkten gehandelten Güter als unendlich elastisch vorausgesetzt, so daß deren Inlandspreise konstant bleiben, während die entsprechenden Auslandspreise mit jeder Ab- bzw. Aufwertung variieren. Im Gegensatz hierzu sind die Auslandspreise der auf unvollkommenen Märkten umgesetzten Exportgüter in bestimmter Höhe administriert, bleiben also unbeeinflußt von einer Wechselkursänderung. Angenommen wird ferner eine relativ unelastische Auslandsnachfrage nach preisadministrierten inländischen Produkten. Unter diesen restriktiven Voraussetzungen weist *Gray* nach, daß die ‚*Marshall-Lerner*-Bedingung' nicht als adäquate Beschreibung der Bedingungen für eine normale Leistungsbilanzreaktion angesehen werden kann, weil diese im vorliegenden Fall die kritische Summe für die Preiselastizitäten der Importnachfrage überschätzt. Trotz seines recht spezifischen Charakters – Einkommens-, Terms-of-Trade- oder gar Kassenhaltungseffekte finden keine Beachtung – zählt *Grays* Modell sicherlich zu den interessanten Beiträgen der jüngeren, sich mit den

12 Der Begriff ‚vollkommene Konkurrenz' wird in diesem Zusammenhang nur selten präzisiert. Gemeint ist in der Regel, daß die Unternehmer den Preis eines Gutes als Datum ihres Wirtschaftsplanes betrachten, so daß unter der Voraussetzung der Gewinnmaximierung die Grenzkosten im Gleichgewicht gleich dem Preis sind. Vgl. z. B. *Meade* [134] S. 1.

13 Vgl. z. B. *Balogh/Streeten* [18] S. 75 ff.; *Smithies* [192] S. 21 ff.; *Brems* [27] S. 289 ff. und [28] S. 737 f.; *Harrod* [76] S. 294; *Spraos* [197] S. 171 ff.; *Kleinewefers* [100] S. 35 ff.. Siehe ferner *Johnson* [89] S. 203 ff..

14 *Brems* [29] S. 50.

15 *Gray* [63] S. 512 ff..

Problemen des unvollkommenen Wettbewerbs befassenden Wechselkurstheorie. Vielleicht vermag die Analyse in der von ihm aufgezeigten Richtung fortzuschreiten.

Auf weitere Möglichkeiten der Modellvervollkommnung sei kurz verwiesen: So könnte – was bislang nur in wenigen Ansätzen geschehen ist – eine Erweiterung des Zwei-Länder-Zwei-Güter-Modells zu einem Mehr-Länder-Mehr-Güter-Modell angestrebt werden, welches eine differenziertere Analyse der wechselkursinduzierten Anpassungsvorgänge und damit gleichzeitig eine größere Annäherung an die Realität[16] ermöglicht.[17] Gelegentlich wird auch die Notwendigkeit betont, die Wechselkurstheorie mit der reinen Außenhandelstheorie in eine allgemeine Theorie des wirtschaftlichen Gleichgewichts zu integrieren.[18] Das erfordert ein Güter-, Faktor- und konsequenterweise auch die Geld- und Kapitalmärkte umfassendes Universalmodell, in dem alle oben angeführten Effekte simultan die Leistungsbilanz- bzw. gegebenenfalls auch die Zahlungsbilanzwirkung einer Wechselkursänderung bestimmen.

Von diesem Universalmodell sind die bisher bekannten Wechselkursmodelle noch weit entfernt. Es erscheint jedoch fraglich, ob dieses Ziel wegen der damit verbundenen erheblichen analytischen Schwierigkeiten überhaupt erreicht werden kann und soll. Bereits die in der vorliegenden Arbeit angeführten Stabilitätsbedingungen und Reaktionsgleichungen für den Saldo der Leistungsbilanz waren teilweise derart komplex, daß die Ermittlung ihres ökonomischen Gehalts gelegentlich Schwierigkeiten bereitete. Vernünftigerweise sollte daher ein weiterer Ausbau der vorhandenen Modelle nur betrieben werden, solange die Grenze einer ökonomisch sinnvollen Interpretation der formalen Ergebnisse nicht überschritten wird.

[16] Vgl. die kritischen Bemerkungen von *Flanders* [53] S. 395 ff..

[17] Vgl. hierzu die mehrere Güter bzw. Länder umfassenden Modelle von *Meade* [134] S. 124 ff.; *Pearce* [166] S. 1 ff.; *Polak, J. J./Liu, T. Ch.:* Stability of the Exchange Rate Mechanism in a Multi-Country System, in: Econometrica, Bd. 22, 1954, S. 360 ff. sowie *Lorenzen* [118] S. 249 ff. insb. S. 270 ff..

[18] Vgl. z. B. *Luckenbach* [119] S. 433 f..

Verzeichnis der wichtigsten Symbole

$A = C + I$	:	Nominalwert der inländischen Absorption
${}^{+}A$	:	Nominalwert der im Inland erstellten Absorptionsgüter
a	:	marginale inländische Absorptionsquote
$\tilde{a}$	:	marginale inländische Absorptionsquote bezüglich im Inland erstellter Produkte
B	:	inländischer Leistungsbilanzsaldo in Inlandswährung
Ba	:	inländischer Leistungsbilanzsaldo in Auslandswährung
C	:	Nominalwert des inländischen Konsums
c	:	marginale inländische Konsumquote
Er	:	Realeinkommenselastizität des Konsums
$E_{X,w}$	:	Elastizität der wertmäßigen inländischen Exporte in Inlandswährung in bezug auf den Wechselkurs der Inlandswährung
$E'_{X',w'}$	:	Elastizität der wertmäßigen Exporte des Auslandes in Auslandswährung in bezug auf den Wechselkurs der Auslandswährung
$E_{Xa,w}$	:	Elastizität der wertmäßigen inländischen Exporte in Auslandswährung in bezug auf den Wechselkurs der Inlandswährung
e	:	Preiselastizität des gesamten inländischen Güterangebots
e'	:	Preiselastizität des gesamten ausländischen Güterangebots
e_m	:	Preiselastizität des ausländischen Exportangebots (inländischen Importangebots)
e_x	:	Preiselastizität des inländischen Exportangebots
G	:	vorhandene (= realisierte) inländische Geldmenge
$H = Y - A$	:	Nominalwert des inländischen Hortens
h	:	marginale inländische Hortungsquote
I	:	Nominalwert der inländischen Nettoinvestition
i	:	inländischer Zinssatz
L	:	geplant nachgefragte inländische Geldmenge
l	:	inländischer Nominallohn

M	:	Nominalwert der inländischen Importe in Inlandswährung
Ma	:	Nominalwert der inländischen Importe in Auslandswährung
m	:	inländische Importmenge
N	:	Menge des inländischen Produktionsfaktors Arbeit
$N_{M,w}$	:	Elastizität der wertmäßigen inländischen Importe in Inlandswährung in bezug auf den Wechselkurs der Inlandswährung
$N'_{M',w'}$	:	Elastizität der wertmäßigen ausländischen Importe in Auslandswährung in bezug auf den Wechselkurs der Auslandswährung
$N_{Ma,w}$	:	Elastizität der wertmäßigen inländischen Importe in Auslandswährung in bezug auf den Wechselkurs der Inlandswährung
$n = \pi + \bar{n}$	:	*Meade*sche Preiselastizität der inländischen Importnachfrage
$n' = \pi' + \bar{n}'$	:	*Meade*sche Preiselastizität der ausländischen Importnachfrage
$\bar{n}$	:	inländische Importnachfrageelastizität des reinen Substitutionseffektes einer Preisänderung
$\bar{n}'$	:	ausländische Importnachfrageelastizität des reinen Substitutionseffektes einer Preisänderung
n_m	:	Preiselastizität der inländischen Importnachfrage
n_x	:	Preiselastizität der ausländischen Importnachfrage
P	:	inländisches Preisniveau
p bzw. p_2	:	Preis des inländischen Exportgutes in Inlandswährung
p'w bzw. p_1	:	Preis des inländischen Importgutes in Inlandswährung
q	:	marginale inländische Importquote
S	:	Nominalwert des inländischen Sparens
s	:	marginale inländische Sparquote
T	:	Terms of Trade
u	:	Quotient aus inländischem Import- und Exportwert
v_j	:	inländische mengenmäßige Überschußnachfrage nach dem Gut j
$\bar{v}_j$	:	gesamte im Inland nachgefragte Menge des Gutes j
w	:	inländischer Wechselkurs

X	:	Nominalwert der inländischen Exporte in Inlandswährung
Xa	:	Nominalwert der inländischen Exporte in Auslandswährung
$x\ (x_j)$	:	inländische Exportmenge (des Gutes j)
$\bar{x}_j$	:	gesamte im Inland angebotene Menge des Gutes j
Y	:	Nominalwert des Volkseinkommens
$\alpha = \frac{\partial L}{\partial Y}$		
$\beta = -\frac{\partial L}{\partial i}$		
π	:	marginale inländische Importquote mit der Absorptionsausgabenänderung als Bezugsgröße
$\rho = -\frac{\partial A}{\partial i}$		

Die sich auf das Ausland beziehenden und in Auslandswährung bewerteten Größen werden durch ein Apostroph gekennzeichnet. Realwerte sind mit dem Index r versehen, der bei Großbuchstaben mit dem Symbol auf gleicher Höhe steht (z. B.: Yr = Realeinkommen).

Mathematischer Anhang

Dieser mathematische Anhang ist für den an mathematischen Beweisen interessierten Leser gedacht. Die hierin enthaltenen Ableitungen, die in der verwendeten Literatur in dieser Ausführlichkeit nicht enthalten sind, sollen dazu beitragen, oft etwas schwierig durchschaubare formale Zusammenhänge zu erhellen. Auf diese Weise mag für den einen oder anderen Leser auch die ökonomische Interpretation der im Text angeführten Ergebnisse erleichtert werden. Soweit mathematische Ableitungen mit Hilfe der zitierten Quellen leicht nachvollzogen werden können, wie es z. B. bei den einschlägigen Relationen des „Elasticities-Approach" der Fall ist, wurde auf eine Beweisführung verzichtet.

Teil a)

Ausgangspunkt ist *Bickerdikes* Gleichung

$$\frac{dw'}{dZ} = \frac{-1}{\frac{1+\sigma}{d+\sigma} + \frac{1-\partial}{s^+ + \partial}}$$ [1], deren Kehrwert

$$\frac{dZ}{dw'} = -\left[\frac{1+\sigma}{d+\sigma} + \frac{1-\partial}{s^+ + \partial}\right]$$ sich zu

$$\frac{dZ}{dw'} = -\left[\frac{\frac{1}{\sigma}+1}{\frac{d}{\sigma}+1} + \frac{\frac{1}{\partial}-1}{\frac{s^+}{\partial}+1}\right] \qquad (*)$$

umformen läßt. Z kennzeichnet bei *Bickerdike* das Devisenmarktdefizit und ist daher mit dem inländischen Leistungsbilanzsaldo in Auslandswährung (Ba) identisch. Auch ist wegen $w' = \frac{1}{w}$ und somit

$$\frac{d\left(\frac{1}{w}\right)}{dw} = -\frac{1}{w^2} \quad \text{für } w = w' = 1 \qquad d\left(\frac{1}{w}\right) = dw' = -dw,$$

weshalb (*) nach Substitution von $|n_m|$, $|n_x|$, e_x, e_m für $\frac{1}{d}$; $\frac{1}{\partial}$; $\frac{1}{s^+}$; $\frac{1}{\sigma}$ zu

[1] Zur Erläuterung der Symbole siehe Abschnitt II. 1, S. 22.

$$\frac{dBa}{dw} = \frac{e_m + 1}{\frac{e_m}{|n_m|} + 1} + \frac{|n_x| - 1}{\frac{|n_x|}{e_x} + 1} = |n_m| \frac{e_m + 1}{e_m + |n_m|} + e_x \frac{|n_x| - 1}{|n_x| + e_x}$$

wird. Dieser Ausdruck aber entspricht Ungleichung (10 a) für $\frac{dBa}{dw} > 0$. Unter der Annahme $e_x = e_m = \infty$ folgt dann die ‚*Marshall-Lerner*-Bedingung' $|n_x| + |n_m| - 1 > 0$ bzw. $|n_x| + |n_m| > 1$.

Teil b)

b1) Die Bestimmungsgleichungen des Modells sind:

$$Y = C(Y,w) + I + w\,Ba(Y, Y', w) \tag{1*}$$

$$Y' = C'(Y',w) + I' - Ba(Y, Y', w) \tag{2*}$$

$$Ba = Xa(Y', \tfrac{1}{w}) - Ma(Y,w) = M'(Y', \tfrac{1}{w}) - \frac{1}{w} M(Y,w) \tag{3*}$$

Differentiation von (3*) nach dem Wechselkurs ergibt:

$$\frac{dBa}{dw} = \dot{B}a = \frac{\partial M'}{\partial Y'} \frac{dY'}{dw} + \frac{\partial M'}{\partial(\frac{1}{w})} \frac{d(\frac{1}{w})}{dw} + M \frac{1}{w^2} - \frac{1}{w} \frac{\partial M}{\partial Y} \frac{dY}{dw} - \frac{1}{w} \frac{\partial M}{\partial w}$$

$$\frac{\partial M'}{\partial Y'} = q'; \quad \frac{dY'}{dw} = \dot{Y}'; \quad \frac{\partial M}{\partial Y} = q; \quad \frac{dY}{dw} = \dot{Y}$$

$$\dot{B}a = (q'\dot{Y}' - \frac{1}{w} q\dot{Y}) - \frac{1}{w^2} \frac{\partial M'}{\partial(\frac{1}{w})} \frac{\frac{1}{w}}{M'} \frac{M'}{\frac{1}{w}} - \frac{1}{w} \frac{\partial M}{\partial w} \frac{w}{M} \frac{M}{w} + M \frac{1}{w^2}$$

$\frac{\partial M'}{\partial (\frac{1}{w})} \frac{\frac{1}{w}}{M'} = N'_{M',w'}$ = Elastizität der wertmäßigen Importe des Auslandes in Auslandswährung in bezug auf den Wechselkurs der Auslandswährung.

$\frac{\partial M}{\partial w} \frac{w}{M} = N_{M,w}$ Elastizität der wertmäßigen inländischen Importe in Inlandswährung in bezug auf den Wechselkurs der Inlandswährung.

Unter der Voraussetzung unendlich elastischen Güterangebots in beiden Ländern gilt

$N_{M,w} = n_m + 1$ [2] und $N'_{M',w'} = n_x + 1$.

Deshalb erhält man bei Beachtung von w = 1 für $\dot{B}a$:

$$\dot{B}a = (q'\dot{Y}' - q\dot{Y}) - n_x M' - M' - n_m M \tag{3a*}$$

Hieraus folgt wegen p = p' = w = 1 und darum M = M' = Xa

$$\dot{B}a = Xa(|n_m| + |n_x| - 1) + (q'\dot{Y}' - q\dot{Y}). \tag{3a**}$$

Differentiation von (1*) liefert:

$$\frac{dY}{dw} = \dot{Y} = \frac{\partial C}{\partial Y}\frac{dY}{dw} + \frac{\partial C}{\partial w} + w\dot{B}a + Ba.$$

Annahmegemäß ist Ba = 0 und w = 1, so daß Substitution von (3a*) für $\dot{B}a$ ergibt:

$$\dot{Y} = \frac{\partial C}{\partial Y}\dot{Y} + \frac{\partial C}{\partial w} + Xa(|n_m| + |n_x| - 1) + q'\dot{Y}' - q\dot{Y}$$

$$(1 - \frac{\partial C}{\partial Y} + q)\dot{Y} - q'\dot{Y}' = Xa(|n_m| + |n_x| - 1) + \frac{\partial C}{\partial w}$$

$$1 - \frac{\partial C}{\partial Y} = s; \quad \frac{\partial C}{\partial w} = [1 - Er]\, Xa$$ [3]

$$(s + q)\dot{Y} - q'\dot{Y}' = Xa(|n_m| + |n_x| - 1) + [1 - Er]\, Xa \tag{1a*}$$

Auf ähnliche Weise folgt durch Differentiation von (2*):

$$\frac{dY'}{dw} = \dot{Y}' = \frac{\partial C'}{\partial Y'}\frac{dY'}{dw} + \frac{\partial C'}{\partial w} - \frac{dBa}{dw}$$

$\frac{dBa}{dw}$ wird durch (3a*) ersetzt:

[2] Es ist $\lim_{e_m \to \infty} N_{M,w} = \lim_{e_m \to \infty} \frac{e_m(1+n_m)}{e_m - n_m} = 1 + n_m$ und $\lim_{e_x \to \infty} N'_{M',w'} = 1 + n_x$.

[3] Vgl. Gleichung (39) im Text und beachte, daß wegen Ba = 0 und p = p' = w = 1 die Beziehung x = x' = X = Xa besteht.

$$\dot{Y}' = \frac{\partial C'}{\partial Y'}\dot{Y}' + \frac{\partial C'}{\partial w} - Xa\ (|n_m| + |n_x| - 1)\ - q'\dot{Y}' + q\dot{Y}$$

$$-q\dot{Y} + (1 - \frac{\partial C'}{\partial Y'} + q')\dot{Y}' = -Xa\,(\,|n_m| + |n_x| - 1\,) + \frac{\partial C'}{\partial w}$$

$$1 - \frac{\partial C'}{\partial Y'} = s'\,; \quad \frac{\partial C'}{\partial w} = -[\,1 - E'r]\,Xa$$

$$-q\dot{Y} + (s'+q')\,Y' = -Xa\,(\,|n_m| + |n_x| - 1) - [\,1 - E'r]\,Xa \tag{2a*}$$

(1a*) und (2a*) bilden die Matrizengleichung

$$\begin{bmatrix} (s+q) & -q' \\ -q & (s'+q') \end{bmatrix}\begin{bmatrix} \dot{Y} \\ \dot{Y}' \end{bmatrix} = \begin{bmatrix} Xa\,(\,|n_m| + |n_x| - Er) \\ -Xa\,(\,|n_m| + |n_x| - E'r) \end{bmatrix} \tag{4*}$$

mit den Lösungen $\dot{Y} = \frac{D_1}{D}$ und $\dot{Y}' = \frac{D_2}{D}$.

$$D_1 = Xa\,(\,|n_m| + |n_x| - Er)\,(s'+q') - Xa\,(\,|n_m| + |n_x| - E'r)\,q'$$

$$D_2 = -(s+q)\,Xa\,(\,|n_m| + |n_x| - E'r) + qXa\,(\,|n_m| + |n_x| - Er)$$

$$D = ss' + sq' + s'q$$

$$\dot{Y} = \frac{s'Xa}{D}\,[\,|n_m| + |n_x| - K_Y\,] \tag{5*}$$

$$K_Y = Er + \frac{q'}{s'}\,(Er - E'r)$$

$$\dot{Y}' = -\frac{sXa}{D}\,[\,|n_m| + |n_x| - K_{Y'}] \tag{6*}$$

$$K_{Y'} = E'r - \frac{q}{s}\,(Er - E'r)$$

(5*) und (6*) in (3a**) eingesetzt ergibt:

$$\dot{B}a = Xa\,(\,|n_m| + |n_x| - 1) - \frac{sq'Xa}{D}\,(\,|n_m| + |n_x| - K_{Y'}) -$$

$$- \frac{s'qXa}{D}\,(\,|n_m| + |n_x| - K_Y)$$

$$\dot{B}a = \frac{Xa}{D} \left[(|n_m| + |n_x|) (D - sq' - s'q) - D + sq'K_{Y'} + s'q\, K_Y \right]$$

$$D - sq' - s'q = ss'$$

$$\dot{B}a = \frac{ss'Xa}{D} \left[|n_m| + |n_x| - \frac{D}{ss'} + \frac{q'}{s'} K_{Y'} + \frac{q}{s} K_Y \right]$$

$$\frac{D}{ss'} = 1 - \frac{q'}{s'} - \frac{q}{s}$$

$$\dot{B}a = \frac{ss'Xa}{D} \left[|n_m| + |n_x| - 1 - \frac{q'}{s'}(1 - K_{Y'}) - \frac{q}{s}(1 - K_Y) \right]$$

K_Y und $K_{Y'}$ werden gemäß (5*) und (6*) ersetzt:

$$\dot{B}a = \frac{ss'Xa}{D} \left\{ |n_m| + |n_x| - 1 - \frac{q'}{s'} \left[1 - E'r + \frac{q}{s}(Er - E'r) \right] - \right.$$

$$\left. - \frac{q}{s} \left[1 - Er - \frac{q'}{s'}(Er - E'r) \right] \right\}$$

$$\dot{B}a = \frac{ss'Xa}{D} \left\{ |n_m| + |n_x| - 1 - \frac{q'}{s'} + \frac{q'}{s'} E'r - \frac{qq'}{ss'} Er + \right.$$

$$\left. + \frac{qq'}{ss'} E'r - \frac{q}{s} + \frac{q}{s} Er + \frac{qq'}{ss'} Er - \frac{qq'}{ss'} E'r \right\}$$

$$\dot{B}a = \frac{ss'Xa}{D} \left[|n_m| + |n_x| - K_{Ba} \right] \qquad (7^*)$$

$$K_{Ba} = 1 + \frac{q}{s}(1 - Er) + \frac{q'}{s'}(1 - E'r)$$

b2) Die Realeinkommensfunktion für das Inland lautet

$$Yr = Yr\,(p, p'w, Y)$$

und hat die 1. Ableitung

$$\frac{dYr}{dw} = \dot{Y}r = \frac{\partial Yr}{\partial p}\frac{dp}{dw} + \frac{\partial Yr}{\partial (p'w)}\frac{d(p'w)}{dw} + \frac{\partial Yr}{\partial Y}\frac{dY}{dw},$$

die sich unter den Annahmen unendlich elastischen Güterangebots und $p = p' = 1$ sowie $\frac{\partial Yr}{\partial Y} = 1$ zu

$$\dot{Y}r = \frac{\partial Yr}{\partial w} + \dot{Y} \quad \text{reduziert.}$$

Wegen $\frac{\partial Yr}{\partial w} = -\frac{x'}{Cr/Yr} = -\frac{Xa}{Cr/Yr}$ [4] folgt hieraus

$$\dot{Y}r = \dot{Y} - \frac{Xa}{Cr/Yr}.$$

Durch Einsetzen von (5*) für $\dot{Y}$ ergibt sich:

$$\dot{Y}r = \frac{s'Xa}{D}\,[\,|n_m| + |n_x| - Er - \frac{q'}{s'}Er + \frac{q'}{s'}E'r\,] - \frac{Xa}{Cr/Yr}$$

$$\dot{Y}r = \frac{s'Xa}{D}\,[\,|n_m| + |n_x| - K_{\dot{Y}r}\,] \qquad (8^*)$$

$$K_{\dot{Y}r} = Er + \frac{D}{s'Cr/Yr} + \frac{q'}{s'}(Er - E'r)$$

$$K_{\dot{Y}r} = Er\,(1 + \frac{D}{s'Er\;Cr/Yr}) + \frac{q'}{s'}(Er - E'r)$$

$$K_{\dot{Y}r} = Er\,(1 + \frac{D}{s'dCr/dYr}) + \frac{q'}{s'}(Er - E'r)$$

$$K_{\dot{Y}r} = Er\,(1 + \frac{D}{s'(1-s)}) + \frac{q'}{s'}(Er - E'r) \; ^{5}$$

Entsprechende Operationen führen zur Bestimmung der ausländischen Realeinkommensänderung:

$$\dot{Y}'r = -\frac{s\,Xa}{D}\,[\,|n_m| + |n_x| - K_{\dot{Y}'r}\,] \qquad (9^*)$$

$$K_{\dot{Y}'r} = E'r\,(1 + \frac{D}{s(1-s')}) - \frac{q}{s}(Er - E'r)$$

[4] Siehe Gleichung (*) S. 81 und beachte, daß wegen $p' = w = 1$ auch $x' = Ma = Xa$ gilt.

[5] Es ist $\frac{dCr}{dYr} = \frac{\partial C}{\partial Y} = 1 - s$ unter der Voraussetzung konstanter Güterpreise.

b3) Die Beziehung zwischen den kritischen Werten K_{Yr} und K_{Ba} kann in folgender Weise ermittelt werden:

$$K_{Yr} - K_{Ba} = Er\,(1 + \frac{D}{s'(1-s)}) + \frac{q'}{s'}(Er - E'r) -$$

$$- 1 - \frac{q}{s}(1 - Er) - \frac{q'}{s'}\,(1 - E'r)$$

$$K_{Yr} = K_{Ba} + Er\,(1 + \frac{D}{s'\,(1-s)} + \frac{q'}{s'} + \frac{q}{s}) - (1 + \frac{q}{s} + \frac{q'}{s'})$$

$$K_{Yr} = K_{Ba} + Er\,\frac{D}{s'\,(1-s)} + \frac{D}{ss'}(Er - 1)$$

$$K_{Yr} = K_{Ba} + \frac{D}{ss'}\,(\frac{Er\,s}{1-s} + Er - 1)$$

$$K_{Yr} = K_{Ba} + \frac{D}{ss'}\,(\frac{Er - (1-s)}{1-s})$$

$$K_{Yr} = K_{Ba} + \frac{D}{ss'}\,(\frac{\frac{dCr}{dYr}\,\frac{Yr}{Cr} - (1-s)}{1-s})$$

$$K_{Yr} = K_{Ba} + \frac{D}{ss'}\,(\frac{Yr}{Cr} - 1)$$

$$\frac{Cr}{Yr} = \frac{C}{Y}$$

$$K_{Yr} = K_{Ba} + \frac{D}{ss'}\,(\frac{Y-C}{C})$$

$$K_{Yr} = K_{Ba} + \frac{D}{ss'}\,\frac{S}{C} \qquad (10^*)$$

Der kritische Wert für die ausländische Realeinkommensänderung wird auf demselben Wege bestimmt und lautet

$$K_{Y'r} = K_{Ba} + \frac{D}{ss'}\,\frac{S'}{C'} \qquad (11^*)$$

b4) Differentiation der Bestimmungsgleichung für den Leistungsbilanzsaldo (3*) führt wie in Teil b1) zu (3a*), woraus man unter Beachtung von $M = M' = Ma = Xa$ und $u = \frac{Ma}{Xa}$

$$\dot{B}a = Xa\,(u|n_m| + |n_x| - 1) + (q'\dot{Y}' - q\dot{Y}) \qquad (12^*)$$

erhält.

Als 1. Ableitungen der Volkseinkommensgleichungen (1*) und (2*) nach dem Wechselkurs ergeben sich nach einigen Umformungen:

$$(s+q)\,\dot{Y} - q'\dot{Y}' = Xa\,(u|n_m| + |n_x| - 1) + \frac{\partial C}{\partial w} + Xa - Ma$$

$$-q\,\dot{Y} + (s'+q')\,\dot{Y}' = -Xa\,(u|n_m| + |n_x| - 1) + \frac{\partial C'}{\partial w}$$

Substitution der entsprechenden Ausdrücke für $\frac{\partial C}{\partial w}$ und $\frac{\partial C'}{\partial w}$[6] schließlich führt nach abermaligen Umformungen zu der Matrizengleichung

$$\begin{bmatrix} s+q) & -q' \\ -q & (s'+q') \end{bmatrix} \begin{bmatrix} \dot{Y} \\ \dot{Y}' \end{bmatrix} = \begin{bmatrix} Xa(u|n_m| + |n_x| - u\,Er) \\ -Xa(u|n_m| + |n_x| - E'r) \end{bmatrix} \qquad (13^*)$$

(13*) unterscheidet sich von (4*) lediglich durch die Symbole $u|n_m|$ und u Er. Ersetzen von $|n_m|$ durch $u|n_m|$ und Er durch u Er in den in den Teilen b1) und b2) ermittelten Beziehungen für die Veränderungen von Ba, Y, Y', Yr, Y'r sowie in den Relationen zwischen K_Y, $K_{Y'}$ und Ba[7] ergibt unmittelbar die im Text angeführten Gleichungen (51) bis (58).

Unverändert im Vergleich zum Fall anfänglich ausgeglichener Bilanz bleibt das Verhältnis von $K_{Y'r}$ und K_{Ba}. Es ist

$$K_{Y'r} - K_{Ba} = E'r + E'r\,\frac{D}{s\,(1-s')} - \frac{q}{s}\,u\,Er + \frac{q}{s}\,E'r -$$

$$-1 - \frac{q}{s} + \frac{q}{s}\,\dot{u}\,Er - \frac{q'}{s'} + \frac{q'}{s'}\,E'r,$$

woraus man nach einigen Umformungen

[6] Vgl. S. 81.
[7] Vgl. Gleichungen (45) und (46).

$$K_{Y'r} = K_{Ba} + \frac{D}{ss'} \frac{S'}{C'} \quad (15^*)$$

erhält.
Für das Verhältnis von K_{Yr} zu K_{Ba} gilt:

$$K_{Yr} - K_{Ba} = u\,Er + u\,Er \frac{D}{s'(1-s)} + \frac{q'}{s'} u\,Er - \frac{q'}{s'} E'r -$$

$$- 1 - \frac{q}{s} + \frac{q}{s} u\,Er - \frac{q'}{s'} + \frac{q'}{s'} E'r$$

Diverse Umformungen wie in Teil b3) ergeben dann

$$K_{Yr} = K_{Ba} + \frac{D}{ss'} \left(\frac{uY - C}{C} \right). \quad (15^*)$$

b5) Differenziert wird die Bestimmungsgleichung für den inländischen Leistungsbilanzsaldo in Inlandswährung:

$$B = w\,M'(Y', \frac{1}{w}) - M\,(Y,w) \quad (16^*)$$

$$\dot{B} = M' + w\,q'\dot{Y}' + w \frac{\partial M'}{\partial(\frac{1}{w})} \frac{d(\frac{1}{w})}{dw} - q\dot{Y} - \frac{\partial M}{\partial w} \quad \Big| w=1$$

$$\dot{B} = M' - \frac{\partial M'}{\partial(\frac{1}{w})} \frac{\frac{1}{w}}{M'} \frac{M'}{\frac{1}{w}} - \frac{\partial M}{\partial w} \frac{w}{M} \frac{M}{w} + q'\dot{Y}' - q\dot{Y}$$

$$\frac{\partial M'}{\partial(\frac{1}{w})} \frac{\frac{1}{w}}{M'} = N'_{M',w'} = 1 + n_x$$

$$\frac{\partial M}{\partial w} \frac{w}{M} = N_{M,w} = 1 + n_m$$ [8]

[8] Vgl. S. 142, Fußn. 2 im mathematischen Anhang.

$$M' \mathrel{\hat{=}} X$$

$$\dot{B} = M\left(|n_m| + \frac{1}{u}|n_x| - 1\right) + (q'\dot{Y} - q\dot{Y}) \qquad (17^*)$$

$$u = \frac{M}{x}$$

Die ersten Ableitungen der Einkommensgleichungen

$$Y = C(Y,w) + I + B(Y, Y', w) \qquad (18^*)$$

$$Y' = C'(Y', w) + I' - \frac{1}{w} B(Y, Y', w) \qquad (19^*)$$

lauten

$$\dot{Y} = \frac{\partial C}{\partial Y}\dot{Y} + \frac{\partial C}{\partial w} + \dot{B}$$

$$\dot{Y} = \frac{\partial C'}{\partial Y'}\dot{Y}' + \frac{\partial C'}{\partial w} + \frac{1}{w^2}B - \frac{1}{w}\dot{B}.$$

Einsetzen von X – M für B und (17*) für $\dot{B}$ führt nach einigen Umformungen unter Beachtung von w = 1 zu der Matrizengleichung

$$\begin{bmatrix} (s+q) & -q' \\ -q & (s'+q') \end{bmatrix} \begin{bmatrix} \dot{Y} \\ \dot{Y}' \end{bmatrix} = \begin{bmatrix} M\left(|n_m| + \frac{1}{u}|n_x| - Er\right) \\ -M\left(|n_m| + \frac{1}{u}|n_x| - \frac{1}{u}E'r\right) \end{bmatrix} \qquad (20^*)$$

Diese unterscheidet sich von (4*) durch die Größen M, $\frac{1}{u}|n_x|$ und $\frac{1}{u}$ E'r, die in den Gleichungen (5*) bis (9*) sowie (45) und (46)[9] im Text für $\dot{X}a$, $|n_x|$ und E'r zu substituieren sind und auf diese Weise die angeführten Beziehungen (60) bis (66) unmittelbar ergeben. Unverändert gegenüber (10*) bleibt die Beziehung zwischen K_{Y_r} und K_B, da alle Glieder mit $\frac{1}{u}$E'r sich gegenseitig kompensieren.[10]

[9] In diesen beiden Gleichungen ist ferner K_{Ba} durch K_B zu ersetzen.
[10] Vgl. hierzu die Berechnung in Teil b3).

Für das Verhältnis zwischen $K_{Y'r}$ und K_B erhält man

$$K_{Y'r} - K_B = \frac{1}{u} E'r \left(1 + \frac{D}{s(1-s')}\right) - \frac{q}{s}\left(Er - \frac{1}{u} E'r\right) -$$

$$- 1 - \frac{q}{s}(1 - Er) - \frac{q'}{s'}\left(1 - \frac{1}{u} E'r\right)$$

und nach einigen Umformungen

$$K_{Y'r} = K_B + \frac{D}{ss'} \left(\frac{\frac{1}{u} Y' - C'}{C'} \right).$$

Teil c)

c1) Die allgemeine Formulierung der inländischen Importfunktion lautet

$$m = m(A, p, p'w)$$

und besitzt das totale Differential

$$dm = \pi \left(= \frac{\partial m}{\partial A}\right) dA + \frac{\partial m}{\partial p} dp + \frac{\partial m}{\partial (p'w)} (dp' + dw). \tag{21*}$$

Beide partiellen Differentiale $\frac{\partial m}{\partial p} dp$ und $\frac{\partial m}{\partial (p'w)} (dp' + dw)$ werden gemäß der *Hicks-Slutsky*-Gleichung[11] in einen Einkommens- und in einen Substitutionseffekt zerlegt.

Für $\frac{\partial m}{\partial p} dp$ gilt:

$$\frac{\partial m}{\partial p} dp = -(\bar{x} - m')\pi \, dp + \frac{\delta m}{\delta p} dp \tag{22*}$$

$(\bar{x} - m')$ ist die Menge der im Inland absorbierten Güter, $(\bar{x} - m')\,dp$ daher der Betrag, um den das Volkseinkommen sich verändern muß, damit genau die ursprüngliche Gütermenge nachgefragt werden kann. Letzter Ausdruck mit der

11 Diese hat die Form $\frac{\partial x_i}{\partial p_j} = - x_i \frac{\partial x_i}{\partial A} + \frac{\delta x_i}{\delta p_j}$, in der x die Menge des Gutes i, p den Preis des Gutes j und A die Ausgaben bzw. ggf. das Einkommen bezeichnen. Für i = j beziehen sich Menge und Preis auf dasselbe Gut. $-x_i \frac{\partial x_i}{\partial A}$ stellt die Einkommens- und $\frac{\delta x_i}{\delta p_j}$ die Substitutionskomponente dar. Vgl. hierzu die auf S. 102, Fußn. 29 angeführte Literatur sowie *Meade* [134] S. 19.

marginalen Importquote π multipliziert ergibt dann den Einkommenseffekt einer inländischen Preissteigerung bezüglich der Importmenge.[12]

Auf demselben Wege erhält man für $\frac{\partial m}{\partial (p'w)}$ (dp' + dw):

$$\frac{\partial m}{\partial (p'w)} (dp' + dw) = - m \pi (dp' + dw) + \frac{\delta m}{\delta (p'w)} (dp' + dw) \qquad (23^*)$$

Nun ist $\bar{n} = -\frac{\delta m}{\delta (p'w)} \frac{p'w}{m}$ und deshalb

$$\frac{\delta m}{\delta (p'w)} \frac{p'w}{m} m = - \bar{n} m = \frac{\delta m}{\delta (p'w)} \qquad \text{wegen } p' = w' \; 1$$

vor der Wechselkursänderung. Hieraus folgt für (23*)

$$\frac{\delta m}{\delta (p'w)} (dp' + dw) = - m \pi (dp' + dw) - \bar{n} m (dp' + dw)$$

$$= - m (\pi + \bar{n}) (dp' + dw) \qquad (24^*)$$

Ferner besteht zwischen den Substitutionskomponenten die Beziehung

$$\frac{\delta m}{\delta (p'w)} = - \frac{\delta m}{\delta p},$$ [13]

weshalb für $\frac{\delta m}{\delta p}$ dp in (22*) der Ausdruck $\bar{n}$ m dp substituiert werden kann. Einsetzen von (22*) und (24*) in (21*) führt dann schließlich unter Beachtung von m = m' zu

[12] Wegen der besonderen Definition der marginalen Importquote durch *Meade*, die als Bezugsgröße die Absorptionsausgaben und nicht das Volkseinkommen enthält, liegt es nahe, den Einkommenseffekt in (22*) durch den Ausdruck $-(\bar{x} - m')\,\pi\,(1 - h)$ dp anzugeben, da nur der (1 – h)te Teil dieser Einkommensänderung für Absorptionszwecke zur Verfügung steht. Es handelt sich jedoch hierbei nur um eine scheinbare Inkonsistenz, für die *Tsiang* [213] S. 920 folgende Begründung liefert: Falls nämlich z. B. ein Sinken der inländischen Güterpreise „should result in a net decrease in aggregate money expenditure (a net hoarding) equal to h $(\bar{x} - m')$, its effect on import demand is already taken care of by the term π dA (der Importgleichung, d. Verf.). When aggregate money expenditure is included as a separate determining variable of import demand, therefore, we may assume, in formulating the income effect of a change in domestic prices (or in import prices), that all the implicit increase in income will be spent or that all the implicit decrease in income will be borne by a cut in expenditure.“ Insofern ist obiges Vorgehen also völlig korrekt.

[13] Vgl. *Meade* [134] S. 20. Dabei ist zu beachten, daß es sich im vorliegenden Fall um ein Zwei-Güter-Modell bei völlig liberalem Außenhandel handelt, so daß die in den dort angeführten Formeln das dritte Gut betreffenden Ausdrücke null und die sich auf Export- und Importzölle beziehenden Größen gleich eins zu setzen sind.

$$dm = \pi\, dA + [\,-(\bar{x}-m)\,\pi + m\,\bar{n}\,]\; dp - m\,(\pi+\bar{n})\;(dp'+dw)$$

$$= \pi\, dA - \pi\,\bar{x}\,dp + m\,(\pi+\bar{n})\;(dp - dp' - dw).$$

Die Ableitung der Importfunktion des Auslandes geschieht entsprechend.

c2) Einsetzen von (94), (95), (96) und (97) in die Definitionsgleichung für die Veränderung des Leistungsbilanzsaldos (93) ergibt unter Beachtung von $di = di' = 0$:

$$dB = \pi'(1-h')d\bar{x}' + \pi'A'dp' - \pi'\bar{x}'\,dp' + m(\pi'+\bar{n}')dp' -$$
$$- m(\pi'+\bar{n}')dp + m(\pi'+\bar{n}')dw - \pi(1-h)d\bar{x} - \pi\,A\,dp +$$
$$+ \pi\,\bar{x}\,dp - m(\pi+\bar{n})\,dp + m(\pi+\bar{n})\,dp' + m(\pi+\bar{n})\,dw +$$
$$+ m\,dp - m\,dp' - m\,dw.$$

Ersetzt man weiterhin dp durch (98) und dp' durch (99) und berücksichtigt, daß wegen der Annahme einer anfänglich ausgeglichenen Bilanz die Beziehungen $A = \bar{x}$ und $A' = \bar{x}'$ bestehen, folgt

$$dB = \pi'(1-h')d\bar{x}' + m(\pi'+\bar{n}')\frac{1}{e'}\,\frac{d\bar{x}'}{\bar{x}'} - m(\pi'+\bar{n}')\frac{1}{e}\,\frac{d\bar{x}}{\bar{x}} +$$
$$+ m(\pi'+\bar{n}')dw - \pi(1-h)d\bar{x} - m(\pi+\bar{n})\frac{1}{e}\,\frac{d\bar{x}}{\bar{x}} +$$
$$+ m(\pi+\bar{n})\frac{1}{e'}\,\frac{d\bar{x}'}{\bar{x}'} + m(\pi+\bar{n})\,dw + m\,\frac{1}{e}\,\frac{d\bar{x}}{\bar{x}} - m\,\frac{1}{e'}\,\frac{dx'}{\bar{x}'} - m\,dw.$$

Verwendung der Substitutionsbeziehungen $d\bar{x} = \frac{dB}{h}$ [14] und $d\bar{x} = -\frac{dB}{h'}$ führt zu

[14] Schreibt man die Veränderung des Leistungsbilanzsaldos in der Form $dB = dY - dA = d(p\bar{x}) - dA = d\bar{x} + dp\bar{x} - dA$ mit $p=1$, erhält man durch Einsetzen von (94) für dA:

$$dB = d\bar{x} + dp\bar{x} - (1-h)\,d\bar{x} + \rho di - Adp.$$

Nun aber ist $A = p\,(\bar{x} - m') + p'wm$ und wegen $p = p' = w = 1$ und $m' - m = 0$ gilt $A = \bar{x}$. Deshalb folgt für die Veränderung des Bilanzsaldos unter Beachtung von $di = 0$

$$dB = h\,d\bar{x} \quad \text{bzw.} \quad d\bar{x} = \frac{dB}{h}.$$

Entsprechend erhält man

$$dB = -h\,d\bar{x}' \quad \text{bzw.} \quad d\,\bar{x}' = -\frac{dB}{h'}.$$

Vgl. *Tsiang* [213] S. 922 f., Fußn. 13.

$$dB = \frac{dB}{hh'}\Big[-h\,\pi'(1-h') - \frac{hm(\pi'+\bar{n}')}{e'\bar{x}'} - \frac{h'm(\pi'+\bar{n}')}{e\,\bar{x}} -$$

$$- h'\pi\,(1-h) - \frac{h'm(\pi+\bar{n})}{e\,\bar{x}} - \frac{hm(\pi+\bar{n})}{e'\bar{x}'} + \frac{h'm}{e\,\bar{x}} + \frac{hm}{e'\bar{x}'}\Big] +$$

$$+ (\pi + \pi' + \bar{n} + \bar{n}' - 1)\,mdw.$$

Der Inhalt der eckigen Klammern sei mit Φ bezeichnet. Es gilt dann:

$$dB = \frac{dB}{hh'}\,\Phi + (\pi + \pi' + \bar{n} + \bar{n}' - 1)\,m\,dw$$

$$dB\,(hh' - \Phi) = hh'\,(\pi + \pi' + \bar{n} + \bar{n}' - 1)\,m\,dw$$

$$\dot{B} = \frac{hh'\,(\pi + \pi' + \bar{n} + \bar{n}' - 1)\,m}{hh'\,(1 - \frac{\Phi}{hh'})}$$

Für Φ wiederum eingesetzt folgen schließlich (102) und (102a):

$$\dot{B} = \frac{hh'\,(\pi + \pi' + \bar{n} + \bar{n}' - 1)\,m}{D_1} \qquad (102)$$

$$D_1 = hh'\,(1 - \frac{\Phi}{hh'}) = hh'\Big[1 + \frac{\pi(1-h)}{h} + \frac{\pi'(1-h')}{h'} +$$

$$+ (\pi + \pi' + \bar{n} + \bar{n}' - 1)\,(\frac{R}{he} + \frac{R'}{h'e'})\Big] \qquad (102a)$$

$$R = \frac{m}{\bar{x}}; \quad R' = \frac{m}{\bar{x}'} = \frac{m'}{\bar{x}'}$$

Literaturverzeichnis *)

[1] *Ablin, R.:* Note on Devaluation, The „Trade Imbalance Effect", and Absorption, in: Economia Internazionale, Bd. 20, 1967.
[2] *Ackley, G./Suits, D. B.:* Relative Price Changes and Aggregate Consumer Demand, in: American Economic Review, Bd. 40, 1950.
[3] *Adler, J. H.:* United States Import Demand During the Interwar Period, in: American Economic Review, Bd. 35, 1945.
[4] *Adler, J. H./Schlesinger, E. R./ van Westerborg, E.:* The Pattern of United States Import Trade Since 1923: Some New Index Series and Their Application, Federal Reserve Bank of New York, New York 1952.
[5] *Albert, W.:* Die anomale Reaktion der Zahlungsbilanz, in: Ordo, Bd. 11, 1959.
[6] *Alejandro, C. F. D.:* A Note on the Impact of Devaluation and the Redistributive Effect, in: Journal of Political Economy, Bd. 71, 1963.
[7] –: Exchange-Rate Devaluation in a Semi-Industrialized Country. The Experience of Argentina 1955–1961. Cambridge/Mass. und London 1965.
[8] *Alexander, S. S.:* Devaluation Versus Import Restriction as an Instrument for Improving Foreign Trade Balance, in: International Monetary Fund, Staff Papers, Bd. 1, 1950/1951.
[9] –: Wirkungen einer Abwertung auf die Handelsbilanz, in: Rose, K. (Hrsg.): Theorie der internationalen Wirtschaftsbeziehungen, Köln/Berlin 1965. Übersetzung des in „International Monetary Fund, Staff Papers", Bd. 2, 1952, enthaltenen Originals „Effects of a Devaluation on a Trade Balance".
[10] –: Effects of a Devaluation: A Simplified Synthesis of Elasticities and Absorption Approaches, in: American Economic Review, Bd. 49, 1959.
[11] *Allen, R. G. D.:* Mathematik für Volks- und Betriebswirte, 2. Aufl., Berlin 1962.
[12] *Allen, W. R.:* A Note on the Money Income Effects of Devaluation, in: Kyklos, Bd. 9, 1956.
[13] –: A Note on Some Mechanics of the Absorption Approach, in: Weltwirtschaftliches Archiv, Bd. 86, 1961 I.
[14] *Allen, W. R./Allen, C. L. (Hrsg.):* Foreign Trade and Finance, New York 1959.
[15] *Amano, A.:* On Stability of the Balance of Payments Adjustment Mechanisms, in: The Annals of the School of Business Administration, Bd. 11, 1967.
[16] *Angell, W. J.:* The Empirical Identification of Demand and Supply Schedules: Exchange Depreciation and Other Cases, in: Bagiotti, T. (Hrsg.): Essays in Honour of Marco Fanno, Bd. 2, Investigations in Economic Theory and Methodology, Padova 1966.
[17] *Balogh, T./Streeten, P.:* Exchange Rates and National Income, in: Bulletin of the Oxfort University Institute of Statistics, Bd. 13, 1951.
[18] –: The Inappropriateness of Simple ‚Elasticity' Concepts in the Analysis of

* Zur Zitierweise: Sofern Aufsätze erneut in Sammelwerken abgedruckt wurden und diese im Literaturverzeichnis vermerkt sind, beziehen sich die Seitenangaben der im Text ausgewiesenen Zitate jeweils auf den Wiederabdruck.

International Trade, in: Bulletin of the Oxfort University Institute of Statistics, Bd. 13, 1951.

[19] *Barten, A. P.:* Evidence on the Slutsky Conditiones for Demand Equations, in: Review of Economics and Statistics, Bd. 49, 1967.

[20] *Baumol, W. J.:* Economic Dynamics, 2. Aufl., New York 1959, Sixth Printing 1965.

[21] *Beckerman, W.:* Price Changes and the Stability of the Balance of Trade, in: Economica, Bd. 19, 1952.

[22] –: A Note on Variable Prices and Foreign Trade Multipliers, in: Review of Economic Studies, Bd. 21, 1953/1954.

[23] *Bickerdike, C. F.:* The Instability of Foreign Exchange, in: Economic Journal, Bd. 30, 1920.

[24] *Black, J.:* A Savings and Investment Approach to Devaluation, in: Economic Journal, Bd. 69, 1959.

[25] *Bloomfield, A. I.:* Foreign Exchange Rate Theory and Policy, in: *Harris, S. E. (Hrsg.):* The New Economics, Fifth Impression, London 1968.

[26] *Bochud, F.:* Zahlungsbilanz und Währungsreserven, Tübingen 1970.

[27] *Brems, H.:* Foreign Exchange Rates and Monopolistic Competition, in: Economic Journal, Bd. 63, 1953.

[28] –: Yet Another Note on Foreign Exchange Rates and Monopolistic Competition, in: Economic Journal, Bd. 66, 1956.

[29] –: Devaluation, A Marriage of the Elasticity and the Absorption Approaches, in: Economic Journal, Bd. 67, 1957.

[30] *Bronfenbrenner, M.:* The Keynesian Equations and the Balance of Payments, in: Review of Economic Studies, Bd. 7, 1939/1940.

[31] *Brown, A. J.:* Trade Balances and Exchange Stability, in: Oxford Economic Papers, Nr. 6, 1942, wieder abgedruckt in: *Wilson, T./Andrews, P. W. S. (Hrsg.):* Oxford Studies in the Price Mechanism, Oxford 1951, reprinted 1959.

[32] *Brunner, K.:* Untersuchungen zur Theorie des internationalen Handels in der angelsächsischen Literatur, Zürich 1944.

[33] *Boulding, K. E.:* Economic Analysis, 2. Aufl., New York 1948.

[34] *Caves, R. E./Johnson, H. G. (Hrsg.):* Readings in International Economics, London 1968.

[35] *Chang, T. Ch.:* International Comparison of Demand for Imports, in: Review of Economic Studies, Bd. 13, 1945/1946.

[36] –: A Statistical Note on World Demand for Exports, in: Review of Economics and Statistics, Bd. 30, 1948.

[37] –: Cyclical Movements in the Balance of Payments, Cambridge 1951.

[38] *Cheng, H. Sh.:* Statistical Estimates of Elasticities and Propensities in International Trade. A Survey of Published Studies, in: International Monetary Fund, Staff Papers, Bd. 7, 1959/1960.

[39] *Chipman, J. S.:* The Multi-Sector Multiplier, in: Econometrica, Bd. 18, 1950.

[40] *Clement, M. O./Pfister, R. L./Rothwell, K. J.:* Theoretical Issues in International Economics, Boston 1967.

[41] *Corden, W. M.:* Recent Developments in the Theory of International Trade, Special Papers in International Economics, Nr. 7, Princeton University 1965.

[42] *Day, A. C. L.:* Devaluation and the Balance of Payments, in: Economica, Bd. 17, 1950.

[43] –: Relative Prices, Expenditure and the Trade Balance; A Note, in: Economica, Bd. 21, 1954.

[44] –: The Taxonomic Approach to the Study of Economic Policies, in: American Economic Review, Bd. 45, 1955.

[45] *Devletoglou, E. A.:* Devaluation and the Stability of the Trade Balance, Athen 1966.

[46] *Edgeworth, F. Y.:* The Theory of International Values, in: Economic Journal, Bd. 4, 1894.

[47] *Ellis, H. S./Metzler, L. A. (Hrsg.):* Readings in the Theory of International Trade, Fourth Impression, London 1961.

[48] *Ellsworth, P. T.:* Exchange Rates and Exchange Stability, mit einem „Mathematical Supplement" von *Bronfenbrenner, M.*, in: Review of Economics and Statistics, Bd. 32, 1950.

[49] –: The International Economy, 3. Aufl., New York/London 1964.

[50] *Elster, K.:* Zum Begriffe der „Devalvation", in: Jahrbücher für Nationalökonomie und Statistik, Bd. 116, 1921.

[51] *Enke, St./Salera, V.:* International Economics, 3. Aufl., Englewood Cliffs 1957.

[52] *Field, H.:* A Note on Exchange Stability, in: Review of Economic Studies, Bd. 15, 1948/1949.

[53] *Flanders, M. J.:* The Balance-of-Payments Adjustment Mechanism: Some Problems in Model-Building, in: Kyklos, Bd. 16, 1963.

[54] *Floyd, J. E.:* The Overvaluation of the Dollar: A Note on the International Price Mechanism, in: American Economic Review, Bd. 55, 1965.

[55] *Förster, W.:* Theorie der Währungsentwertung, Jena 1936.

[56] *Folk, H. W./Wolfe, J. N.:* The Ambiguity of the Substitution Term, in: Economica, Bd. 31, 1964.

[57] *Forstmann, A.:* Die Grundlagen der Außenwirtschaftstheorie, Berlin 1956.

[58] *Funck, R.:* Art. „Außenwirtschaft", in: *Ehrlicher, W./Esenwein-Rothe, I./ Jürgensen, H. /Rose, K. (Hrsg.):* Kompendium der Volkswirtschaftslehre, Bd. 2, Göttingen 1968.

[59] *Gehrels, F.:* Multipliers and Elasticities in Foreign-Trade Adjustments, in: Journal of Political Economy, Bd. 65, 1957.

[60] *Gervaise, I.:* System or Theory of the Trade of the World, London 1720, reprinted Baltimore 1954.

[61] *Goodwin, R. M.:* The Multiplier as Matrix, in: Economic Journal, Bd. 59, 1949.

[62] –: The Multiplier, in: *Harris, S. E. (Hrsg.):* The New Economics, Fifth Impression, London 1968.

[63] *Gray, H. P.:* Imperfect Markets and the Effectiveness of Devaluation, in: Kyklos, Bd. 18, 1965.

[64] *Haberler, G.:* Der internationale Handel, Berlin 1933.

[65] –: Der Devisenmarkt und die Stabilität der Zahlungsbilanz. Eine theoretische Untersuchung, in: *Rose, K. (Hrsg.):* Theorie der internationalen Wirtschaftsbeziehungen, Köln/Berlin 1965. Übersetzung des in „Kyklos", Bd. 3, 1949, enthaltenen Originals „The Market for Foreign Exchange and the Stability of the Balance of Payments".

[66] –: Währungsabwertung und das Realaustauschverhältnis, in: *Rose, K. (Hrsg.):* Theorie der internationalen Wirtschaftsbeziehungen, Köln/Berlin 1965. Übersetzung des in „Wirtschaftliche Entwicklung und soziale Ordnung", Hrsg. *Lagler, E.* und *Messner, J.*, Wien 1952, enthaltenen Originals „Currency Depreciation and the Terms of Trade".

[67] –: A Survey of International Trade Theory, Special Papers in International Economics, Nr. 1, Princeton University 1961.

[68] *Haberler, G./Stern, R. M. (Hrsg.):* Equilibrium and Growth in the World Economy. Economic Essays by Ragnar Nurkse, Cambridge/Mass. 1962.

[69] *Hahn, F. H.:* The Balance of Payments in a Monetary Economy, in: Review of Economic Studies, Bd. 26, 1959.
[70] *Halm, G.:* Geld, Außenhandel und Beschäftigung, 4. Aufl., Berlin 1966.
[71] *Harberger, A. C.:* Currency Depreciation, Income, and the Balance of Trade, in: Journal of Political Economy, Bd. 58, 1950.
[72] –: Pitfalls in Mathematical Model-Building, in: American Economic Review, Bd. 42, 1952.
[73] –: A Structural Approach to the Problem of Import Demand, in: American Economic Review, Papers and Proceedings, Bd. 43, 1953.
[74] –: Some Evidence on the International Price Mechanism, in: Journal of Political Economy, Bd. 65, 1957.
[75] *Harley, Ch. K.:* Empirical Literature on the US-Balance of Trade. Staff Economic Studies. Board of Governors of the Federal Reserve System, ohne Jahr.
[76] *Harrod, R. F.:* „Comment" zu *Brems, H.:* Foreign Exchange Rates and Monopolistic Competition, in: Economic Journal, Bd. 63, 1953.
[77] *Heien, D. M.:* Structural Stability and the Estimation of International Import Price Elasticities, in: Kyklos, Bd. 21, 1968.
[78] *Henderson, J. M./Quandt, R. E.:* Mikroökonomische Theorie, Berlin/Frankfurt a. M. 1967.
[79] *Hicks, J. R.:* Value and Capital, 2. Aufl., London 1946, reprinted 1962.
[80] *Hinshaw, R.:* American Prosperity and the British Balance of Payments Problem, in: Review of Economic Statistics, Bd. 27, 1945.
[81] *Hirschman, A. O.:* Devaluation and the Trade Balance: A Note, in: Review of Economics and Statistics, Bd. 31, 1949.
[82] *Holzman, F. D./Zellner, A.:* The Foreign-Trade and Balanced-Budget Multipliers, in: American Economic Review, Bd. 48, 1958.
[83] *Houthacker, H. S./Maggee, St. P.:* Income and Price Elasticities in World Trade, in: Review of Economics and Statistics, Bd. 51, 1969.
[84] *Jöhr, W. A.:* Soll der Schweizer Franken aufgewertet werden? in: Überbeschäftigung und Frankenparität, Veröffentlichungen des Schweizerischen Instituts für Außenwirtschafts- und Marktforschung an der Handels-Hochschule St. Gallen, St. Gallen 1947.
[85] *Johnson, H. G.:* The Taxonomic Approach to Economic Policy, in: Economic Journal, Bd. 61, 1951.
[86] –: The Transfer Problem and Exchange Stability, in: Derselbe: International Trade and Economic Growth, Fourth Impression, London 1967. Veränderter Wiederabdruck aus „Journal of Political Economy", Bd. 64, 1956.
[87] –: Money, Trade and Economic Growth, 2. Aufl., London 1964.
[88] –: International Trade and Economic Growth, Fourth Impression, London 1967.
[89] –: International Trade Theory and Monopolistic Competition Theory, in: *Kuenne, R. E. (Hrsg.):* Monopolistic Competition: Studies in Impact, New York/London/Sydney 1967
[90] *Jones, R. W.:* Depreciation and the Dampening Effect of Income Changes, in: Review of Economics and Statistics, Bd. 42, 1960.
[91] –: Stability Conditions in International Trade: A General Equilibrium Analysis, in: International Economic Review, Bd. 2, 1961.
[92] *Junz, H. B./Rhomberg, R. R.:* Prices and Export Performance of Industrial Countries, 1953-63, in: IMF, Staff Papers, Bd. 12, 1965.
[93] *Kahn, R. F.:* Tariffs and the Terms of Trade, in: Review of Economic Studies, Bd. 15, 1948/1949.

[94] *Kemp, M. C.:* The Rate of Exchange, the Terms of Trade and the Balance of Payments in Fully Employed Economies, in: International Economic Review, Bd. 3, 1962.
[95] –: The Pure Theory of International Trade, Englewood Cliffs/N. J. 1964.
[96] –: Relative Prices and Aggregate Expenditure, in: Economica, Bd. 31, 1964.
[97] *Kennedy, Ch.:* Devaluation and the Terms of Trade, in: Review of Economic Studies, Bd. 18, 1950/1951.
[98] *Killough, H. B./Killough, L. W.:* International Economics, Toronto/London/New York 1968.
[99] *Kindleberger, Ch. P.:* International Economics, 4. Aufl., Homewood/Ill. 1968.
[100] *Kleinewefers, H.:* Theorie und Politik der Abwertung, Basel/Tübingen 1969.
[101] *Konrad, A.:* Zahlungsbilanzstörungen und wirtschaftliches Wachstum, Berlin 1962.
[102] *Kraus, W.:* Wirtschaftswachstum und Gleichgewicht, Frankfurt a. M. 1955.
[103] *Kreinin, M. E.:* Price Elasticities in International Trade, in: Review of Economics and Statistics, Bd. 49, 1967.
[104] –: Devaluation and the Income Terms of Trade, in: Kyklos, Bd. 20, 1967.
[105] *Krueger, A. O.:* Balance-of-Payments Theory, in: Journal of Economic Literature, Bd. 7, 1969.
[106] *Kruse, A.:* Außenwirtschaft, 2. Aufl., Berlin 1965.
[107] *Kuenne, R. E.:* The Theory of General Economic Equilibrium, Princeton/N. J. 1963.
[108] *Küng, E.:* Die Selbstregulierung der Zahlungsbilanz. Eine Untersuchung über die automatischen Methoden des Zahlungsbilanzausgleichs, St. Gallen 1948.
[109] –: Zahlungsbilanzpolitik, Zürich/Tübingen 1959.
[110] *Kurihara, K. K.:* Introduction to Keynesian Dynamics, New York 1956.
[111] *Lademann, J.:* Probleme des auswärtigen Realaustauschverhältnisses, Zürich/St. Gallen 1956.
[112] *Laursen, S./Metzler, L. A.:* Flexible Exchange Rates and the Theory of Employment, in: Review of Economics and Statistics, Bd. 32, 1950.
[113] –: „Reply" zu *White, W. H.:* The Employment-Insulating Advantages of Flexible Exchanges: A Comment on Professors Laursen and Metzler, in: Review of Economics and Statistics, Bd. 36, 1954.
[114] *Leontief, W.:* The Use of Indifference Curves in the Analysis of Foreign Trade, in: Quarterly Journal of Economics, Bd. 47, 1932/1933.
[115] *Lerner, A. P.:* The Economics of Control, New York 1944, Fifteenth Printing 1964.
[116] *Letiche, J. M.:* Isaac Gervaise on the International Mechanism of Adjustment, in: Journal of Political Economy, Bd. 60, 1952.
[117] –: A Note on the Statistical Results of Studies on Demand Elasticities, Income Elasticities, and Foreign Trade Multipliers, in: Nordisk Tidsskrift for Teknisk Økonomi, Bd. 14, 1953.
[118] *Lorenzen, G.:* Untersuchungen zur Theorie des intervalutarischen Gleichgewichts, in: Weltwirtschaftliches Archiv, Bd. 103, 1969 II.
[119] *Luckenbach, H.:* Wechselkursänderungen und Zahlungsbilanzausgleich, in: *Besters, H. (Hrsg.):* Theoretische und institutionelle Grundlagen der Wirtschaftspolitik. Theodor Wessels zum 65. Geburtstag, Berlin 1967.
[120] *Lübbert, J.:* Preise, Kosten und Beschäftigung in der Theorie des internationalen Handels, in: Jahrbuch für Sozialwissenschaft, Bd. 16, 1965.
[121] *Machlup, F.:* International Trade and the National Income Multiplier, Philadelphia 1943, reprinted 1961.
[122] –: Die Theorie des Devisenmarktes, in: *Rose, K. (Hrsg.):* Theorie der internationalen Wirtschaftsbeziehungen, Köln/Berlin 1965. Übersetzung nach dem Wiederab-

druck in: *Ellis, H. S./Metzler, L. A. (Hrsg.)*: Readings in the Theory of International Trade, Third Impression, London 1958, des in „Economica", Bd. 6, 1939 und Bd. 7, 1940, enthaltenen Originals „The Theory of Foreign Exchanges" unter Berücksichtigung einiger Einschaltungen, die der Verfasser für den erneuten Abdruck in seinem Buch „International Payments, Debts and Gold", New York 1964, vorbereitet hatte.

[123] –: Three Concepts of the Balance of Payments and the So-Called Dollar Shorta ge, in: Economic Journal, Bd. 60, 1950, wieder abgedruckt in: Derselbe: International Monetary Economics, London 1966.

[124] –: Elasticity Pessimism in International Trade, in: Economia Internazionale, Bd. 3, 1950, wieder abgedruckt in: Derselbe: International Monetary Economics, London 1966.

[125] –: Relative Prices and Aggregate Spending in the Analysis of Devaluation, in: American Economic Review, Bd. 65, 1955, wieder abgedruckt in: Derselbe: International Monetary Economics, London 1966.

[126] –: The Terms-of-Trade Effects of Devaluation upon Real Income and the Balance of Trade, in: Kyklos, Bd. 9, 1956, wieder abgedruckt in: Derselbe: International Monetary Economics, London 1966.

[127] –: Equilibrium and Disequilibrium: Misplaced Concreteness and Disguised Politics, in: Economic Journal, Bd. 68, 1958, wieder abgedruckt in: Derselbe: International Monetary Economics, London 1966.

[128] *Marsh, D. B.*: World Trade and Investment, New York 1951.

[129] *Marshall, A.*: Money, Credit, and Commerce, London 1923, reprinted New York 1965.

[130] –: The Pure Theory of Foreign Trade. The Theory of Domestic Values, London 1930, Third Impression, London 1949.

[131] *Mayer, Th.*: The Empirical Significance of the Real Balance Effect, in: Quarterly Journal of Economics, Bd. 73, 1959.

[132] *Meade, J. E.*: National Income, National Expenditure and the Balance of Payments-Continued, in: Economic Journal, Bd. 59, 1949.

[133] –: The Balance of Payments, London/New York/Toronto 1951, reprinted 1963.

[134] –: The Balance of Payments, Mathematical Supplement, London 1951, reprinted 1965.

[135] –: The Stationary Economy, Second Impression, London 1966.

[136] –: A Geometry of International Trade, Fifth Impression, London 1967.

[137] *Merrett, S. R./Wabe, J. S.*: A Modification of the Savings-Investment Approach to Devaluation, in: Oxford Economic Papers, Bd. 16, 1964.

[138] *Metzler, L. A.*: The Theory of International Trade, in: *Ellis, H. S. (Hrsg.)*: A Survey of Contemporary Economics, Bd. I, Homewood/Ill. 1948, Tenth Printing 1964.

[139] –: Exchange-Rate Stability Considered, in: Econometrica, Bd. 17, Supplement 1949.

[140] –: A Multiple-Region Theory of Income and Trade, in: Econometrica, Bd. 18, 1950.

[141] –: A Multiple-Country Theory of Income Transfers, in: Journal of Political Economy, Bd. 59, 1951.

[142] *Meyer, F. W.*: Der Ausgleich der Zahlungsbilanz, Jena 1938.

[143] *Michaely, M.*: Devaluation, Cost Inflation, and the Supply of Exports, in: Economia Internazionale, Bd. 9, 1956.

[144] –: Relative-Prices and Income-Absorption Approaches to Devaluation: A Partial Reconciliation, in: American Economic Review, Bd. 50, 1960.

[145] –: Foreign Exchange Rates in National Accounting, in: Economica, Bd. 34, 1967.

[146] *Mill, J. St.:* Grundsätze der politischen Ökonomie, Bd. II, Hrsg. *Waenting, H.*, Jena 1921.
[147] *Morgan, E. V.:* The Theory of Flexible Exchange Rates, in: American Economic Review, Bd. 45, 1955.
[148] *Mosak, J. L.:* General-Equilibrium Theory in International Trade, Colorado Springs 1944.
[149] *Mundell, R. A.:* The Monetary Dynamics of International Adjustment under Fixed and Flexible Exchange Rates, in: Quarterly Journal of Economics, Bd. 74, 1960.
[150] –: The Pure Theory of International Trade, in: American Economic Review, Bd. 50, 1960.
[151] –: The Monetary Mechanism of International Adjustment, London 1967.
[152] –: International Economics, New York/London 1968.
[153] *Negishi, T.:* Approaches to the Analysis of Devaluation, in: International Economic Review, Bd. 9, 1968.
[154] *Neisser, H./Modigliani, F.:* National Income and International Trade, Urbana/III. 1953.
[155] *Niehans, J.:* Ausgleichsgesetze der amerikanischen Zahlungsbilanz, Bern 1961.
[156] *Nurkse, R.:* Balance-of-Payments Policy at Full Employment, in: *Allen, W. R./Allen, C. L. (Hrsg.):* Foreign Trade and Finance, New York 1959.
[157] –: Conditions of International Monetary Equilibrium, Essays in International Finance, Nr. 4, Princeton University 1945, wieder abgedruckt in: *Ellis, H. S./Metzler, L. A. (Hrsg.):* Readings in the Theory of International Trade, Fourth Impression, London 1961.
[158] *Oppenländer, K.:* Die moderne Wachstumstheorie, Berlin/München 1963.
[159] *Orcutt, G. H.:* Measurement of Price Elasticities in International Trade, in: Review of Economics and Statistics, Bd. 32, 1950.
[160] *Ott, A. E.:* Einführung in die dynamische Wirtschaftstheorie, Göttingen 1963.
[161] *Patinkin, D.:* Money, Interest, and Prices, 2. Aufl., New York 1965.
[162] *Paulsen, A.:* Neue Wirtschaftslehre, 4. Aufl., 1958, Nachdruck Berlin/Frankfurt a. M. 1969.
[163] –: Allgemeine Volkswirtschaftslehre, Bd. IV, 5. Aufl., Berlin 1968.
[164] *Pearce, I. F.:* A Note on Mr. *Spraos'* Paper, in: Economica, Bd. 22, 1955.
[165] –: Demand Analysis and the Savings Function, in: Economic Record, Bd. 34, 1958.
[166] –: The Problem of the Balance of Payments, in: International Economic Review, Bd. 2, 1961.
[167] *Polak, J. J.:* International Trade Theory – Discussion, in: American Economic Review, Papers and Proceedings, Bd. 42, 1952.
[168] –: An International Economic System, London 1954.
[169] *Polak, J. J./Chang, T. C.:* Effect of Exchange Depreciation on a Country's Export Price Level, in: International Monetary Fund, Staff Papers, Bd. 1, 1950/1951.
[170] *Prais, S. J.:* Econometric Research in International Trade: A Review, in: Kyklos, Bd. 15, 1962.
[171] *Rees, G. L.:* Price Effects and the Foreign Trade Multipliers, in: Review of Economic Studies, Bd. 20, 1952/1953.
[172] *Reinhold, H.:* Einkommens- und Preiseffekte in der Multiplikatortheorie, Diss. Kiel 1959.
[173] *Rettig, R.:* Über den Einfluß des Außenhandels auf Beschäftigung, Einkommenskreislauf und Preisniveau im Inland, Diss. Köln 1962.
[174] *Robinson, J.:* The Pure Theory of International Trade, in: Review of Economic Studies, Bd. 14, 1946/1947.

[175] –: The Foreign Exchanges, in: Dieselbe: Essays in the Theory of Employment, 2. Aufl., Oxford 1947.

[176] –: Beggar-My-Neighbour Remedies For Unemployment, in: Dieselbe: Essays in the Theory of Employment, 2. Aufl., Oxford 1947.

[177] –: Exchange Equilibrium, in: Economia Internazionale, Bd. 3, 1950.

[178] *Rose, K. (Hrsg.):* Theorie der internationalen Wirtschaftsbeziehungen, Köln/Berlin 1965.

[179] –: Theorie der Außenwirtschaft, 3. Aufl., Berlin/Frankfurt a. M. 1970.

[180] *Samuelson, P. A.:* Foundations of Economic Analysis, Cambridge/Mass. 1947, Seventh Printing 1963.

[181] *Savosnik, K.:* National Income, Exchange Rates and the Balance of Trade, in: Economica, Bd. 17, 1950.

[182] *Scammell, W. M.:* International Monetary Policy, 2. Aufl., London/New York 1961, reprinted 1964.

[183] *Schneider, E.:* Wie wirkt eine Aufwertung auf die Zahlungsbilanz? in: Zeitschrift für das gesamte Kreditwesen, Bd. 10, 1957.

[184] –: Einführung in die Wirtschaftstheorie, Teil I, 13. Aufl., Tübingen 1967.

[185] –: Einführung in die Wirtschaftstheorie, Teil II, 11. Aufl., Tübingen 1967.

[186] –: Einführung in die Wirtschaftstheorie, Teil III, 10. Aufl., Tübingen 1967.

[187] –: Zahlungsbilanz und Wechselkurs, Tübingen 1968.

[188] *Scitovsky, T.:* Money and the Balance of Payments, Chicago 1969.

[189] *Shinohara, M.:* Real and Money Income Multiplier, in: Annals of the Hitotsubashi Academy, Bd. 3, 1953.

[190] –: The Multiplier and the Marginal Propensity to Import, in: American Economic Review, Bd. 47, 1957.

[191] *Slutsky, E. E.:* Zur Theorie des Verbraucherbudgets, in: *Ott, A. E. (Hrsg.):* Preistheorie, Köln/Berlin 1965. Übersetzung des in „Giornale degli Economisti", Bd. 51, 1915, enthaltenen Originals „Sulla theoria del bilancio del consumatore".

[192] *Smithies, A.:* Devaluation with Imperfect Markets and Economic Controls, in: Review of Economics and Statistics, Bd. 32, 1950.

[193] *Snider, D. A.:* Introduction to International Economics, 4. Aufl., Homewood 1968.

[194] *Sohmen, E.:* Demand Elasticities and the Foreign-Exchange Market, in: Journal of Political Economy, Bd. 65, 1957.

[195] –: Flexible Exchange Rates. Theory and Controversy, Chicago 1961.

[196] *Spraos, J.:* Consumers' Behaviour and the Conditions for Exchange Stability, in: Economica, Bd. 22, 1955.

[197] –: Imperfect Competition and the Elasticity of Demand for Imports: A Note, in: Economic Journal, Bd. 66, 1956.

[198] –: Stability in a Closed Economy and in the Foreign Exchange Market, and the Redistributive Effect of Price Changes, in: Review of Economic Studies, Bd. 24, 1956/1957.

[199] –: Devaluation under a Policy of Full Employment, in: Economica, Bd. 31, 1964.

[200] *Stackelberg, H. v.:* Die Theorie des Wechselkurses bei vollständiger Konkurrenz, in: Jahrbücher für Nationalökonomie und Statistik, Bd. 161, 1949.

[201] *Stolper, W.:* A Note on Multiplier, Flexible Exchanges, and the Dollar Shortage, in: Economia Internazionale, Bd. 3, 1950.

[202] –: The Multiplier, Flexible Exchanges, and International Equilibrium, in: Quarterly Journal of Economics, Bd. 64, 1950.

[203] –: The Volume of Foreign Trade and the Level of National Income, in: Quarterly Journal of Economics, Bd. 64, 1950.

[204] –: Stand und ungelöste Probleme der Theorie des Außenhandelsmultiplikators, in: Zeitschrift für die gesamte Staatswissenschaft, Bd. 108, 1952.
[205] –: „Reply" zu *White, W. H.:* The Multiplier, Flexible Exchanges, and International Equilibrium: Comment, in: Quarterly Journal of Economics, Bd. 67, 1953.
[206] Streeten, P.: Elasticity Optimism and Pessimism in International Trade, in: Economia Internazionale, Bd. 7, 1954.
[207] *Stützel, W.:* Volkswirtschaftliche Saldenmechanik, Tübingen 1958.
[208] –: Über einige Währungstheorien, Walter Eucken Institut, Vorträge und Aufsätze, Nr. 23, Tübingen 1969.
[209] *Stuvel, G.:* The Exchange Stability Problem, Leiden 1950.
[210] *Timm, H.:* Das Wechselkursproblem, in: Wirtschaftliche Probleme der Gegenwart, Schriften des Vereins für Socialpolitik, N. F., Bd. 35, 1965.
[211] *Tinbergen, J.:* Unstable and Indifferent Equilibria in Economic Systems, in: Revue de l'Institut International de Statistique, Bd. 9, 1941.
[212] –: Anomalien im Zahlungsbilanzmechanismus, in: Weltwirtschaftliches Archiv, Bd. 63, 1949.
[213] *Tsiang, S. C.:* The Role of Money in Trade-Balance Stability: Synthesis of the Elasticity and Absorption Approaches, in: American Economic Review, Bd. 51, 1961.
[214] *Uzawa, H.:* Besprechung des Buches von *M. C. Kemp*, „The Pure Theory of International Trade", Englewood Cliffs/N. J. 1964, in: American Economic Review, Bd. 55, 1965.
[215] *Vanek, J.:* International Trade: Theory and Economic Policy, Homewood/Ill. 1962.
[216] –: The Balance of Payments, Level of Economic Activity and the Value of Currency. Theory and some Recent Experience, Genf 1962.
[217] *Vigano, H.:* Valvation und Devalvation, in: Finanzarchiv, Bd. 38/2, 1921.
[218] *Viner, J.:* Studies in the Theory of International Trade, New York 1937, reprinted 1965.
[219] *de Vries, B. A.:* Price Elasticities of Demand for Individual Commodities Imported into the United States, in: International Monetary Fund, Staff Papers, Bd. 1, 1950/1951.
[220] *Watanabe, T.:* A Note on Exchange Depreciation, in: Osaka Economic Papers, Bd. 1, 1952.
[221] *Watrin, Chr.:* Das „Zahlungsbilanzgleichgewicht" als Instrument der wirtschaftstheoretischen Analyse, in: Wirtschaftspolitische Chronik, Heft 3, 1958.
[222] *Watter, W.:* Entwicklung, Stand und ungelöste Probleme der Theorie des Außenhandelsmultiplikators, Berlin 1961.
[223] *White, W. H.:* The Multiplier, Flexible Exchanges, and International Equilibrium: Comment, in: Quarterly Journal of Economics, Bd. 67, 1953.
[224] –: The Employment-Insulating Advantages of Flexible Exchanges: A Comment on Professors *Laursen* and *Metzler*, in: Review of Economics and Statistics, Bd. 36, 1954.
[225] *Woll, A.:* Wechselkursvariationen und Beschäftigungsniveau, Diss. Freiburg 1958.
[226] *Wright, A. Ll.:* The Interaction of the Multiplier and Price Mechanism, in: Economica, Bd. 22, 1955.
[227] *Yeager, L. B.:* International Monetary Relations. Theory, History, and Policy. New York/London/Tokio 1966.
[228] –: Absorption and Elasticity: A Fuller Reconciliation, in: Economica, Bd. 37, 1970.
[229] *Yntema, T. O.:* A Mathematical Reformulation of the General Theory of International Trade, Chicago 1932.

Namensverzeichnis

Beiträge zur Geldlehre

Herausgegeben von **Rudolf Schilcher**

Obwohl das Interesse der ökonomischen Forschung an monetären Fragen und damit die Bedeutung der Geldlehre innerhalb der gesamten Ökonomik in den letzten fünfzig Jahren deutlichen Schwankungen unterlag, hat sich im Ganzen eine beträchtliche Entwicklung vollzogen, bei der allerdings viele Einzelfragen ungelöst blieben. Um dieser Entfaltung der Geldlehre Stärke und Dauer zu geben, ist aber auch die Erforschung der zahlreichen noch offenen Spezialprobleme erforderlich. Zudem bedarf es der Sicherung neuer geldwirtschaftlicher Erkenntnisse durch ihre Verzahnung mit den wissenschaftlichen Nachbargebieten, zum Beispiel der Finanztheorie. Die vorliegende Reihe soll Beiträge zur Bewältigung dieser Aufgaben liefern.

Die Kursbildung auf dem Devisenmarkt und die Devisenterminpolitik der Zentralbanken

Von **Manfred Neldner**. Groß-Oktav. Mit 16 Abbildungen und 6 Tabellen. 181 Seiten. 1970. Gebunden DM 44,–. ISBN 3 11 000860 2

Einige Zentralbanken der führenden Industrieländer des Westens haben seit etwa zehn Jahren der Swapsatz- bzw. Devisenterminpolitik einen wichtigen Platz in ihrem geldpolitischen Instrumentarium eingeräumt. Der Verfasser hat sich deshalb die Aufgabe gestellt, die Möglichkeiten aufzuzeigen, die der Geldpolitik durch dieses verhältnismäßig junge Instrument erschlossen werden.

Lieferantenkredit und Geldpolitik

Von **Vincenz Timmermann**. Groß-Oktav. 123 Seiten. 1971. Gebunden DM 44,–. ISBN 3 11 003559 6

Der Autor betrachtet den bisher in Deutschland ausschließlich aus betriebswirtschaftlicher Sicht untersuchten Lieferantenkredit erstmals unter volkswirtschaftlichem Aspekt. Sein theoretischer Standort wird durch die Überlegung bestimmt, daß durch den Lieferantenkredit auch die nicht-monetären Unternehmen zu intermediären Finanzierungsinstituten und damit zu einem Element des volkswirtschaftlichen Geldsystems werden. Im Vordergrund der Untersuchung steht die Frage nach der geldpolitischen Rolle des Lieferantenkredits. Dabei prüft der Verfasser vor allem das Problem, ob systematische Veränderungen des zahlenmäßig so bedeutenden, statistisch aber nirgendwo erfaßten Kredittyps der offiziellen Geldpolitik der Zentralbank entgegenwirken, und versucht anhand empirischer Ergebnisse für die Aktiengesellschaften unterschiedlicher Größe und verschiedener Wirtschaftsbereiche in der BRD eine Antwort auf die weithin akzeptierte These von der aktiven, geldpolitisch störenden Kreditpolitik der Unternehmen zu geben.

Walter de Gruyter · Berlin · New York

Kolibri 360 GmbH
Ferdinand-Jühlke-Straße 7
99095 Erfurt, Deutschland
produktsicherheit@kolibri360.de